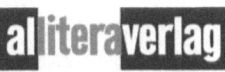

Florian Sattler, 1940 in München geboren, arbeitete zwanzig Jahre als Radioredakteur beim Bayerischen Rundfunk und zehn Jahre als Pressesprecher im Münchner Rathaus. Er lebt als Autor und Lehrbeauftragter in München.

edition monacensia
Herausgeber: Monacensia
Literaturarchiv und Bibliothek
Dr. Elisabeth Tworek

Adolf von Hildebrand und seine Welt

Briefe und Erinnerungen

Herausgegeben von Florian Sattler

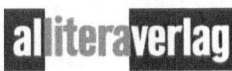

Dieses Buch ist die gekürzte Fassung der 1962 im Verlag Georg D.W. Callwey, München erschienenen und von Bernhard Sattler besorgten Ausgabe.

Weitere Informationen über den Verlag und sein Programm unter:
www.allitera.de

Bibliographische Information der Deutschen Bibliothek:
Die Deutsche Bibliothek verzeichnet diese Publikation
in der Deutschen Nationalbibliographie;
detaillierte bibliographische Daten sind im Internet
über <http://dnb.ddb.de> abrufbar.

April 2008
Allitera Verlag
Ein Verlag der Buch&media GmbH, München
© 2008 für diese Ausgabe: Monacensia Literaturarchiv und Bibliothek
Leitung: Dr. Elisabeth Tworek
und Buch&media GmbH, München
Umschlaggestaltung: Kay Fretwurst, Freienbrink
unter Verwendung einer Photographie im Architekturmuseum
der Technischen Universität München
Herstellung: Books on Demand GmbH, Norderstedt
Printed in Germany · ISBN 978-3-86520-244-4

Inhalt

Aus Adolf von Hildebrands Jugenderinnerungen 7

Briefe, Notizen, Erinnerungen 17

Anhang

Florian Sattler: Nachwort 169
Korrespondentenverzeichnis 177
Bildnachweis 188
Register 189

Aus Adolf von Hildebrands Jugenderinnerungen

In Marburg in Kurhessen, wo mein Vater Professor an der Universität war, kam ich am 6. October 1847 als fünftes Kind zur Welt. Als Achtundvierziger und speziell gehaßt vom damaligen Kurfürsten, mußte mein Vater 1848 nach der Schweiz fliehen, meine Mutter blieb in Marburg bis Ende 1850.

Aus der Zeit von meinem zweiten bis dritten Jahr habe ich noch einige Erinnerungsbilder aufbewahrt. Ich sehe noch das Kloster unterhalb des Schlosses. Dicht dabei wohnten wir, und ein langer Garten mit einem Gartenhaus gehörte uns, wir sahen von dort ins Thal hinunter... In Zürich wohnten wir im Haus von Fierz gegenüber der Kantonschule. Über uns wohnten Herweghs[1], deren kleine Tochter meine Freundin. Der menschliche Körper interesirte mich schon ganz jung und ich erinnere mich, daß ich mich mit 5 Jahren in den Formengang meiner nackten Beine lange vertiefen konnte und mit wonnigem Interesse immer wieder ihn verfolgte. Auch zog ich meine vierjährige Freundin ganz nackt aus und konnte mich nicht an ihr satt sehen, wobei ich sie dann auch von oben bis unten abküßte. Als die Köchin uns einmal dabei antraf, wurden mir diese Studien verboten. Die Schule war das Beust'sche Institut. Der badensische Flüchtling von Beust war Genieoffizier und gründete die Schule in Zürich, die von den Kindern der deutschen Flüchtlinge besucht war und bald eine wichtige Stelle in Zürich einnahm. Die Ausbildung der Anschauung spielte da eine große Rolle. Wir hatten den Geografieunterricht mit plastischen Gebirgsmodellen, die in Schichten aus Brettern von bestimmten Maaßen übereinandergesetzt die Zeichnung der Landkartenpläne einem anschaulich machten. Ebenso gab es Blockhäuser in kleinem Maaßstab plastisch in Holz, ausgeführt wie in Wirklichkeit, sodaß wir kleinen Kinder, Buben und Mädchen waren zusammen, überall ganz deutliche Vorstellungen von Allem erhielten, was besprochen wurde – eine Art Polytechnikum für Kin-

---

[1] Georg Herwegh, 1817–1875, Achtundvierziger, politischer Dichter, Freund Bruno Hildebrands.

der. Die Botanik wurde ebenfalls zeichnend betrieben und ich wurde von Beust meist benutzt, um an der Tafel die Blumen vorzuzeichnen. Ich hieß bei ihm der Knopf und liebte ihn sehr. Lesen und Schreiben ging mir ganz gegen den Strich und ich brauchte viele Jahre bis es mir geläufig wurde. Warum sieht das A gerade so aus, konnte ich nicht fassen. Für mich war es ein Sichtbares, ein lebendiges Bild und der Mißbrauch es als bloses Zeichen zu brauchen, ging mir gegen die Natur, ich wehrte mich mit ganzer Kraft dagegen und Niemand verstand mich. Ich mußte deshalb meist nachsitzen und trodelte dann zusammen mit einer Seelenverwandten, der gleichaltrigen Marianne Sattler, spätere Frau Professor Reihe in Straßburg nach Hause. Sie hatte auch Künstlerblut im Leib, ihr Bruder ist der Maler Ernst Sattler[2] aus Schweinfurt, dessen Sohn später mein Schwiegersohn wurde.

Ein Ereigniß was eine tiefe Nachwirkung auf mich hatte, muß ich hier erzählen. Ich war circa 5 Jahr alt, als meine Mutter an ihrem Kassenschrank die Schubladen aufgezogen hatte und ich darin ein 5-Franken-Stück fand und mir im Stillen aneignete aus Freude am Gegenstand. Abends, wenn ich dann im Bett war, ließ ich es das Kissen herunterrollen, was meine Lust war. Meine Mutter vermißte das Geld und überall war Nachfrage. Ich schwieg weil ich mich nicht traute, gerade weil es so ernst genommen wurde. Eines Abends hatte ich die 5 Franken in der Hose vergessen und sie wurden gefunden. Nun geschah das Merkwürdige, daß meine Eltern mit dem 5-Franken-Stück nur den Geldbegriff verbanden und ich als Dieb mit gefährlichen Trieben angesehn und mit Entsetzen bestaunt wurde. Ich fühlte mich getrennt von allen Andern und empfand zum erstenmal die tragische Einsamkeit der Menschenseele zu der jeder verurtheilt ist. Falsch und nicht verstanden zu werden, war das undeutliche Gefühl, was ich damals als Trauer empfand und mit dem ich so oft im Leben zu rechnen hatte. Meine heitere Natur half mir immer darüber weg – gottlob. Ich war damals furchtbar eindrucksfähig für Alles, was durch die Sinne ging. Ein Italiener ohne Bein auf einem Wägelchen mit einer Drehorgel, der abends auf der Straße herum fuhr, hat mich lange mit Grauen zu Thränen gerührt und ebenso war der Eindruck der Hudeli Batz-Batz-Buben, die bei Fastnacht mit Papiermasken herumlaufen, und zwar mit Masken primitivster Art – nämlich aus einem Papier mit Löchern für Auge, Nase und Mund bestehend – ein so mächtiger und schauerlicher auf meine Fantasie, daß ich mich nicht aus dem Hause wagte und ganz entsetzt vom Fenster solche Gestalten verfolgte, obschon mir die Papiermaske längst erklärt war. – Von dem starken Eindruck, den mir die Affen in einer Menagerie

---

[2] Johann Ernst Sattler, s. Korrespondentenverzeichnis.

machten und die ich dann in natura selbst auf dem Baum vor der Kantonschule darstellte und dafür von den Buben als Schwein bezeichnet wurde, was ich nicht verstehen konnte, hat Isolde Kurz[3] schon erzählt. Die Träume spielten eine mächtige Rolle bei mir und ich empfand sie ganz als eine zweite aparte Welt, die Abends im Bett begann. Ich hatte sie so entwikkelt, daß es mir möglich wurde, ein und denselben Traum 5 Nächte hintereinander weiter zu träumen. Abends freute ich mich schon darauf wie es wohl weiter gehen wird, genau wie beim Lesen einer Geschichte. Wie ich 7 Jahr wurde stürzte ich unsere Treppe vom zweiten Stock kopfüber hinunter. Ich hatte die Gewohnheit das Geländer herabzurutschen und bekam das Übergewicht. Zwischen den Treppenläufen war ein ziemlicher Raum, sodaß ich durch den herabfiel, aber mit dem Kopf an dem Geländer des ersten Stockes so heftig anschlug, daß einer der eichenen Geländerstäbe zerbrach. Dadurch drehte ich mich und kam unten sitzend an. Das Knie des ausgestreckten rechten Beines war durch den Aufschlag gedehnt worden, der Schädel hatte einen Sprung, aber ich war gerettet. 6 Wochen hatte ich zu liegen wegen des Knies und dann den Vortheil, daß ich für ein Jahr keine Ohrfeige bekommen durfte wegen der Hirnerschütterung.

Nach 5jährigem Aufenthalt in Zürich, wo mein Vater Schweizer Ehrenbürger und wir Kinder damit auch Schweizer geworden waren, erhielt mein Vater eine Professur in Bern und ich erinnere mich noch der Reise dorthin im Postwagen. Wir bezogen anno 55 in Bern auf dem sogenannten Obstberg in der Nähe des Bärengrabens ein einzelstehendes Haus in einem terrassenförmig aufsteigenden Garten.

Ich kam in die Elementarschule in der Nähe des Münsters und mußte mich täglich beim Hin- und Heimgehn aus der Schule durch die Gassenbuben durchprügeln, wobei die in Bern offen durchfließenden Straßenbäche eine große Rolle spielten. Ich war damals 8 Jahr und die Noth mit dem Lernen setzte sich fort ...

Nach einem Jahr zogen wir weit vor die Stadt in die Nähe von Wabern in das frühere Tillier-Gut, einen schönen Herrensitz mit Park und herrlichem Blick ins Thal der Aar hinunter mit den ganzen Alpen dahinter. Gerade vorher war ich im Examen nach dem Gymnasium durchgefallen. Ich mußte zuerst etwas vorlesen, wobei ich all meine Kräfte zusammennahm um nicht zu stocken. Als ich dann sagen sollte, was ich gelesen, hatte ich keine Ahnung davon. Ferner hatte ich in einem kleinen Aufsatz 60 orthographische Fehler. Mit einem Jahr Privatunterricht holte ich dann meine Klasse in der Kantonschule wieder ein. Meine Mutter ließ uns Kindern

---

[3] Isolde Kurz, s. Korrespondentenverzeichnis.

große Freiheit, sie war nicht ängstlich. Jedes von uns Kindern hatte ein nahes Vertrauensverhältniß zu ihr und ihrer unendlichen Güte. Ihre Lehre, die sie uns einprägte, war: das Gute des Guten wegen zu thun und ersetzte uns sozusagen die Religion. Abends kam sie ans Bett, und da beichtete ich ihr, was ich auf dem Herzen hatte. Sie war die Vertraute für uns Kinder. Verständniß und Güte waren ihre Macht über uns.

Mein Vater, der seinen pädagogischen Eifer bei meinem älteren Bruder Richard mächtig ausgeübt hatte, war bei mir als dem fünften Kind bedeutend freisinniger, auch hatte er soviel zu thun, daß er nur hie und da ein strenges Donnerwetter losließ. Auf einem gepolsterten Stuhl durften wir Kinder nie sitzen, auch nicht als ganz Erwachsene. Meine Mutter spielte gut und viel Klavier und wir Kinder wuchsen in klassischer Musik auf, vor allem in Beethoven, der mich besonders ergriff, so daß man mich oft in einer dunklen Ecke unter Thränen zuhörend vorfand. Ich selbst fing auch mit 9 Jahren das Geigen an, wozu ich aber wenig technisches Talent hatte. Ich benutzte meinen Geigenkasten als Schlitten und fuhr, mit einer Hand mich an einem Fuhrwerk hinten festhaltend, oft über den Schnee bis nach Hause... Das Tillier-Gut war überhaupt die Glanzzeit unseres Wohnens. Mein Vater legte aufs Haus immer und überall größten Werth und es lag darin unbedingt ein architektonischer Sinn und architektonisches Bedürfniß in seiner Natur, wenn es sich auch nicht weiter künstlerisch ausbildete. Dagegen besaß er in hohem Grade eine noch primitivere Quelle des künstlerischen Werdens – nämlich die Schaffenslust an sich – die produktive Natur.

In Zürich hatte er, abgesehen von seiner wissenschaftlichen Thätigkeit mit Escher-Lind die Nordostbahn ins Leben gerufen, in Bern das Statistische Bureau und die Ostwestbahn, später in Thüringen die Thüringer Bahn, die jetzt den Norden mit dem Süden verbindet und so wichtig wurde. Dabei ist es wesentlich, daß er das Alles für die ökonomische Entwicklung der Länder that, nicht als Spekulation für Privatzwecke. Er hatte meist den Schaden davon bei seinem rein sachlichen Interesse und oft auch wenig Dank bei den Finanzleuten, denn der Nutzen kam erst später zur Geltung ...

Wenn nicht die Schule mit ihrem Latein gewesen wäre, so hätte ich in Bern ein ganz herrliches Leben geführt. Die Schule war die Qual meiner Jugend und verfolgte mich noch lange später im Traum. Das Wissen an sich interessirte mich gar nicht und wenn ich denken wollte und Fragen aufwarf, so hieß es immer, du hast nicht zu denken, nicht zu fragen, du hast zu lernen.

Ein schreckliches System für einen lebendigen Kopf, der nicht das alltägliche Gleis geht. So hatte ich dann eine Doppelstellung in der Klasse. Von den Lehrern viel gezankt und gestraft, bei den Schülern Führer in Kämpfen und Streichen.

Da erlebte ich ein großes Ereigniß. Ich kam zufällig eines Tags durch die Universität und stand vor der Sammlung antiker Statuen. Der Eindruck war ganz überwältigend, ich hatte nie geahnt, daß es so was giebt. Niemals war von so etwas je gesprochen worden und ich war wie festgebannt. Die famosen Brunnenfiguren in Bern ließen ja von dieser Welt der nackten Statuen nichts ahnen und ich empfand sie wie etwas Überirdisches. Es war für mich ein ganz neues Lebensereigniß. Da der Raum immer verschlossen war und wir Buben überhaupt nicht in die Universität durften, so erinnere ich mich nicht, wieder hineingekommen zu sein; und dennoch sehe ich die Figuren noch – vor Allem die des Achilles.

Von bildender Kunst war bei uns zu Haus überhaupt nicht die Rede. Poesie und Musik lag meinen Eltern nah und mein Vater hielt darauf, daß wir Kinder wenn ein Stück Shakespeares aufgeführt wurde, ins Theater mußten. Schon mit 11 Jahren durfte ich da mitgehn. Mein Bruder Richard, der als kleiner Knabe viel zeichnete und mit großem Talent portraitirte, kam mit den Jahren doch so in wissenschaftliche Interessen hinein, daß er damals als Student sich kaum mehr mit Zeichnen abgab und erst in späteren Jahren, wie es schon zu spät war, der künstlerische Trieb wieder bei ihm lebendig wurde. So mit 11 Jahren lebte ich in der Indianerperiode und wurde mit Cooper etc. von Professor Lazarus reichlich beschenkt. Mein künstlerischer Trieb äußerte sich damals nur darin, daß ich alle die Heldengestalten zeichnete, auf Pappe klebte und ausschnitt. Von Modelliren in Ton hatte ich nie etwas erfahren –, kurzum von bildender Kunst blieb ich in der Schweiz noch ganz unberührt, abgesehn von dem oben erwähnten Antiken-Eindruck. Perspektivischen Unterricht erhielten wir auf der Kanton-Schule und zwar schon mit 13 Jahren, was sehr zu loben ist. Die ganze geistige Atmosphäre aber in Bern ließ mich künstlerisch ganz immun, was ich nicht bedauere. Die Stadt mit ihrer großen architektonischen Schönheit und ihrem Situationsreiz umgab einen als etwas selbstverständliches – denn niemals habe ich davon reden hören, sie wirkte aber im Stillen auf mich und gewisse architektonische Neigungen von mir basiren auf diesen Eindrücken meiner Jugendzeit.

Eines Mannes möchte ich noch gedenken, mit dem die Berner Zeit eng verbunden war. Als Schulgenosse und Freund von den Söhnen des Bundesraths Schenk war ich dort wie zu Hause. Der Vater Schenk, der ursprünglich Geistlicher war, hatte ein seltenes Talent mit der Jugend zu verkehren. Er gründete einen Knaben-Spielverein, wo er immer herrliche Spiele zeigte und mitmachte und in englischem Sinn uns beeinflußte. Selber ein berühmter Ringer lehrte er uns alle seine Künste und nahm mich auch auf Fußtouren mit, die mehrere Wochen durch Berg und Thal führten im Oberland. Ich liebte ihn und habe ihn als älteren Mann noch wiedergesehn ...

Alle Examina waren für mich die größten Aufregungen. Was mich so aufregte, weiß ich nicht zu sagen – zum Beispiel beim Wettlaufen, wo ich wußte, daß ich weitaus als Erster gewinnen würde, war die Aufregung so groß, daß ich einmal vorgab, ich müßte abseitstreten, und nicht mitlief ...

Während unseres Berner Aufenthalts spielte die Familie des Philologen Ribbeck[4] und vor allem Anette von Baeyer[5], die Schwester von Frau Professor Ribbeck und des Chemikers Baeyer, als intime Freundin meiner älteren Schwester Bertha eine große Rolle bei uns, ebenso die Familie Beetz, die später nach München kam. Die beiden Söhne Beetz waren nahe Freunde von mir. Einst kam auch Paul Heyse in unser Haus, damals Student mit langen Locken und schwärmerischen Augen. Ich frug meinen älteren Bruder, was der Herr sei und erfuhr dann, daß das ein Künstler sei. Heyses schwärmerischer Lockenkopf verwuchs dann so fest mit der Vorstellung von einem Künstler bei mir, daß ich dann später, als die Frage an mich trat, ob ich Künstler werden wolle, mich mit Händen und Füßen dagegen wehrte. Ich hatte überhaupt eine starke Abneigung gegen alle Geste der Schwärmerei, wie sie mir so oft an den deutschen achtundvierziger Flüchtlingen auffiel, deren ja viele in unser Haus kamen. Die Ideenbegeisterung an sich und ihre Darstellung war mir eine geradezu verletzende und speziell deutsche Eigenschaft im Gegensatz zu den Schweizern –, der eine sachliche Beziehung zu fehlen schien und die mich zur Opposition reizte. Es verletzte mein Schamgefühl und berührte mich als Phrase was mir das unangenehmste aller Geistesäußerungen war.

Als mein Vater 1860 in Bern als Gründer der Ostwestbahn von einer Partei den schmählichsten Undank erlebte, kündigte er seine Professur und kaufte in Badenweiler im Baden'schen Schwarzwald ein nettes Haus mit Garten und meine Familie wanderte dorthin aus. Ich sollte noch in Bern auf der Schule bleiben bis das Weitere sich bestimmt hatte und zog in die befreundete Familie von Dr. Adolf Vogt, unserm Arzt, wo ich mit dem etwas jüngeren Sohn Robert[6] zusammenhauste. In den Sommerferien kam ich dann auch nach Badenweiler, wo eine idyllische Zeit begann. Es lebte dort

[4] Otto Ribbeck, 1827–1898, Philologe, Professor an der Universität Bern.
[5] Anette von Baeyer, Tochter des Generals Johann Jakob von Baeyer, Johann Jakob von Baeyer, 1794–1885, Generalleutnant und Geodät in Berlin. Präsident des Geodätischen Instituts in Potsdam.
    Adolph von Baeyer, 1835–1917, Chemiker, Professor an der Universität München.
[6] Robert Vogt, Arzt in Bern, Jugendfreund Hildebrands, mit dessen Schwester Emmy verheiratet.

eine Familie Faber. Der Vater war der Bibliothekar in dem damals noch kleinen Badeort und hatte drei bildschöne Töchter. Da entspann sich dann bald eine nahe Freundschaft unter uns Kindern, jedes hatte seine Gespielin. In den herrlichen Wäldern wurden allerlei Fußtouren gemacht, es war ein Leben voller Freude und Lust, dazu die Ferien! Im Herbst ging die Landarbeit an, mein Vater sägte das Holz, die Pflaumenbäume, die voller Früchte sich beugten, wurden geschüttelt und die reichlichen Pflaumen in der Sonne kunstvoll geröstet. – Dann kam die Traubenzeit im Thal nach Freiburg zu, kurzum es war eine Land-Idylle, wie man sie sich nicht schöner denken kann. 60 auf 61 zogen wir dann nach Jena, wohin mein Vater einen Ruf bekam und da begann wieder ein ganz neues Bild. In Jena zogen wir in ein altes Haus, das ein Theil eines frühern Klosters war. Der Eingang war in einem inneren alten Hof und ein Theil der Wohnung zog sich um eine Ecke des Hofes herum, sodaß dem Haus nicht eine gewisse Romantik fehlte. Im Hochparterre war ein Mädchen-Pensionat, wir wohnten einen Stock höher. Vor dem Haus war ein kleiner Garten. –

Das bekannte Stoy'sche Knabeninstitut war zugleich das Gymnasium in Jena, in dem die Stadtknaben ihren Unterricht hatten. Die Pensionäre waren zum großen Theil Ausländer und vielfach Jungen aus reichen Familien, die ganze Tonart war mir in Vielem etwas Neues. Wenn zwei im Streit waren, d.h. einer den andern beleidigt hatte, so forderte er ihn und es wurde feierlichst geboxt. Abends von 7–9 war Werkstatt d.h. es gab für alle Handwerke Arbeitsräume im Institut für die Pensionäre. Da wurde geschreinert, gedrechselt, gebuchbindert und modellirt. Ich nahm natürlich auch daran Theil und kam auf diese Art zum Modelliren, von dem ich nie gehört hatte. Ein Zeichenlehrer unterrichtete da so weit er eine Ahnung hatte. Ich hatte natürlich bald mehr los, im Ganzen war's aber doch nur eine Spielerei, bei der man mit dem Thon umgehn lernte, nicht aber Studien machte. Immerhin sah ich eine Masse Möglichkeiten und hatte ein Instrument gefunden.

Bald fing das Griechisch an und damit neue Leiden. Mit der Odyssee fingen wir an und lernten daran gleich auch die Grammatik, die natürlich so die Hauptsache wurde, daß der Inhalt der Odyssee sehr in den Hintergrund trat. Dagegen erweckte die Geometrie mein größtes Interesse. Endlich bekam ich einen Stoff in die Hand, bei dem man alles erdenken und ab ovo selbst entwickeln kann. Da gab es kein Auswendiglernen von fertigem übertragenen Stoff. Jetzt war ich in meinem Element und konnte gar nicht das übliche vorgeschriebene Tempo einhalten, sondern eilte immer voraus. Das größte Ereigniß war aber bei der Algebra als mir plötzlich das a und b aufging in seiner ganzen Tragweite. – Es war mir wie eine Erleuchtung diese Befreiung von der Materie, eines meiner großen Erlebnisse – ich strahlte von Glück. Seit dem Anblick der Antiken-Statuen hatte mich nichts so innerlich gepackt. Das war nun mein eigentliches Fach in der Schule, wo ich leidenschaftlich dabei war. Der Lehrer mußte mir immer extra Aufgaben geben, weil ich die der Klasse schon gleich beantworten konnte. Bei einem Examen, wobei ich immer furchtbar aufgeregt war, wollte der Lehrer mit mir vor dem Rektor etc. glänzen und gab mir eine schwierige Aufgabe auf, die ich auf der großen Tafel zu lösen hatte. Ich fing an und ging immer weiter und der Lehrer schüttelte mehr und mehr beklommen den Kopf über meine Beweisführung, die ganz andere Wege ging, als man erwartet. Ich führte aber die Sache zu Ende und zu einer richtigen Lösung – man mußte sie gelten lassen, nur setzte sie weit spätere Kenntnisse voraus, die ich in der Aufregung selbst entdeckt und verwandt hatte. Mein Zeugnis fiel trotz tadelnder Randbemerkung doch lobend aus und der Lehrer sah in mir schon den späteren Mathematiker...

Mittlerweile war ich 15 Jahr geworden und mein Verhältniß zu den Wissenschaften war nicht anders geworden. Außer Mathematik interessirte mich das Wissen nicht, auch Geschichte ließ mich ganz kalt und als der Lehrer mir darüber Vorwürfe machte sagte ich ihm: ja machen Sie sie mir interessant, dann will ich schon fleißig sein.

Im Ganzen ging damals das Institut etwas aus dem Leim. Theilweise kamen jüngere Lehrer die die Jungen nicht bändigen konnten, dann war der Director viel abwesend oder anderweitig beschäftigt, sodaß der Übermuth der Knaben mehr und mehr zunahm. Mir machte diese revolutionäre Zeit viel Spaß und ich war an manchem Widerspruch mit schuld...

Zu Hause trieb ich allerlei Nebenkünste, konstruirte Mühlen oder Panoramas mit Beleuchtungskünsten, Seehäfen oder Städte darstellend, wozu ich durch herumziehende Schaustellungen angeregt wurde. Eine Zigeunerbande fesselte mich ganz und ich hatte in meiner Begeisterung die ganze Gesellschaft zu uns ins Haus eingeladen, wodurch meine Mutter, um die Gesellschaft abzuhalten, gezwungen war, sie in einer Wirthschaft bewirthen zu lassen. Als ich hörte, daß sie abgezogen seien, suchte ich sie noch in Begleitung meines englischen Lehrers Grant[7] einzuholen, was ich aber nach zweistündigem Rennen unerreicht aufgeben mußte.

Englischen Unterricht hatten wir bei Mr. Grant, einem Schotten. Er war schon mit 16 Jahren nach Jena als Lehrer ins Stoy'sche Institut gekommen. Mit ihm kam ich sehr bald in ein spezielles Verhältniß...

---

[7] Charles Grant, 1841–1889, schottischer Dichter und Publizist. Die Freundschaft des jungen Hildebrand mit Grant legte auch den Grund für seine ausgezeichnete Kenntnis der englischen Sprache und für seine Sympathie für England und die Engländer.

Meinen Geigenunterricht setzte ich natürlich in Jena fort. Im Pensionat war der Geigenlehrer (ein Spohr-Schüler) ein sehr guter Musiker aber ein ziemlich verkommenes Genie. Mein technischer Unterricht war ein arg nachlässiger. Mein Talent dazu war auch ganz gering – (die Folge war, daß ich viel zu schwere Sachen spielte) und da ich musikalisch war, so kümmerte sich mein Lehrer immer weniger um meine technische Ausbildung als um meine Freude an den guten Sachen. Es ging so weit, daß er mich benutzen wollte für die zweite Geige für eine Tour in Thüringen, die er mit zwei andern verkommenen Musikern als Quartett unternehmen wollte. Zu den Proben kam es, aber aus der Sache wurde nichts, warum weiß ich nicht. Meine Beziehung war wohl hauptsächlich darin begründet, daß ich keine Bezahlung beansprucht hätte. Mein Geigenlehrer wurde später Organist in Paris ...

Das Saalethal bei Jena mit seinen Weiden und den Bergen beiderseits war für uns Jungen die herrlichste Gegend zu Ausflügen und Fußtouren. Im Sommer das Schwimmen in der Saale und im Winter die herrliche Schlittschuhbahn. Wenn auch selten auf beiden Seiten fest zugefroren, so war doch die Saale eine endlose Eisbahn, auf der man Stunden lang fortlaufen und die entlegenen Dörfer besuchen konnte.

Ich fühlte mich überhaupt sehr bald ganz heimisch in Jena, was damals noch ganz einen alten Charakter hatte und von den späteren Villen noch nicht modern angekränkelt war. Ein Heimatgefühl hatte ich natürlich in der Schweiz nie gehabt und wenn ich selbstverständlich auch Schwizerdütsch sprechen konnte, so war es doch nicht unsere Sprache, die wir zu Haus sprachen und blieb deshalb eine fremde. Freilich wars in Jena wieder ein fremder Dialekt beim Volk, aber ein doch verwandter.

Bevor ich Jena verlasse, muß ich noch eine Seite meiner Jenenser Jugendzeit erwähnen. Es betrifft die Atmosphäre unseres Familienlebens und dessen geistigen Einfluß. Mein 7 Jahr älterer Bruder Richard[8], der damals in Leipzig studirt hatte, brachte eine Masse philosophischer Dispute ins Haus, die sich immer bei Tisch in lebhaftester Weise zwischen ihm und meinem Vater abspielten. Dabei wurde ich mit einer Masse philosophischer Probleme bekannt, sodaß ich ohne selbst solche Fragen aus Büchern kennenzulernen, doch schon früh in diese Welt eingeweiht war. Scharfe Denkdisziplin war eine spezielle Eigenschaft der Hildebrands, und bei Tisch drehte sich das Gespräch immer um irgendwelche geistigen Fragen. Per-

---

[8] Richard Hildebrand, 1840–1918, studierte in Jena und Leipzig Nationalökonomie, promovierte 1863 in Leipzig und habilitierte sich 1865 in Leipzig für Staatswissenschaften. 1869 folgte er einem Ruf als außerordentlichen Professor an die Universität Graz, wo er 1872 ordentlicher Professor wurde.

sönlicher Klatsch kam nie vor. Ebenso gab es kein Nichtsthun. Keiner, auch die Schwestern durften nie ruhn und sobald mein Vater einen traf, hieß es, was thust du. Gegenüber solcher geistigen Regsamkeit war die gesellschaftliche Erziehung sehr schwach. Von allem gesellschaftlichen Leben was bei uns sehr rege war, drückte ich mich. Alles Erwachsene floh ich aus Schüchternheit. Ein inniges Verhältniß zu meiner Mutter und zu meiner älteren Schwester Bertha nahm das Gemüthsleben ganz in Anspruch, die übrige Welt der Erwachsenen mied ich als Fremde. Mit Dichtung und Musik war ich über mein Alter bekannt. Für Schiller hatte ich keinen Sinn, das schwäbische Pathos stieß mich ab. Von bildender Kunst hörte und sah ich nichts, ich kannte sie nur als mein privat Vergnügen.

Mit Grant las ich eifrig Shakespeare und Marlowe, und als ich 16 Jahr geworden und es sich darum handelte, was ich werden wollte, nahm er sich meiner sehr an. Das Studium einer Wissenschaft war bei mir ausgeschlossen, das sah mein Vater längst ein und es kam die Frage ob ich Künstler werden sollte. Dagegen sträubte ich mich, weil ich damit noch immer die Vorstellung des langlockigen Paul Heyse verband. Ich wollte in die Welt hinaus und da war dann nur der Kaufmann möglich. Bei mir war das eine rein romantische Idee ohne jede reale Vorstellung. Mein Vater sagte mir daß er mit einem Bremer Geschäft in Verhandlung trete und [ich] ein Jahr Zeit habe mich zu präpariren. Ich verließ deshalb das Gymnasium aus der Secunda und fing an Spanisch zu lernen bei einem Spanier, weil das in Bremen verlangt wurde fürs Ausland. Dabei las ich den Don Quichotte spanisch. Ferner lernte ich doppelte Buchführung und hatte ein kaufmännisches Lehrbuch durchzuarbeiten. Nebenbei modellirte ich aber und mein guter Mr. Grant saß mir zu einer männlichen Figur Modell, die ich auch zu Ende führte. Soviel ich mich erinnere war es eine sitzende Figur. Mit solchen Künsten trieb ich es ein Jahr bis ich 17 Jahr wurde. Da hatte ich mich zu entscheiden, denn dann sollte ich nach Bremen. Mittlerweile hatte mich Grant im Stillen doch bearbeitet und mich von der Verbindung vom Künstler und Heyse befreit und klar gemacht, daß das Modelliren nicht nur als geheime Freude zu Haus betrieben werden könnte, sondern auch als ganzer Beruf. Die Folge war, daß ich meinem Vater erklärte, ich wolle doch nicht nach Bremen sondern Künstler werden.

Ob das ganze Jahr kaufmännischer Vorbereitung nur ein feines Spiel meines Vaters war, um mir etwas realen Einblick zu ermöglichen, weiß ich nicht, jedenfalls war er sehr froh über meinen Entschluß und schrieb gleich an Kreling in Nürnberg, um dort meine Begabung prüfen zu lassen. Die ganze Sache war wahrscheinlich schon vorbereitet. Ich sollte also fort nach Nürnberg und aus dem väterlichen Haus. Das war ein großer Abschnitt …

Briefe, Notizen, Erinnerungen

A. H. an seinen Vater   *Erlangen, 10. Juni [18]65*

Lieber Papa, auf Deinem Rath hin, bin ich mit Felix Beetz in der Fränkischen Schweiz auf drei Tage herumgestrolcht. Wir gingen Montag früh hier fort, und zwar mit der Eisenbahn bis Forchheim, wo wir zwischen 7 und 8 Uhr eintrafen und von wo unser Marsch begann. Unser Weg führte uns zunächst nach dem Badeort Streitberg, welches eine halbe Stunde von dem bekannten Muggendorf und etwa 3 ½ Stunden von Forchheim entfernt liegt. Der Weg dorthin ist gewöhnlich, das einzig Auffallende ist der Walburgisberg, der eine sehr sonderbare Form hat, da er sich in der Mitte seines Gipfels senkt; ich habe von ihm eine kleine Skizze gemacht, sowie von andern Orten. Plötzlich taucht Streitberg auf. Es liegt unterhalb eines großen doch zierlichen Felskomplexes auf dessen Spitze eine Brücke 2 Felsblöcke verbindet. Streitberg gegenüber liegt auf einem Felshügel die zerfallene Burg Neideck, dessen Besitzer mit dem Burgherrn des auf der Seite Streitberg gelegenen, jetzt aber gänzlich verfallenen Schlosses, in Fehde gestanden und seine Burg in den Grund geschossen haben soll. Zwischen diesen beiden Coulissen ziehen sich dann im Halbkreis jähe felsige Bergseiten durch das Thal und vollenden so als Hintergrund die Bühne. Zwischen diesen Felspartien ist nun überall Laub emporgeschossen, und dichte Waldungen fassen das Ganze ein. Im Thale selbst schlängelt sich zwischen Wiesen das Flüßchen Wiesent hin. Dieser Anblick hat mich wirklich überrascht, er ist einer der schönsten in der Fränk. Schweiz. Von dort bogen wir in das Thal, welches nach Muggendorf führt. Der Weg ist waldig, auf beiden Seiten von kühnen Felsen begränzt: Wir sind in Muggendorf. Ich hatte mir von diesem Dorfe mehr versprochen, es liegt eben im Grünen unten im Thale und zieht mehr durch seine günstige Lage für Ausflüge und sein feines Kurhaus. Wir brachten dort den Mittag zu. Hierauf machten wir uns nach Gössweinstein auf. Der Weg geht im Thal hin. Wilde Felspartien der originellsten Façon blicken aus dichten Tannen und Buchenwaldungen hervor und geben dem Thal ein höchst piquantes Aussehn. Da sich das etwa 200 Schritt breite Thal sehr im zick zack windet, so sieht man sich stets in einem ringsum eingeschlossenen Thalbecken, und hat dadurch nach vorn und hinten 2 reizende Bilder. Es liegt eine einsame Mühle an der Wiesent, die durch das ganze Thal sich ungeheuer ruhig hinschlängelt, hinter ihr eine große Felswand, und auf den Seiten schwarze dichte Tannenwälder. Mir fiel unwillkürlich »in einem kühlen Grunde« ein. Die von Zeit zu Zeit sich wiederholenden Wasserräder, die die Wiesen bewässern machen sich sehr gut. Im Ganzen hat mir dies Thal einen sehr nobeln, feinen Eindruck gemacht. Gössweinstein liegt auf der Höhe, man steigt daher durch einen Wald auf das Plateau und wird dort durch die langweiligen Ackerfelder, die sich dort ausbreiten, sehr enttäuscht. Man muß im Thale bleiben, man läßt sich dort nicht träumen, daß oben wieder Alles kahl und uninteressant aussieht. Es kommt einem vor, als repräsentire diese Gegend eine überraffinirte Aristokratie, die am Untergang steht und bei der nur die äußere Feinheit und Politesse nebst Luxus geblieben. Sieht man aber tiefer, so findet man Zerrüttung. Ich dachte an die Zeit von Louis Philippe und die hervorguckenden Felsen kamen mir wie die piquanten Schönheitspflästerchen der Damen vor. – In Gössweinstein steht eine große Kirche, bei welcher die vielen Figuren mit ihren zerknitterten Gewändern deutlich auf die Renaissancezeit deuten. Auf der Höhe hin gingen wir noch bis Pottenstein, wo wir über Nacht blieben. Dort hat sich die Gegend geändert. Schwarze Felswürfel mit Moos bewachsen fassen den Thalkessel worin Pottenstein liegt, ein. Auf der Höhe liegt eine noch bewohnte Burg, die wie alle in der Fränk. Schweiz an sich selbst nicht schön, jedoch durch ihre Lage schön sind. Die Hauswand bildet mit der hohen Felswand eine Fläche und die Burgen imponiren so durch ihre schwindelige Stellung. Den nächsten Tag gingen wir durch ein Thal entlang nach Rabenstein. Dies Thal macht einen mehr klobigen, massigen, aber auch düsteren Eindruck. Das reizende des Muggendorfer Thals fehlt und das demokratische Element wiegt hier vor. Föhrenwaldungen, große Bergabhänge, überschüttet mit Geröll, das Thal von großen Felsblöcken unterbrochen, der Fluß wird unwirthlich hier aufgenommen, er poliert über Gestein hinweg. Ganz anders als die Wiesent in ihrem weichen Bett. Stellenweis wird man an das Marien- oder Annathal bei Eisenach erinnert. Rabenstein ist eine große Burg welche in das tiefe Thal von ihrem schwarzen Felsenthron hinab blickt. Es befinden sich mehrere Höhlen in dieser Gegend. Hierauf kamen wir nach Weischenfeld, welches keine besondere Lage hat, und gingen von dort nach Raweneck, eine jähe Burg hoch auf Felsen und auf beiden Seiten von Tannen und Buchen umgeben. Die Gegend fängt hier wieder an, der von Muggendorf zu gleichen. Das Gestein wird heller, freundlicher, der Bach ruhiger und in einer Stunde waren wir in Muggendorf, nachdem wir die Riesenburg, eine Steingrotte, passirt hatten. Nächsten Tag gingen wir über Pinsberg nach Hause wo wir 4 Uhr wieder eintrafen. Ich ziehe die fränkische Schweiz dem Thüringer Wald vor, es liegt alles Schöne nah beisammen, wodurch der Wechsel, welcher zwar nur in der Formation und Zusammenstellung der Felsen und Wälder beruht, auffallender wird. In 3 Tagen kann man Alles mit Muße besehen. Sie ist billig und ihr einnehmendes Wesen läßt einen vergessen, daß, sobald man den Kopf ein bischen über dies Thal erhebt, alles Schöne aufhört und die Schönheit des Thales sich nicht fortsetzt ... *Von Herzen Dein Adolf*

Clementine Hildebrand an ihren Sohn   Jena, 1. September 1867

Liebster Adolf! ... Den Tag, bevor Dein voriger an Papa gerichteter Brief kam, erhielt ich einen von Papa, worin er mir mittheilt, daß er mit Zumbusch ausführlich über Dich gesprochen und der unbedingt dafür sei Dich zurückkehren zu lassen, Du habest ein brillantes Talent, eine bewundrungswürdige Schnelligkeit der Auffassung und der Arbeit, aber es würde Dir leicht langweilig das Detail fein auszuführen, es fehle Dir noch die Geduld und Ausdauer dazu und Du müßtest noch eine strenge Schule durchmachen. Rom und überhaupt Italien sei für einige Zeit für den Künstler im höchsten Grade anregend und nützlich, für längern Aufenthalt passe es blos entweder für fertige Künstler die auf Bestellung arbeiten, oder für *reiche*, die ein Bummelleben führen und mehr Kunstgenuß als Arbeit dort suchten. Du kannst Dir denken daß das Papa sehr einleuchtete, und er schrieb mir, wenn Du nur der Cholera halber nicht zurückkämst auf meinen Brief, so würde er Dir schreiben zu kommen, Zumbusch hätte gesagt er liebe Dich, wie wenig Menschen auf der Welt und es sei rührend, wie Du ihm am Herzen lägest. Ich habe nun, als ich gestern Deinen Brief erhielt, der damit gar nicht übereinstimmte und ganz andere Pläne kundthat, ihn ebenfalls nach München geschickt und ihn gebeten Dich wenigstens noch so lange dort zu lassen bis Du das Relief in Marmor fertig hättest und Zumbusch Deinen Brief zu zeigen, der würde wohl darnach selbst nicht dafür sein Dich so schnell zurückzurufen. Ich denke »Kommt Zeit kommt Rath«. Wenn Du den Papa recht eindringlich bittest Dich noch dazulassen und ihm vorstellst, wie Du aus Allem, aus dem ganzen Wege, den Du Dir gesucht hättest, herausgerissen würdest, so hoffe ich Papa wird es Dir nicht abschlagen. Was nun das Dableiben während der Cholera betrifft, so sind mir zwar nicht alle Deine Gründe so überzeugend, aber was *mich* betrifft so will ich meine Unruhe bezwingen und hoffen Du wirst recht vorsichtig sein, was Papa sagt weiß ich freilich nicht... *Dein treues Mamali*

Hans von Marées an A. H. Rom, 28. Oktober 1868

Mein lieber Hildebrand! Dein vor wenigen Stunden eingetroffener Brief hat mich nicht sowohl überrascht, mir aber eine herzliche Freude bereitet, und statte ich Dir meinen besten, aufrichtigsten Dank für denselben ab.

Freilich habe ich einiges erlitten, seit der Zeit daß wir uns nicht mehr sahen; meine jahrelange Furcht hatte sich vollständig erfüllt. Ich bin so mit Schimpf und Schmach überschüttet worden, als es wohl je einem strebsamen geschehen ist. Doch nun ist Alles überwunden, da ich mich selbst überwunden habe. Indem man mich schmählicher als einen Haderlumpen behandelte, habe ich mich selbst wiedergefunden. Nach einer Genugthuung für Vergangenes strebe ich nicht mehr: ich bin zufrieden, daß ich nun in eine immer reinere Atmosphäre gelange. Obgleich meine Leiden den höchsten Gipfel erreicht hatten, so konnten dieselben mich doch nicht brechen, denn ich wußte ja, daß sie am Ende doch zur Quelle von um so größeren Freuden werden mußten. Und so zeigt es sich nun ja jetzt, daß, wenn ich nicht ohne Ursache schwarz sah, ich mich auch im Guten nicht getäuscht habe. Darum theile ich Dir mit, daß sich auch Fiedler als ächtes Gold bewährt hat, und bewiesen, daß er kein gewöhnlicher Freund, sondern ein edler, zart und fein denkender Mensch sei. Durch ihn bin ich meiner materiellen Sorgen vor der Hand enthoben. Ich könnte wohl jetzt Rom verlassen; doch will ich es noch nicht aus triftigen Gründen. Fiedler will diesen Winter in Berlin zubringen, und Du wirst mir gewiß nicht versagen, ihm das über mich zu sagen, was Du weißt (und Du weißt von mir weit mehr, als irgend ein andrer) und dies wirst Du nicht mißverstehen.

Seitdem ich drückende Verhältnisse und alle jene Halbmenschen los bin, bessert sich meine Gesundheit von Tag zu Tage; die alte Hypochondrie ist gänzlich verschwunden. Und so wollen wir auf eine bessere Zukunft hoffen und so viel wie möglich mit Umsicht und Entschlossenheit durch den Lebensmist steuern, den Kopf immer oben. Eins ist gewiß: jede Regung zum Guten und Wahren soll man sorgfältiger hüten, als irgend eine andre Sache, und mehr noch wie vor schlechten Burschen soll man sich vor dummen bewahren.

Entschuldige mein etwas unklares Schreiben, denn alles Freudige regt mich ebenso auf, oder mehr als das Conträre. Übrigens darfst Du nicht glauben, daß ich das, was in meinem Kopf spukt, für besser und wichtiger halte, als was andre vorwärts treibt. Wie weit mein Interesse für Dich ein aufrichtiges ist, weißt Du ja selbst, und danach mußt Du urtheilen, wie gern ich mit Dir alles sondire. Auch weißt Du ja, daß ich stets *die*

Sache für das einzige wahre und unauflösliche Band zwischen Männern gehalten habe: und es findet sich nicht oft im Leben Gelegenheit ein derartiges Band zu knüpfen.

Vor der Hand will ich schließen, und wenn ich nun auch von Deinen Um- und Zuständen unterrichtet bin, werde ich mit mehr Ruhe und Ordnung Rede stehen.

Indem [ich] Dir also alles Glück auf Deinen Wegen wünsche, bleib ich für jetzt und immer *Dein wahrer Freund Hans v. Marées*

Rom, 21. November 1868

Lieber Hildebrand! Entschuldige, daß ich erst heute Deinen freundlichen Brief beantworte. Es freut mich sehr, daß Du in Deinen Arbeiten vom Gelingen begleitet warst, und hoffe und wünsche Dir dasselbe für die Zukunft. Wenn Begas' Arbeiten Dir behagen, so ist das ja vor der Hand genügend. Es ist sehr freundlich von Dir, daß Du mir meine Bürde erleichtern willst, und das thust Du wirklich, indem Du an mich hältst und glaubst. Denn es wird noch Mancherlei vorkommen, ehe ich in den sichern Port eingelaufen bin. Was die Vergangenheit anbelangt, so suche ich die Übel derselben zu vergessen, was Gegenwart und Zukunft betrifft, gedenke ich mit Beharrlichkeit *auszuharren*. Damit wäre eigentlich Alles gesagt ...; man muß Geduld und Beharrlichkeit wohl von einander unterscheiden. Ersteres ist eine Weibertugend, das andere aber meiner Ansicht nach die männlichste der männlichen Eigenschaften. Ohne ein bestimmtes wenn auch oft fernes Ziel, ist sie nicht denkbar, ohne die Kraft alles Dazwischenliegende zu ertragen, nicht ausführbar. Viele lachen über dergleichen und meinen es sei das Klügste den Augenblick zu nutzen; diese bedenken nicht daß sie selber auf diese Weise von der Zeit vernutzt werden, ehe sie es gewahr werden, und ihr Leben arm und gewöhnlich dahinfließt. Wenn aber der Beharrliche sich endlich langgehegten Absichten nähert, fängt für ihn eine zweite Jugend an; und erreicht er sein Ziel auch nicht, so hat er doch wenigstens nicht wie eine Bestie gelebt. Und je entfernter man von der Bestie ist, um so mehr hat man auch Aussicht in der Kunst etwas bleibendes zu leisten. Doch genug hievon.

Du mußt Dir schon gefallen lassen, daß ich schreibe, was mir grade einfällt. Du weißt daß ich stets eine Abneigung gehabt habe, über das specielle, was ich treibe zu schreiben. Im Übrigen kann ich Dir noch mittheilen, daß meine Gesundheit fortwährend im Zunehmen begriffen ist, so wie auch meine psychischen Kräfte.

Schließlich bitte ich Dich noch, über meine materiellen Umstände mit Niemandem, als mit Fiedler zu sprechen. Indem ich hoffe, daß Du bald wieder etwas über Dich, Dein Leben, Deine Arbeiten hören läßt, bleibe ich für jetzt *Dein stets aufrichtiger Freund, Hans v. Marées*

A. H. an seine Mutter [Berlin] 6. November 1870

Liebe Mama, ich muß Dir doch gleich, obschon es schon 2 Uhr Nachts ist, mittheilen, daß ich sehr vergnügt bin. Warum – darum. Ich habe nämlich heute zwei Arbeiten bestellt bekommen, und zwar von Fiedler. Eine Büste in Marmor und eine Figur in Bronze. Arbeiten, die mich wenigstens auf ein Jahr in Anspruch nehmen. Wie nobel das Interesse ist, was Fiedler für mich hat, könnt Ihr daraus sehn, daß er es mir vollständig überläßt was ich mache, was für eine Büste und was für eine Figur ist ihm ganz gleich, er will mir nur Gelegenheit geben, nach meinem Wunsche zu arbeiten, was ist ganz gleich. Selbst das, daß ich also eine Büste und eine Figur mache ist Wahl von mir. Also wer zuletzt lacht, lacht am besten. Ich bin sehr vergnügt, und Ihr wohl auch. Alles nähere muß noch verhandelt werden. Er war so zartfühlend, daß er durch Marées mir seine Absichten erst mittheilen ließ. Sonst für heute nichts, als daß Dohrn[9] auch hier ist, daß ich in Leipzig die Ritschls sehr munter getroffen habe, sehr froh über Marées Gegenwart bin und nächstens mehr schreibe. Adio, grüße Papa und die Andern Alle herzlich *Dein Adolf*

C. Fiedler an A. H. Leipzig, 17. Dezember 1870

Lieber Hildebrand! Ihren Brief mit Photographien habe ich gestern erhalten und beeile mich Ihnen mein volles Einverständnis mit Ihrem Entwurf mitzutheilen. Ich glaube, Sie haben einen sehr glücklichen Griff gethan und ich habe gegründete Hoffnung, daß Ihnen die Arbeit vorzüglich gelingen wird. Über Einzelnes können wir vielleicht sprechen, wenn Sie hier durchkommen. In Betreff der Büste, so folgen Sie nur ganz Ihrer

---

[9] Anton Dohrn, s. Korrespondentenverzeichnis.

Neigung; haben Sie Lust die Büste von Marées zu machen, so kann es mir nur um so lieber sein.
Die gewünschten Zahlungen will ich Ihnen gern leisten. Theilen Sie mir mit, ob ich Ihnen die erste Rate zuschicken soll, oder ob Sie sich dieselbe auf Ihrer Durchreise durch Leipzig zu Neujahr selbst abholen wollen. Verzeihen Sie, daß ich so kurz bin, aber ich bin sehr eilig. Grüßen Sie Marées recht herzlich von mir. *In aller Freundschaft Ihr C. Fiedler*

A. H. an seinen Vater Jena, 26. August 1871

Lieber Papa, wie Du wissen wirst, sitz ich wieder in Jena und leiste Mama etwas Gesellschaft. – Ich gedachte eigentlich länger unter Wegs zu sein, als es nun gekommen, aber meine Reise war so reich, daß ich zuletzt genug hatte und mein Hunger gestillt war. Wenn in München die verschiedenen Theken geschlossen sind, sitzt man trotz Bier ziemlich auf dem Trocknen. Familie Nägeli war mir ganz schrecklich, desto liebenswürdiger aber Beetzens. Die werden nie alt und sind immer guter Laune, auch sehr herzstärkend für Emmy[10], wenn sie tragisch wird, was ja oft genug vorkommt. Mit Sattler[11] reiste ich die Nacht durch nach Linz und von da mit dem Dampfschiff nach Wien. Die Lage von Linz ist höchst imposant und die ganze Donaufahrt war mir landschaftlich ein neues Erlebniß. Da ich große moderne Städte kenne, so machte mir Wien keinen weitern Eindruck. Leben und Leute da sind sehr angenehm. Wundervoll ist die Belvederegallerie, überreich an guten Sachen. Ich gab mir mit Richard ein Rendezvous und war mit ihm auf dem Semmering in der einsamsten Natur. Er war sehr munter und wir waren höchst vergnügt zusammen. Er ging dann nach Graz und ich wieder nach Wien. Zehn Tage war ich circa dort. Viel theurer als Berlin find ich's durchaus nicht, dabei lebt man besser und natürlicher. Nichts zu thun, als in sich aufzunehmen und beständig zu sehn, hält schwer. Man müßte zwischen Sehn und Arbeiten immer abwechseln. So trieb mich's dann wieder weiter und [ich] reiste einsam nach Prag, ließ mir unterwegs viel von Böhmen erzählen, was in Dein Fach einschlägt und kam in der Früh an. Das liegt nun ganz herrlich und ich wüßte keine Stadt in Deutschland

[10] Emmy Hildebrand, jüngste Schwester Adolf Hildebrands, spätere Frau von Robert Vogt (siehe Anm. 6).
[11] J. E. Sattler, Maler.

zu vergleichen damit. Ich staunte nur so, und war den ganzen Tag auf den Beinen. Dann ging die Fahrt nach Aussig und von da die Elbe hinab bis Dresden. Diese Fahrt fiel nach der Donau doch etwas ab. Klein und philisterhaft sind Land und Leute und man muß innerlich wieder eine schmächtigere Gestalt annehmen, um sich wohl zu fühlen. Die Gallerie und die Holbeinausstellung entschädigten einen. Die Darmstädter und Dresdener Madonna von Holbein hingen nebeneinander und es wurde da viel gekämpft und gediftelt. Für meinen Theil halte ich die Dresdener für keinen Holbein und die Darmstädter für einen sehr schönen. Ich traf da auch Straßburgers und war einen Tag mit ihnen zusammen. Ziemlich eine Woche blieb ich da und fuhr dann über Leipzig nach Hause. Die Tante[12] fand ich sehr traurig, da es Ida[13] so schlecht geht und wir reisten zusammen, sie nach Gotha um Ida zu treffen, ich in das leere Nest. Nun warte ich die Zeit ab, wo ich nach Berlin kann und dann endlich an die Arbeit.

Es tuth nun auch Noth. – Gutes Wetter und laß Dir Reichenhall gut bekommen. *Herzlich Dein Adolf*

A. H. an C. Fiedler *Firenze, 16. Mai 1872*

Lieber Herr Fiedler, haben Sie vielen und herzlichen Dank für Ihre Zeilen und daß meine Figur[14] Ihnen täglich lieber wird, ist mir die größte Freude und Befriedigung. Ich gestehe, daß sie mich jetzt nach so vielen Eindrücken, wo sie mir als ein Fremdes gegenübersteht, insofern überrascht hat, als sie als Berliner Gewächs bei allen Unvollkommenheiten bis zu einem gewissen Grad ein bestimmtes Wollen ausdrückt, so daß ich am Körper durchaus nichts ändern werde, kommt es doch bei der Kunst nicht auf Vermeidung von Unvollkommenheiten an, sondern auf die Energie, eine bestimmte Idee möglichst weit auszuschälen. Die Vollendung in diesem Sinn wird uns heut so heillos schwer, wir fallen so leicht aus der Rolle. –

Wenn Sie mich fragen, ob mir Florenz das bietet, was ich in Berlin vermißt, so kann ich wohl aus vollem Herzen ja sagen. Hat ja doch in Italien der Schöpfer einem die Arbeit insofern erleichtert, als er die Natur, die bei

---

[12] Sophie Ritschl.
[13] Ida, ihre zweite Tochter.
[14] Der »Trinkende Knabe«, Hildebrand hatte das Gipsmodell an Fiedler geschickt.

uns rohes Material, selber weiter entwickelt oder künstlerisch gestaltet und zum Ausdruck gebracht hat und insofern liegt dem Künstler eine größere Strecke vor Augen, um die Methode zu erkennen, in welchem Sinn die Natur schafft und ausbildet. Man steht auf einem höhern Niveau, sieht weiter hinter sich, allerdings nach vorn bleibt die Aussicht immer unendlich und die Reise beginnt von neuem. Doch ist's mir hier, als hätt ich mehr Kräfte, mir fällt mehr ein und glücklich, wer da anfangen kann, wo die Natur ihre Arbeit eingestellt und seine Kräfte nicht verschwenden muß, um sie überhaupt zu finden. Hat man nun noch auf Schritt und Tritt vor Augen, wie die Menschen richtig weiter und bis zu welchem erstaunlichen Grad der Vollendung sie gebildet haben, dann hat man wohl Alles, was man von außen erwünschen kann. – Heißt aber zufrieden sein, mit sich zufrieden sein, so ist die Antwort natürlich nein. Ist doch der Mensch das einzige Geschöpf, was selten vernünftig und im Sinn der Natur denkt, man muß ja jede Bestie beneiden, sie bleiben in den Händen der Natur und denken immer richtig und wir müssen's erst lernen; und unsereiner, der täglich davon in seiner Arbeit Rechenschaft ablegt und Controle übt, zähle dann die Stunden, wo ihm wirklich die Natur die Gedanken oder die Handgeführt hat. – Was und wie ich hier bin, muß halt meine Figur zeigen, ich bin damit schon ziemlich weit, vedremo! Heute hat hier übrigens erst der Mai begonnen, wir hatten bisher ewig Regen, ja Hagel, es war naß und kalt, man fror und schämte sich in der Seele des hiesigen Wettergotts. Mit Menschen komm ich fast gar nicht zusammen, was nützt's, wenn sie einem ihre Brillen borgen, diese verschliffenen Gläser der Gesellschaft, man sieht ja doch nicht mit und [sie] verderben nur die Augen...

Sonst bin ich wohl und munter und will nach Kräften versuchen, durch meine jetzige Arbeit zu zeigen, wie gerne ich Ihre liebevolle Freundschaft und Theilnahme verdienen möchte ... *Ihr tr. Adolf Hildebrand*

A. H. an H. v. Marées *Firenze, 27. Mai 1872*

Lieber Marées, ich hab Dir schon so lange antworten wollen, doch ein Ausflug nach Rom kam dazwischen. Dohrn kam hier durch und wollte mich wegen seines Baus nach Neapel[15] schleppen, ich hatte Sehnsucht nach frischen Augen für meine Arbeit und so machte ich mich denn auf

---

[15] Wo Anton Dohrn soeben die Zoologische Station gegründet hatte.

und davon und war 4 Tage in Rom, wo ich mich so beladen, daß ich statt nach Neapel schleunigst zurück zur Arbeit kehrte (und im Genuß verschmacht ich nach Begierde). –

Was soll ich Dir von Rom sagen, Dir, der Du so lange da gelebt und so viel durchgemacht, es hat auf mich den überwältigendsten Eindruck gemacht. Ich war in Villa Albani und Borghese in Gallerien, (wie schön ist der Coreggio in Borghese), sah die ganze Stadt mit den Brücken und Brunnen, war im Hain der Egeria, im Vatikan und Gallerie S. Luca (der Rubens und Memling), kurz könnte Dir nicht genug erzählen. Es ist eben die ganze Welt und Alles andere nur Stückwerk. Verändert fand ichs gar nicht, was kümmerts auch, ob 100 Pfaffen mehr oder weniger über die Hügel gehn und angesichts der alten Pracht sieht man das moderne Getriebe nicht. Ich fand gar keinen Platz mehr in mir und war doch froh, jetzt nicht ganz da zu sein. Sieht man es beständig wie es ist, dann muß man doch den Boden unter den Füßen verlieren bei der Kluft unserer Lebensweise etc. und dem was man von früher vor Augen hat und um zu einer ruhigen Seele zu kommen, müßte man versimpeln, was ja fast alle thun. – Hier in Florenz hat sich das Jetztleben eingenistet und ausgeglichen und man kann es beherrschen. – Ein merkwürdiges Ereigniß schloß sich dem Ausflug an. Wie ich ins Atelier trat, war Heyses Büste gerade am zusammenstürzen, ich konnte sie gerade noch retten und mußte sie sofort gießen lassen. Leider, denn ich gedachte noch weiter damit zu gehn, sie war mir noch nicht zu Ende. Nun ich gedenke das noch im Marmor nachzuholen, ich will sie für mich doch ausmeißeln. In nicht allzu langer Zeit kann ich Dir also einen Abguß schicken, denn ich lasse sie bald formen.– Mit meiner Figur[16] gehts immer vorwärts durch Verzweiflung und Genuß. Die Sache ist ja so einfach und man kann sie ja, und doch wie oft verliert man sich und die Spur und zu welchem Berg wird einem so ein Körper. – Bezüglich der Brunnenskizze und der Größe des Bassin darfst Du nicht vergessen, daß ein Bassin kolossal viel kleiner aussieht, wenn es voll Wasser, denn gerade die Tiefe macht solch ein Mißverhältniß, erinnere Dich nur an ausgelassene Brunnen, und außerdem verschwinden die Längen in der Waagrechten ungleich mehr als in der Senkrechten, besonders wenn sie über Menschenhöhe. Im Garten erscheint das Bassin gar nicht groß und in der Skizze, wo man Alles von oben sieht, tritt gerade das umgekehrte Verhältniß ein. Jedenfalls läßt es sich nur in natura ausprobiren. In Rom hab ich die Brunnen sehr darauf angesehn. – Für heute dies, verzeih die flüchtigen Zeilen, ich möchte Dir so viel sagen und Angesichts

---

[16] »Schlafender Hirtenknabe«.

der Feder verstummt man, es ist wie bei Schwerhörigen, da erstirbt einem auch das Wort im Mund, weil man schreien muß. Hoffentlich hast Du das widrige Warten und Einrichten hinter Dir und befindest Dich behaglich in der Villa. Hab auch schönen Dank für die Mühe mit meinen Sachen und sei herzlich gegrüßt *von Deinem tr. Adolf Hildebrand*

Hans von Marées: Selbstbildnis mit Hildebrand und Charles Grant, 1873

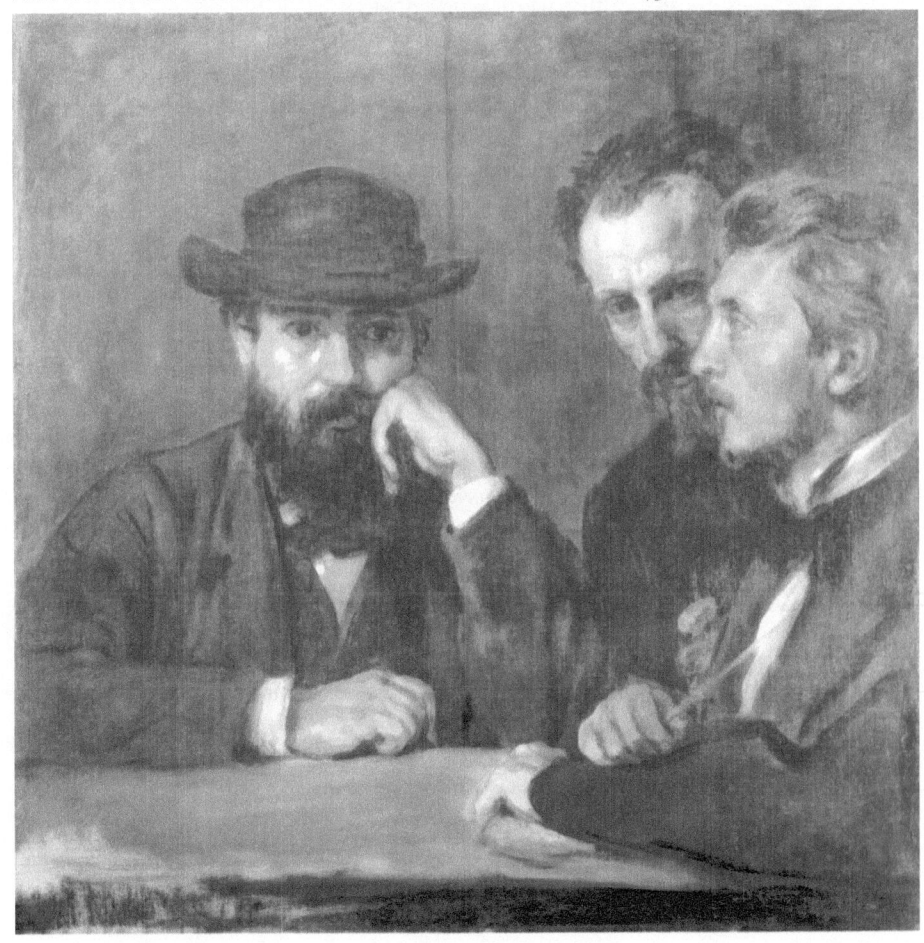

C. Fiedler an A. H. Leipzig, 15. März 1873

Min lieber Hildebrand! Vielen Dank für Ihren Brief, den ich erst heute beantworte, weil ich eine Zusammenkunft mit Marées abwarten wollte, die gestern hier in Leipzig stattgefunden hat. Marées wird Ihnen selbst auch schreiben. Es handelt sich nämlich darum, daß Dohrn an mich geschrieben hat, um zu erfahren, ob wohl Marées geneigt sein würde, einmal nach Neapel zu kommen und sich über etwa auszuführende malerische Ausschmückung der Station auszusprechen. Ich habe die Sache nun mit Marées so besprochen, daß dieser Anfang Mai nach Florenz geht und dann nach Neapel, um sich die Sache anzusehen, dann entweder dort bleibt, wenn etwas ausgeführt werden soll, oder zurückkehrt, wenn es nicht dazu kommt. Es kommt ihm nun sehr viel oder Alles darauf an, daß Sie mit ihm gleichzeitig nach Neapel gehen und er wird brieflich bei Ihnen anfragen, ob Sie mit Ihren Arbeiten im Mai so weit fertig sein werden, um von Florenz abkommen zu können ... Was mich anlangt, so muß ich auf eine längere Abwesenheit von hier verzichten und die projectirte Frühjahrsexplorationsreise in Toscana hatte ich bereits aufgegeben. Gleichwohl liegt mir mein Cranach[17] so im Sinn, daß ich mich wohl entschließen könnte, denselben persönlich abzuholen; ich könnte das in 14 Tagen ganz gut machen. Nur würde mir dies freilich sehr erleichtert werden, wenn ich das Bild von Florenz abholen könnte, statt von Rom und in dieser Beziehung möchte ich bei Ihnen anfragen, ob es Ihnen sehr störend sein würde, einmal nach Rom zu fahren und das Bild nach Florenz zu holen ... Die Schwierigkeiten mit der Wiener Ausstellung sind allenthalben dieselben; die Administration scheint sehr mangelhaft zu sein; Sie haben wohl von dem Streit der deutschen Künstler mit der Ausstellungscommission gehört; so wird eben überall geklagt und ich will nur wünschen, daß der ganze Jahrmarkt nicht schließlich Fiasco macht. Ihre Kinder können Sie aber doch nicht davor bewahren, einige Zeit in dieser schlechten Gesellschaft zuzubringen und müssen sich damit trösten, daß schlechte Gesellschaft die beste Probe für die Stichhaltigkeit guter Eigenschaften ist. Vor Corruption brauchen sie keine Angst zu haben. Wenn übrigens der Siebenschläfer[18] schon im Mai fertig wird, so bin ich begierig, ob Sie ihn wirklich noch nach Wien schicken werden; dann hätte Freund Heyse doch Recht behalten.

[17] Es handelt sich um das bekannte Bild »Ruhe vor der Flucht« von L. Cranach d. Ä., das nach dem Tode von Fiedlers Witwe 1919 in das Kaiser-Friedrich-Museum in Berlin kam.
[18] Spitzname für Hildebrands »Schlafender Hirtenknabe«. Fiedler hatte Hildebrand dazu bestimmt, seine Arbeiten in Wien auszustellen.

Zum Schluß ein Dictum von Goethe, was ich neulich fand und was des Nachdenkens wohl werth ist:
»Wem die Natur ihr offenbares Geheimnis zu enthüllen anfängt, der empfindet eine unwiderstehliche Sehnsucht nach ihrer würdigsten Auslegerin, der Kunst«. Warum zerbricht sich die Welt noch die Köpfe über Probleme, deren Lösung so klar und deutlich ausgesprochen ist?
Meine Empfehlung an das Haus Laussot und an Heyse.
Ihr treuer C. Fiedler

H. v. Marées an C. Fiedler   *Neapel, 6. Juni 1873*

Lieber Fiedler, ... Wir haben unsere Aufgabe, die Station zu dekoriren, auf den kleineren Saal, der an die Loggia der Seefaçade stößt, beschränkt. Dieser Saal ist der Ruhe gewidmet und so der einzige Raum, der eine Betheiligung der schönen Künste gestattet. Morgen werden wir so weit sein, daß wir in demselben unsere Werkstätte aufschlagen können und zunächst mit direkten Plänen und Entwürfen beginnen. Hildebrand wird natürlich den bildhauerischen Theil ganz übernehmen, doch muß er auch mit malen. Wenn wir zur Ungestörtheit und dann zur Klarheit gelangt sein werden, wird die Arbeit gewiß höchst amüsant und für die Zukunft von unberechenbaren Folgen sein, übrigens höchst wahrscheinlich auch den Sommer nächsten Jahres in Anspruch nehmen.

Im Palazzo Torlonia[19] war kein Platz für uns, da der principe nicht länger vermiethen will. Wir haben, Hildebrand und ich, eine kleine Wohnung ganz in der Nähe der Station genommen in einer der engsten Straßen, die von der Chiaja nach dem Corso Vittorio Emanuele führen, und Hildebrand ist im Augenblick damit beschäftigt, sich vermittelst der Zeichensprache mit einem schönen Vis-a-Vis über eine innige Zusammenkunft zu besprechen. Diese Angelegenheit scheint indessen noch ihren Haken zu haben.

Eigentlich wäre es denn doch sehr schön und vielleicht nicht unvernünftig, wenn Sie ganz ruhig packten und hierherkämen. Sie würden doch gewiß ungestörter Ihre Zeit ausnützen können, als dies in Leipzig der Fall ist, ganz abgesehen von dem großen Gewinn, den unsere Kolonie aus Ihrer Anwesenheit ziehen würde. Wohnungen in denen man die Unannehmlichkeiten des Sommers wenig empfindet, sind schon aufzutreiben. Als Egoist möchte ich alles aufbieten, um als Sirenerich auf Sie wirken zu können ...

[19]   Im Palazzo des Fürsten Torlonia wohnte damals Anton Dohrn.

Neapel, 29. Juni 1873

... Heute werden wir wohl mit den Skizzen fertig werden. Kommt nichts dazwischen, so kann die Aufgabe in einer unserer würdigen Weise gelöst werden. Ich für meine Person fühle mich seit langen Jahren zum ersten Mal in meinem Element. Auch für Hildebrand wird die Sache von größtem Nutzen sein. Jedenfalls bereue ich nicht, mir eine Gelegenheit verschafft zu haben, zu zeigen, was ich leisten kann; denn, wenn mich etwas in meinem Leben fortwährend beunruhigt hat, so war es das Gefühl, meine eigenen Fähigkeiten so wenig verwerthet zu haben. Vorgestern waren wir in Sorrent, wo wir uns vortrefflich amüsirt haben ...

H. v. Marées an C. Fiedler *Neapel, 20. Juli 1873*

... Darum nehme ich abermals Ihr edles Anerbieten an und bitte Sie, wenn es Ihnen nicht unbequem ist, uns, d.h. Hildebrand und mir, eine Summe von beiläufig 2000 Franken vorzustrecken. Damit könnten wir beide wieder einige Monate hausen und sogar im nöthigen Falle auch noch für die Beschleunigung anderer kleiner Arbeiten im Aquarium sorgen. Da ich über die Ausgaben für Dohrn genaues Buch führe, käme natürlich ein guter Theil obenerwähnter Summe auf Dohrns Konto. Aber freilich würde es wohl besser sein, wenn Dohrn dies nicht erführe, und Sie müssen sich gefallen lassen, daß wir ihm gegenüber auf Ihre Kosten eine so anständige Rolle spielen.

Morgen beginnen wir thatsächlich in Fresko zu malen, und zwar mit dem Fries. Dieser und die Pilaster, wie alles Architektonische sind von Hildebrands Erfindung, das Ganze nach gemeinschaftlichen Plänen, die Skizzen zu den 5 Hauptbildern von mir, zum Theil von Hildebrand ...

Ich kann nicht leugnen, daß ich den größten Theil meines Hierseins in anregendster künstlerischer Weise verbracht habe und auch Hildebrand fühlt sich sehr glücklich in unserem gemeinschaftlichen Unternehmen ...

Neapel, 8. September 1873

Mein lieber Fiedler! ... Die Gesellschaft von Hildebrand ist für mich doppelt wohltätig, weil ich weiß, daß er meinen Werth erkennt und anerkennt. Darum erzielt er auch wirklich von mir Vortheile, wie sie nicht leicht ein Mensch von andern erwirkt; dieses kann ich mit ruhigem Bewußtsein und ohne Eitelkeit aussprechen. Und auch das: vergönnt es uns das Schicksal noch einige Jahre zusammen zu wirken, so wird das für unsere Kunst nicht ohne große Bedeutung sein. So viel ist gewiß, Hildebrand wird Ausgezeichnetes leisten, man soll ihn nur ruhig gehen lassen; Alles, was er thut, auch Leben, ist gut und verständig. Ob es mit mir ein glückliches Ende nimmt, ist die Frage, aber unter creti und pleti kann man mich bei näherer Untersuchung nicht werfen ...

Bruno Hildebrand an seinen Sohn   *Jena, 22. November 1873*

Mein lieber lieber Adolf! Den beiliegenden Brief erhältst Du erst heute, weil ich immer mitschreiben wollte und nicht dazu kam, und weil nicht besonderes Eiliges darin steht. Der Großherzog[20] ist noch in Schlesien auf seinen Privatgütern und kommt in etwa 8 Tagen wieder nach Weimar zurück. Eine liebenswürdige Antwort, die Du entweder direct oder wieder durch mich schicken kannst, wird ihn sehr freuen. Er ist für Deine Arbeiten wirklich begeistert und stolz darauf, daß ein solcher Künstler aus dem Weimarschen Lande hervorgegangen ist. In einigen Wochen muß ich ihm in Weimar auch noch einen schuldigen Besuch machen, auf den er Deinetwegen brennt.

Das Colleg halten macht mir keine Schwierigkeit. Wenn eine Lesemaschine 70 Semester hindurch gearbeitet hat, geht sie von selbst ohne Schwierigkeit weiter. Mit dem Kopfe arbeite ich aber noch sehr langsam, wenn es gleich täglich besser geht. Wenn kein Winter wäre und ich täglich in der freien Natur herumlaufen könnte, würde ich noch viel mehr auf dem Damm sein. Deshalb will ich so zeitig als möglich in diesem Winter mein Colleg schließen und in Italien den Frühling zubringen. Wenn Du auch keinen Glauben hast, so komme ich doch noch ehe Du Deinen Triumphzug von Florenz nach Jena antrittst, und belausche Dich auch in Deinen Florentiner Arbeitsräumen.

Daß Du den reichen Wohnungsverleiher Lazarus hast ablaufen lassen, hat mich herzlich gefreut. Ohnedies macht sich das Capital-Parvenüthum mit seinem Börsen-Schwindel jetzt in Deutschland so breit und hat namentlich die Berliner Welt so angefressen, daß es Pflicht jedes

---

[20] Carl Alexander, Großherzog von Sachsen-Weimar, s. Korrespondentenverzeichnis.

ehrlichen Menschen ist, sich von den Geldprozen unabhängig zu halten. Die 5 Milliarden[21] haben namentlich in Norddeutschland unendlich nachtheilig gewirkt. Grüße bestens die Jenaer Colonie in Neapel. Auf Wiedersehn um des Märzen Idus. *Herzlichst Dein Vater*

A. H. an C. Fiedler *Firenze, 25. Januar 1874*

Liebster Fiedler, eben treffe ich Frau Koppel an einem Briefe an Sie und da fällt es mir schwer aufs Herz, daß ich Ihnen auf Ihre lieben Zeilen noch nicht geantwortet. Schreibfaulheit ist eben auch mein Leiden und ich bin niemals dümmer als mit der Feder in der Hand.

Wie leid es mir gethan, daß aus Ihrem Brief noch immer keine freudigere Stimmung klingt kann ich Ihnen gar nicht sagen. Was mich betrifft, so bin ich mit dem großen Thonmodell des Adams zu Rande und erwarte den Graf Pourtales[22], der im Februar herkommt, dann kann ich wahrscheinlich gleich Marmor kaufen. Doch ich wollte Ihnen eigentlich von Frau Koppel schreiben, wie sehr ich mich mit ihr eingelebt, wie beschaulich sich mit ihr spinnen läßt und wie herzlich von der Leber weg vergnügt sein. Allerdings glaub ich, daß solche ursprüngliche Naturen nur dann sich vergehn, wenn sie gegen den Willen ihrer Natur handeln, ihm untreu sind, denn die Sitte ist wohl für die, denen die Natur fehlt. Jedenfalls kommt man in Italien am ersten zu sich und das scheint mir bei ihr doch das Wichtigste. Marées lebt still und ihm wie seinen Arbeiten gehts aufs Beste. Von Grant hatte ich Nachricht, das Aquarium ist Montag eröffnet worden. Hillebrand wie Madame Laussot und die Saturday review bewundern sehr seine Sprache in den Dramen, es sei eine wahre Wohlthat heutzutage ...

Mit den herzlichsten Grüßen *Ihr tr. A. Hildebrand*

A. H. an C. Fiedler *Wien, 11. Februar 1875*

Mein lieber Fiedler, meine Schwester starb in vollem Bewußtsein und hat noch grüßen lassen. Es war die allerschlimmste Stelle, die das Schicksal

---

[21] Die Kriegsentschädigung von 5 Milliarden Reichsmark, die Deutschland nach dem Kriege 1870/71 von Frankreich erhielt.
[22] Friedrich Graf Pourtales, 1853–1928, Diplomat und Kunstsammler, 1902 preußischer Gesandter in München, 1907–1914 deutscher Botschafter in St. Petersburg.

bei uns treffen konnte. Das einzige Verlangen, was ich jetzt habe, ist den
Meinen noch Liebes thun zu können. *Herzlich Ihr tr. Adolf H.*

Wien, 12. Februar 1875

Mein Lieber Fiedler, wie traurig der Fall für uns ist, kann ich Ihnen garnicht sagen. Alle, von meinen Eltern bis zum kleinen Fridolin hatten eine Heimath bei meiner Schwester, sie half wo es fehlte, voll Wärme und Humor – wie soll das werden. Und mein armer Schwager mit den drei Kleinen, es ist entsetzlich. Wie traurig, wie groß der Verlust, werde ich erst schauen, wenn ich nach Hause komme, mir wollte es Anfangs garnicht zu Bewußtsein und immer wieder kam der thörichte Gedanke, es sei nicht wahr. Wie viel ich verloren, werde ich erst erfahren. Wissen Sie noch vorigen Sommer, wie wir zusammen waren, wenn ich an sie denke, sehe ich sie immer heiter mir entgegen kommen, wie soll ich diese Vorstellung töten. – Das will mir nicht gelingen ... Mein Bruder war bis Mittwoch Abend bei mir und das war mir ein großer Trost. – Man wird mißtrauisch gegen die Zukunft, überall sieht es so trübe aus und da möchte man in der Leere nach etwas greifen, was man liebt und was einen liebt. Es ist doch das Einzige, was einen leben läßt ... *Von Herzen Ihr tr. Adolf*

Wien, 19. Februar 1875

Mein lieber Fiedler! Wie dankbar ich Ihnen bin für Ihre lieben Briefe brauche ich Ihnen nicht zu versichern ... Ich las heute in Dietegen von Keller[23], das hat mich sehr entzückt. In der Kunst hat man doch das Leben als Ganzes, während man es nur in Stücken, als Moment von der Hand in den Mund erfährt. Bei Keller bleibt man in Folge des Seltsamen, oft Abentheuerlichen seiner Erscheinungen nicht an ihnen hängen, sondern sieht nur, was zwischen den Zeilen und dahinter liegt, man erhält nicht die Wahrheit einer Erscheinung, sondern Erscheinungen der Wahrheit ...

---

[23]   Gottfried Keller, 1819–1890. Die Erzählung »Dietegen« aus den »Leuten von Seldwyla«.

C. Fiedler an A. H.   San Francesco, 20. Februar 1875

Mein lieber Hildebrand! ... Das Leben fängt an, für Sie recht reich an Erfahrungen zu werden und Ihnen mit entsetzlicher Überzeugungskraft zu beweisen, daß man nichts für so unmöglich halten kann, was nicht jeden Augenblick eintreten könnte. Wer Ihnen jemals nahegetreten ist, mußte Ihnen wünschen, Sie möchten einen Freibrief vom Schicksal haben; und weil man es wünschte, so glaubte man es auch und Sie haben es wohl selbst zuweilen geglaubt. Dem ist nun nicht so und das Leben ist für Sie nicht anders, als für die Andern auch. Es ist ein bedeutender Moment in der eigenen Entwickelung, in dem man einsieht, daß es ein falscher Anspruch ist, sich durch das Schicksal von Anderen unterscheiden zu wollen; daß man vielmehr nur dadurch ein Anderer sein kann, daß man dem Leben anders begegnet; erst mit dieser Einsicht gewinnt man den unerschütterlichen Boden und den festen Standpunkt im Bewußtsein der eigenen Individualität. Es ist auf dem moralischen Gebiet nicht anders als auf dem Geistigen; die Erscheinungen kann man nicht anders bezwingen, als indem man sie der eigenen geistigen Kraft unterwirft; den Schicksalen kann man nicht anders begegnen, als dadurch, daß man sie der eigenen Charakterstärke unterwirft. – Sie werden Fortschritte in der Erkenntnis gemacht haben, daß der Mensch auch moralische Kräfte hat und braucht; nur darf man moralische Kräfte nicht mit moralischen Principien verwechseln; nach letzteren zu leben ist ebenso werth- und nutzlos, als es unmöglich sein würde, ohne erstere zu leben. – Doch verzeihen Sie diesen moralischen Discurs; aber ich denke mir, daß sich unter den Ereignissen der letzten Zeit Ihr Geist auch nach diesen, von Ihnen sonst wenig betretenen Gegenden hingewendet hat. –

Leben Sie wohl, mein liebster Hildebrand, und lassen Sie die trüben Gedanken keine Macht über Sie gewinnen. Wenn man das Vertrauen auf die Welt mit den Jahren verliert, so muß man dafür ein immer wachsendes Vertrauen auf sich selbst gewinnen.

San Francesco, 23. Februar 1875

Mein lieber Hildebrand! Es freut mich sehr, daß Sie Keller lesen und davon befriedigt sind. Die wahre Kunst befreit immer von Allem, was uns das Leben anhängen kann und führt uns direct vor die Natur zurück; sie hilft uns, wieder zu uns selbst zu kommen, oder zwingt uns vielmehr dazu, wenn wir sie begreifen wollen. Es ist nicht Ablenkung oder Zerstreuung unserer Gedanken, die wir ihr zuletzt verdanken können, sondern die höchste Concentration und Schärfung unseres Denkvermögens der ganzen Welt gegenüber; sie führt uns nicht in ein Gebiet, welches außerhalb der Welt läge und uns diese mit ihren Leiden vergessen ließe, sie steigert nur unsre Natur aus dem Drucke der Welt hinaus zur Betrachtung, zu Verständnis derselben.

C. Fiedler an A. H.   Berlin, 17. Februar 1876

Mein lieber Hildebrand! ... Daß Sie Schiller lesen, ist ja wunderbar; Sie konnten ihm früher nicht viel abgewinnen. Meiner Ansicht nach steckt denn doch viel mehr Poesie in ihm, als manchmal scheint, freilich nicht, was so oft für poetisch gehalten wird. Gerade im Wallenstein steckt eine Gestaltungskraft, die sich des weitschichtigen und verworrenen Stoffes bemächtigt und bis zum klaren und festen Gefüge emporbildet; auch sind die einzelnen Figuren in ihrem Thun immer wahr; wenn sie aber sprechen, so glaubt man sie nicht selbst zu hören, sondern mehr den Dichter, der seine Figuren bei ihren Handlungen und Schicksalen mit passenden und vortrefflichen Worten begleitet. Bei Shakespeare ist das Wort das Mittel eigener Charakteräußerung; Schiller hatte dieses Talent nicht, aber in seiner Vorstellung mögen seine Menschen von denen Shakespeares nicht so entfernt sein als man glauben möchte, wenn man sie nur nach dem taxirt, was sie sagen. Auch wäre die nachhaltige Wirkung Schillers nicht zu erklären, wenn nicht unter der rhetorischen Hülle ein starkes, kräftiges Leben verborgen wäre. Leben Sie wohl, mein lieber Hildebrand, und seien Sie glücklich. Wenn wir uns auch so bald nicht sehen, so wollen wir uns doch oft schreiben, es ist doch etwas.   *Von ganzem Herzen Ihr tr. Conrad F.*

A. H. an C. Fiedler   Firenze, 5. September 1876

Liebster Fiedler, was Du mir von den Aufführungen schreibst, hat mich sehr interessirt, wenn ich mich auch nicht damit zurecht finden kann. Da ich den Eindruck nicht erlebt, so kann ich nur auf dem Deinen fußen. Mir ist der große Unterschied zu andern Opern nicht klar. Mache das Orchester in Don Juan oder Fidelio unsichtbar und der Eindruck wird ebenfalls ein einheitlicher sein, und daß dieser Eindruck weder durch ein Drama allein noch durch Musik allein möglich ist, wirst Du auch zugeben. Du sagst, die Welt habe auch eine tönende Seite und das Leben sei einseitig, wenn diese nicht zur Erscheinung gelange. Was ist dann aber die Musik, wie sie bisher war, anderes, als dies tönende Element, durch den Künstler zur Form gebracht, die künstlerische Verarbeitung dieses Rohmaterials.

Man kann das Rohmaterial aller Künste ein gemeinschaftliches nennen, was erst bei weiterer Gestaltung sich in die verschiedenen Ausdrucksformen der verschiedenen Künste theilt, in welcher Gestaltung ja die künstlerische Thätigkeit beruht. Jede Oper braucht die Mittel des Dramas und der Musik, und wenn Wagner die Texte, Individuen, Situationen etc. ernster und tiefer aus dem Leben holt, als es bei früheren Opern der Fall war, so bleibt es mir doch sehr die Frage, ob das nun einen so großen Unterschied ausmachen soll. Der Hauptunterschied liegt in der Musik glaube ich, und diese scheint mir eben eine weit unklarere, künstlerisch unbedeutendere zu sein als bei frühern Musikern. Doch darüber können wir hier nicht streiten. Die neue Lebensseite, die, wie Du sagst, Wagner aufdeckt, und an die Du Hoffnungen knüpfst, kann ich nicht sehn, denn das, worin Du sie erblickst, ist eben schon immer das Element der Musiker gewesen. Bei jedem Lied ist es der Fall.

Daß ich seine geheimnißvolle Wirkung auf das Chaotische, Unpositive seiner Musik schiebe, weißt Du. Und ich meine, daß daraus keine neue Form entspringen kann, wenn auch seine Subjectivität unverändert bliebe.

Seine Subjectivität, seine Natur wird originell und, wie's scheint, dämonischer Art sein, deßhalb ist sie noch nicht sehr künstlerisch, und wenn er ihr Luft machen muß, so weiß ich nicht, ob es durch bedeutende Kunstwerke geschieht.

Wenn Goethe im zweiten Theil vom Faust, Beethoven, Michelangelo etc. eine dämonische Wirkung erreichen und diese Weltseite zum Ausdruck bringen, so ist es durch die Gewalt der Gestaltungskraft, durch die Höhe der Abstraction, die isolirt vom gewöhnlichen natürlichen Zusammenhang rein als gewaltige Kraft wirkt. Bei Wagner glaub ich nicht an diese Kunsthöhe. Alle künstlerische Fähigkeit oder Absicht ihm abzusprechen wird gewiß Unrecht sein, doch scheint mir vor der Hand, daß sein Schwerpunkt durchaus nicht darin liegt.

Wie erloschen ist für das heutige Publikum die klare Form der bildenden Kunstwerke, wie wenig fühlen und erkennen sie die Natur daraus, und wie erregter sind sie durch die brutalen Mittel heutiger Arbeiten, ich traue dem Kunstgefühl sehr wenig. Ob das in der Musik so ganz anders sein soll? Bin neugierig, was Du mir weiter schreibst, doch da ich die Aufführung nicht gesehn, kann ich eigentlich nicht reden. (Diese letzte Behauptung ist jedenfalls die richtigste) ...   *Von ganzem Herzen Dein tr. Adolf H.*

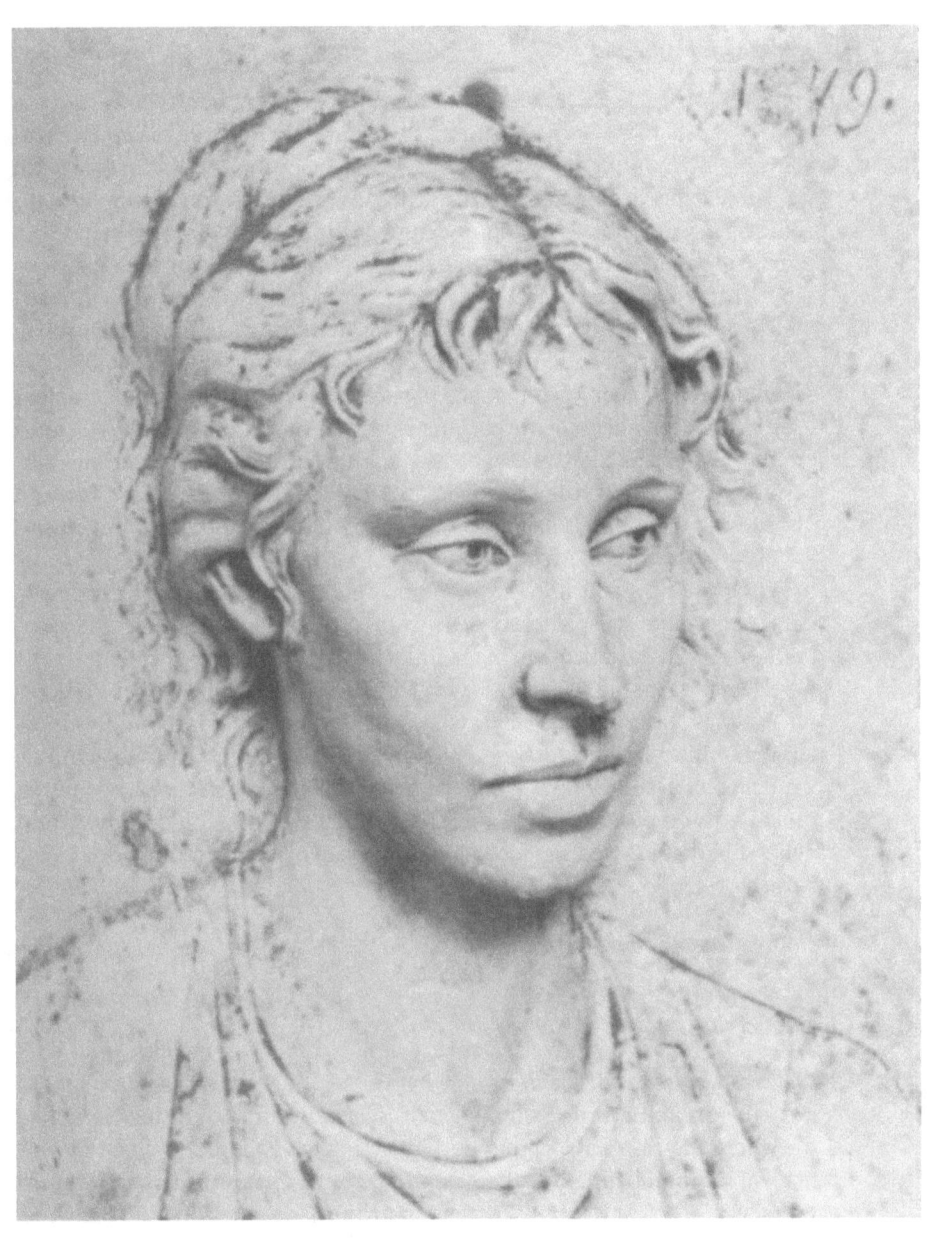
Terracottarelief von Elsbeth Sattler

J. E. Sattler an A. H.   *5. April 1880*

Lieber Adolf ! ... Sei froh, daß Du für Dich existiren kannst und zwar in froher Häuslichkeit – und Dich nicht wie ein Asket in freiwillige Einsamkeit verbannen mußt, wie dies unser seltner Leibl[24] thut und thun muß – ich war gestern bei dessen Schwester in Klosterzell, wo ich von seiner dermaligen Lebensweise hörte, er sitzt in den uncultivirtesten Dörfern wohin ihm sogar das Essen geschickt wird, und will von München gar nichts mehr wissen – er war vor kurzem in Zell wo seine alte Mutter starb – vorigen Sommer hat er sie noch portraitirt in Federzeichnung – diese Sitzungen sollen sehr originell gewesen sein – endlich hatte er Kopf und Hände fertig – zwischen diesen sei aber noch manche tagweise Arbeit gewesen, infolge seiner Manier wirkten aber Kopf und Hände jedes zu stark für sich und so schnitt er eines Tages das Blatt in zwei Stücke, seine Mutter ist bestürzt und ruft cölnisch »Um Jotts Wille Jung wat däts Du da, die kostbare Arbeit is nu all vor nix« – worauf er lächelnd sagt, »so ist es besser und übermorgen reis ich ab!« Ich sah eine Anzahl Fotografien nach seinen letzten Bildern, sie haben etwas höchst originelles und noch mehr Wahrheit – es ist möglich, daß er bei seiner beispiellosen Arbeitskraft und gänzlicher Abgeschlossenheit seines Ganges noch zu einem einfacheren Styl (Form) kommt – so wie die Sachen jetzt sind, wirken sie durch die Gleichwerthigkeit aller Stellen – noch etwas klein und wie Hochrelief. Da wo er und Marées zusammen kämen, müßte wirklich etwas Echtes zu Stande kommen. Übrigens mußte ich dabei an Deine Vahrner Bauern denken, Du solltest doch auch weiter malen – es scheint als stecke die Zukunft der Malerei in den Bauernmodellen überhaupt, weil sie noch am natürlichsten aussehen und noch ganze Gesichter haben ...   *Dein E. Sattler*

C. Fiedler an A. H.   *München, 4. Februar 1881*

Liebster Hildebrand! Daß Du mit meinem Aufsatz einverstanden bist, ist mir eine große Beruhigung; man weiß selbst, wenn man etwas fertig hat, nie woran man ist. Und ich bin noch dazu in der sonderbaren Lage, eigentlich garkein Publicum zu haben; denn die drei Gattungen, an die ich mich wenden muß, sind die Philosophen, die Kunstgelehrten und die Künstler, und die müssen mich eigentlich sämmtlich perhorresciren. Freilich habe

---

[24]   Wilhelm Leibl, 1844–1900, Maler.

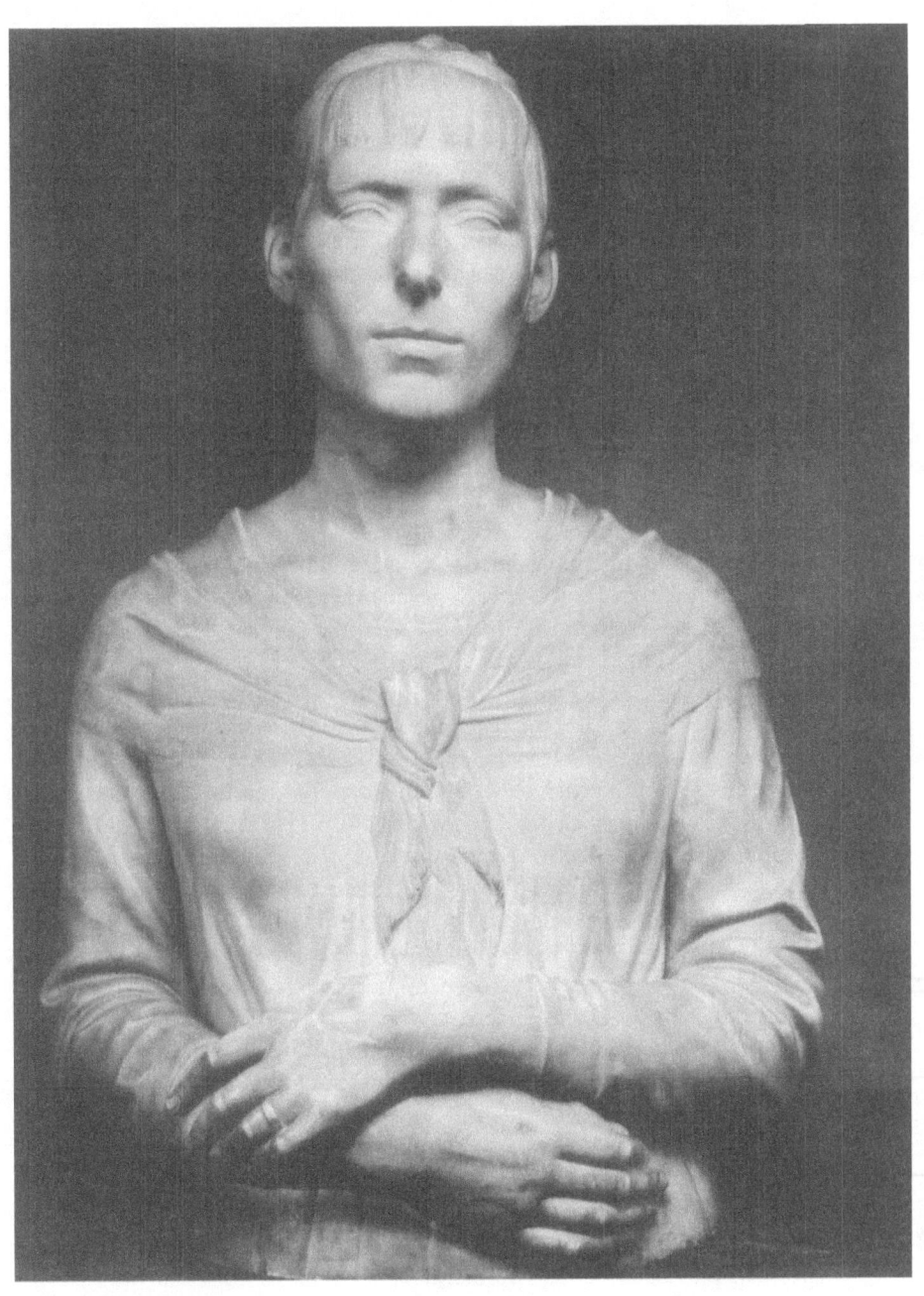
Julia Brewster 1880/81, Marmor

ich auch das Gefühl, für die meisten chinesisch zu reden und Du hast gewiß Recht, daß einige Überzeugungskraft nur durch Beispiele zu erreichen wäre; aber es wird mir so schwer, wenn ich von dem Einzelnen glücklich zum Allgemeinen gelangt bin, nun wieder auf das Einzelne zurückzugreifen. Hätte ich mehr eigentlich schriftstellerische Begabung, so würde ich das Verständniß durch Vergleiche und Bilder vielleicht eher erleichtern können, als durch Beispiele; der eigentliche Gedanke ist doch derart, daß er vom Leser durch ein glückliches Zusammentreffen von Umständen auf einmal aufgefaßt werden muß; ist das geschehen, so folgt alles Übrige von selbst ... *Dein treuer Conrad F.*

München, 2. März 1881

Liebster Hildebrand! ... Hast Du von der schauderhaften Geschichte auf der hiesigen maskirten Künstlerkneipe gehört? Ich war dort und habe nie einen tolleren Hexensabbath gesehen; es war eine Kneipreise um die Welt, ein Auswandererschiff und Kneipen aus allen Ländern mit ihren Bewohnern, mit der hiesigen Ächtheitssimpelei alles bis auf's Kleinste naturgetreu dargestellt und allerdings meist famos gemacht, aber oft bis zum Ekelhaften natürlich; dabei alles voller, oft recht humoristischer Zoten. Ein furchtbares Menschengewühl und ein Lärm zum taub werden; da der Saal mit allerhand Bauten aus Pappe und Zeug zugebaut war, so konnte ich mich des Gedankens nicht erwehren, daß, wenn es anfinge zu brennen, wohl nur sehr wenige überhaupt davonkommen würden. Ich ging schon etwa um 11 Uhr fort, da ich meine Frau nicht zu lange allein lassen wollte und am anderen Morgen erfuhr ich, daß um 12 die jungen Akademieschüler, die als Eskimos in einer Eskimohütte gerade am Eingang des Saales ihre Scherze trieben, in Brand gerathen und in ihren Anzügen, die aus Werg bestanden, eng am Körper anlagen und stellenweise noch mit pechartigen Substanzen angeklebt waren, verbrannt waren. Ich sprach einen Herren, der sehr nahe dabei war; einige sind als etwa 10 Fuß hohe Flammensäulen wie wahnsinnig herumgelaufen, dann zusammengestürzt, alles hat nur wenige Minuten gedauert, der Brand der Hütte ist schnell gelöscht worden, eine Panik hat die Nächststehenden ergriffen und mit den Verunglückten sind diejenigen, die der Sache nahe waren hinausgekommen und während man die zwölf Unglücklichen im fürchterlichsten Zustande ins Krankenhaus brachte, war bei dem wahnsinnigen Treiben und Lärmen der ganze Vorgang von den Meisten unbemerkt geblieben und das Fest ging bis zum Morgen weiter; unterdessen starben noch in derselben Nacht vier von den zwölf; am anderen Tag starben noch vier und später noch einer; nur drei sind gerettet. Die ganze Stadt war in Aufregung, aber während sich die Einen in Mitleid ergingen, hatte sich, geschürt von der hiesigen pfäffischen Scandalpresse, namentlich in den unteren Volksschichten die Auffassung verbreitet, daß es eine Strafe Gottes für die gottlose Künstlerorgie sei. –

Die Nutzanwendung von Brewster[25] auf Flaubert ist ausgezeichnet, mir übrigens doch sehr verständlich; denn darin hast Du gewiß recht, daß auch diese modernen Naturalisten im einzelnen künstlerisch verfahren; überhaupt handelt es sich dabei doch weniger um ein »künstlerisch« oder »nicht künstlerisch«, als vielmehr um einen Gradunterschied und da hat freilich auch Flaubert nur einen sehr niedrigen Grad von künstlerischer Entwickelung erreicht. Aber von einem Gegensatz könnte man Jemand leichter überzeugen, als man dies bei einem Gradunterschied kann und wer nun einmal die Entfernung nicht sieht, die zwischen Wilhelm Meister und etwa Madame Bovary besteht, bei dem kann man doch eben nur ruhig abwarten, ob er sie vielleicht noch einmal sehen wird. Doch über diese Dinge müßte man eben sprechen und nicht schreiben. –

Neulich sprach ich mit Heyse[26] über den alten Heyse und er gab mir sonderbare Aufschlüße über dessen Charakter; doch die eignen sich auch nur zur mündlichen Mittheilung. – Die neue freie Presse brachte neulich einen Aufsatz von Grant über Carlyle[27] und leitete ihn mit den Worten ein: »Der gefeierte englische Dichter und Essayist Charles Grant u.s.w.«…

Dein treuer Conrad F.

Isolde Kurz über Adolf Hildebrand in
»Die Pilgerfahrt nach dem Unerreichlichen«

Um ihn war im Gegensatz zu seiner Gattin keine spielerische Grazie, nichts von gesellschaftlichem Glanz; er war durch und durch Natur und sagte

---

[25] Henry Brewster, 1850–1908, aus alter amerikanischer Familie, Schriftsteller. Er und seine Gattin Giulia geb. Freiin von Stockhausen, 1842–1895, lebten lange in Florenz und waren mit Hildebrands eng befreundet. Der Sohn Christopher, 1879–1928, heiratete 1902 Hildebrands zweite Tochter Elisabeth. Die Tochter Clotho studierte Architektur und heiratete den englischen Architekten Percy Fielding.
[26] Paul Heyse, 1839–1914, Dichter.
[27] Thomas Carlyle, 1795–1881, englischer Historiker und Schriftsteller.

mit jedem Wort genau was er meinte, aber was er meinte war immer etwas Besonderes und zugleich doch merkwürdig Selbstverständliches ...

Seltsam berührt es mich in der Erinnerung, daß Böcklin, der damals am Lungo Mugnone sein lustiges und lüsternes Meergesindel malte, mir eines Tages unter vier Augen ernsthaft bedeutete, daß er als Vater mir nicht erlauben würde, im Hildebrandschen Hause zu verkehren, weil es für ein junges Mädchen nicht statthaft sei, eine Frau zur Freundin zu haben, die von ihrem ersten Gatten weggegangen sei, um mit einem andern zu leben. Er hatte sehr strenge Begriffe von der Ehe, der Basler Meister, von dem es ja bekannt war, daß er sich kein anderes weibliches Modell gestattete als seine schon stark ins Formlose übergehende römische Lebensgefährtin. Um welchen geistigen Gewinn ich ärmer geblieben wäre, wenn ich aus bürgerlicher Ängstlichkeit die Warnung befolgt hätte und ein Haus gemieden, dem ich nachträglich den stärksten Einfluß auf meine Entwicklung zuschreiben muß, ist nicht auszudenken ...

Die deutschen Künstler, die unseren vorzüglichsten Umgang bildeten, vorab die zwei Größen, Böcklin und Hildebrand, hatten keinen Sinn für die Vergangenheit, und Kunstgeschichte lehnten sie wie alles Theoretische ab; als Führer in Kunstdingen sollte jedem das eigene Auge genügen. Unter diesem Einflusse stehend, hatte auch ich mein Nichtwissen bisher mit der größten Unschuld getragen ...

Auf diese zweite Phase[28] wirkte nun die Berührung mit dem Hildebrandschen Geiste, dem einzigen Lebenden, von dem ich mir bewußt bin, eine unmittelbare geistige Einwirkung erfahren zu haben, auch dem einzigen, mit dem ich künstlerische Erfahrungen tauschen konnte, obgleich oder weil seine ganz naiv-idyllische Richtung das gerade Gegenteil meiner eigenen war. Nicht nur, daß er alles Heroische ablehnte und was sich etwa mit Schillers Begriff des »Sentimentalischen« deckte; auch mit der gewaltigen Zentrifugalkraft Hölderlins hätte er nichts anzufangen gewußt, wenn ich etwa versucht gewesen wäre sie ihm nahezubringen, wovor mich schon meine Scheu vor dem vergeblichen Nennen geweihter Namen bewahrte. Mörike war unter den deutschen Dichtern sein Liebling, wie er der meines Vaters gewesen war; in seiner Mischung von Griechentum, Rokoko, ländlich derbem oder schalkhaftem Schwabentum mit einem drolligen Schuß Biedermeierei, die ohne literarisches Wärmhaus unmittelbar aus dem Boden der schwäbischen Heimat gestiegen kam, sah Hildebrand die duftendsten Blumen der deutschen Lyrik, und wer ihn hörte, gab ihm recht, nicht nur weil er recht hatte, sondern weil er zu denjenigen Menschen gehörte, deren

---

[28] Gemeint ist die zweite Phase in der geistigen Entwicklung der Dichterin.

Ansichten am Schwersten zu widerstehen war: durch die bloße Strahlkraft seiner Gegenwart überzeugte er schon, bevor er gesprochen hatte. Seit der Bann der Unerlöstheit von mir abgefallen war, ließ ich mich gern von seiner Friedeseligkeit beeinflussen, soweit es die dunklen Fäden in meinem Lebensteppich erlaubten. Ganz unwillkürlich und unbewußt modelte er mir manches Schiefe weg, was durch die Schiefheit meiner früheren Lage in mich gekommen war, und machte mich dem Leben gegenüber unbefangener und vertrauender. Daß es kein Dichter, sondern ein Plastiker war, der an meinem künstlerischen Menschen mitgemodelt hat, das bewahrte mir die volle Freiheit auf meinem eigenen Boden. So wenig wie er in seinem Gebiet, wußte ich in dem meinigen von Richtungen, Strömungen, »Ismen« aller Art, ich kam mit keinem Tagesgestirn in Berührung, das mich hätte in seine Bahn ziehen können, noch lief ich Gefahr, von einer der vielen literarischen Gemeinden eingesaugt zu werden, deren Dasein ich nicht einmal kannte ...

C. Fiedler an A. H.   *München, 6. Januar 1885*

Liebster Adolf! ... Symphonie von Bruckner[29]: Herzogenbergs und Ethel fanden sie scheußlich, wagnerisch, formlos, bombastisch, unbedeutend usw. Ethels Kritik war krampfhaft wüthend, nicht überzeugend und zum Widerspruch reizend; Herzogenbergs Kritik theoretisch, pedantisch, überzeugend in dem was er sagte, dabei aber dem Zweifel Raum lassend, ob nicht trotz alledem die Sache gut sein könne; Frau Liesls Kritik reizend und rührend, wie alles was von ihr kommt, im Innersten bedauernd, daß sie nun doch einmal nicht anders könne, als die Musik schlecht finden, schmerzlich berührt, daß in der Welt solche unverständliche Meinungsverschiedenheiten möglich seien und dabei doch unbewußt andeutend, daß ihre Natur noch ganz andere Organe des Verständnisses und des Genusses besitze als diejenigen, die Leben, Verhältnisse und Umgebung in ihr entwickelt haben. Was nun aber eigentlich an der Symphonie ist, möchte ich wirklich wissen; auch meiner Frau Erwartungen waren durch die Aufführung nicht ganz erfüllt; es ist unstreitig etwas Zerrissenes und Zerfahrenes darin, ein Mangel an Gestaltungskraft; einen besonderen und bedeutenden Eindruck hat mir die Symphonie aber doch gemacht,

---

[29]   Anton Bruckner, 1824–1896, Komponist. Es handelt sich um die Uraufführung seiner 7. Symphonie unter Arthur Nikisch in Leipzig.

ein individuelles musikalisches Vermögen verrathend. Wagnerisch kam mir nur die Instrumentation und gewisse Klangeffecte vor. Der Erfolg war so leidlich, aber nicht bedeutend. Bruckner war selbst da, eine ganz, unglaubliche Erscheinung, mit einem tollen Kopf, halb Nilpferd, halb Galeerensträfling ...
Dein treuer Conrad

H. v. Marées an C. Fiedler   Rom, 7. Januar [1885]

... Hildebrand war hier und hat mich hoch erfreut durch sein klares, offenes, künstlerisch theilnehmendes Wesen. Es war mir allerdings nothwendig, einmal wieder mit einer künstlerischen Intelligenz in Berührung zu kommen, und es mag gute Früchte bringen. Ohne einen Sonnenblick hie und da, muß ja auch die kräftigste Pflanze unentwickelt vergehen. An gutem Willen wird es mir ja wohl nie gebrechen, aber ob meine Kräfte immer den Umständen gewachsen sein werden, das kann ich nicht wissen ...

C. Fiedler an A. H.   München, 19. Januar 1885

Liebster Adolf! ... Außerdem schreiben Herzogenbergs, man wolle den Sautreiber für den neuen Schlachthof in Leipzig, wolle aber nur 20000 Mark dafür ausgeben, ob wir glaubten, daß Du's dafür thun würdest; nun hattest Du in der Ausstellung doch nur 18000 dafür angesetzt, habe das an Herzogenbergs geschrieben, aber im Vertrauen, denn wenn Du 20000 bekommen kannst, so ists doch noch besser. Wenn's nur wirklich wahr ist und nicht wie mit Heinis Stellung in Berlin mehr Wunsch als Gewißheit. Wenn man dran ist, werden sie sich wohl direct an Dich wenden ... Den Bronzekopf habe ich zu Miller geschickt. An der Brunnenfigur[30] habe ich sehr große Freude und gestehe, daß ich ihr erst jetzt ganz gerecht werde; sie steht einstweilen noch auf einem Postament im Eßzimmer, übrigens recht gut. Aber die Büste meiner Mutter solltest Du neben der alten sehen; es ist unglaublich, sie ist wirklich wundervoll. Was Du mir von Marées schreibst, wundert mich nicht, er hat mir's ja selbst nicht verhehlt; aber

---

[30] »Wasserausgießer«, Bronzestatue, für einen Brunnen gedacht, von Fiedler erworben. Jetzt in der Nationalgalerie Ostberlin.

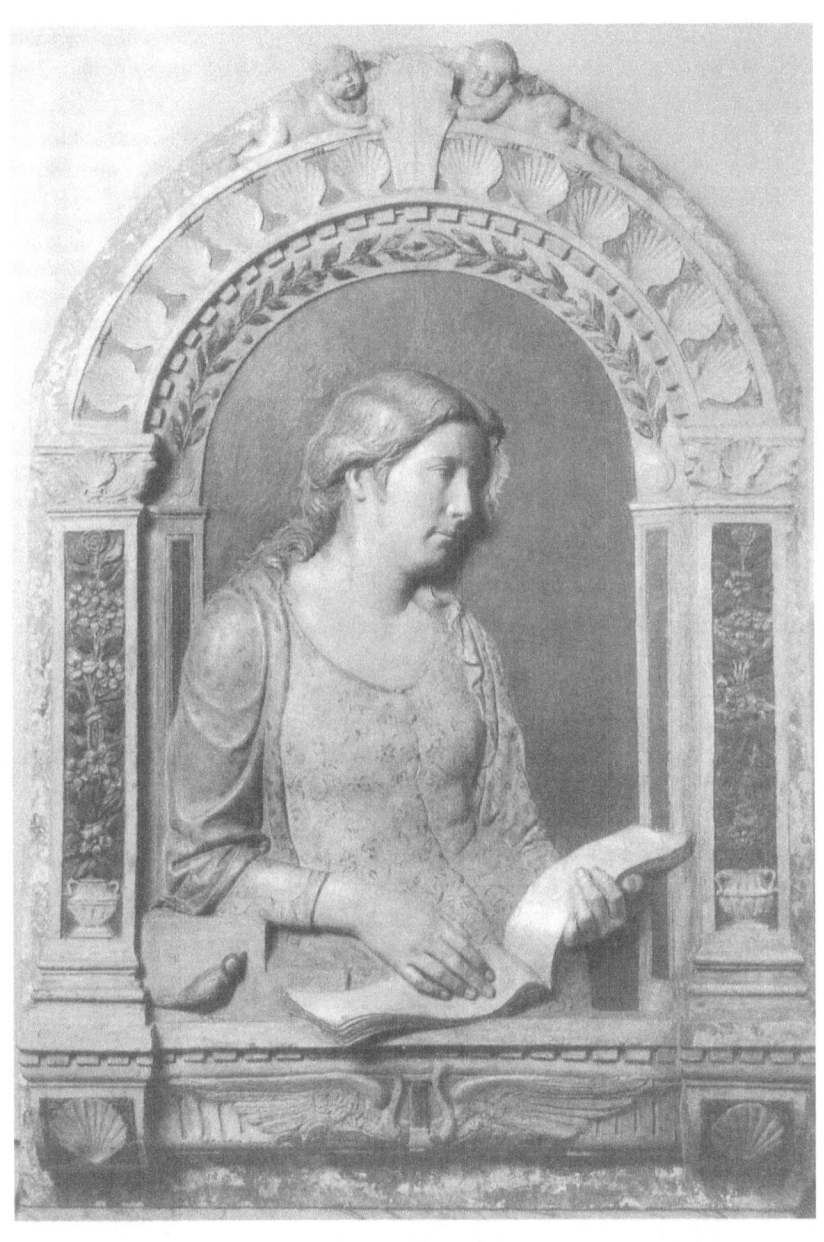

Portraitrelief von Elisabeth von Herzogenberg, 1885/86

was soll ich thun? Übrigens hat's wohl kaum ein Jahr gegeben, wo ich bei dem angenommenen Normalbetrag von 5200 Mark stehen geblieben wäre; ich habe erst in den letzten Jahren angefangen, mir's aufzuschreiben; 1882 warens 7900 Mark; 1883 6600 Mark, 1884: 6400 Mark. Ich kann mir's ja recht gut erklären, daß er nicht auskommt, er denkt aber doch mehr an das was er braucht, als an das, was ich thun kann. Schad daß wir grad jetzt nicht beieinander sind, es gäb so viel zu sprechen ...

Dein tr. Conrad

Franz Liszt an die Fürstin Carolyne Sayn-Wittgenstein

Mardi, 27. Janvier, fête d'un de vos Patrons,
St. Jean-Chrysostome, 85, Florence

»... Hier, j'ai déjeuné et dîné chez Mme Hillebrand, quasi en tête-à-tête – car il n'y avait en outre que les 2 demoiselles de compagnie, qui habitent chez elle. Depuis longues années, je porte les plus sincères sentiments d'estime et d'amitié à Mme Hillebrand – c'est un noble caractere et une intelligence des mieux cultivées. Sur une invitation, faite avant mon arrivée, dont eile ne savait pas le jour – plusieurs personnes intéressantes sont venues la trouver dans la soirée. Premièrement, le jeune, mais déjà célèbre sculpteur Hildebrand – la récente exposition de ses oeuvres à Berlin y a rencontré un véritable succès et de nombreux admirateurs. Il travaille maintenant au monument funéraire de son quasi homonyme Hillebrand, duquel il avait déjà fait un superbe buste, acheté par la Psse Impérial ...«

Aus Clara Schumanns Tagebuch   *Frankfurt, Sept. 1885*

Den 16. September kam Hildebrand, wir besichtigten einige Ateliers zusammen ... Der Maler Thoma hat ihm das Seinige angeboten, was wohl auch das Zweckmäßigste ist. Den 17. fingen die Sitzungen an; sie griffen mich doch recht an, wenngleich ich dem Hildebrand gar gern zusehe; er ist so ganz vertieft in seine Arbeit, daß er Alles um sich her zu vergessen scheint. 18. Hildebrand wird mir immer lieber. Heute saß ich aber 2½ Stunden, das war zu viel. Die Sitzungen dauerten diese Woche fort, am 26. war Hildebrand fertig. Die Büste ist herrlich gelungen, wie alle sagen.

Trotz der Anstrengung, die es mir war, bin ich recht traurig, daß es zu Ende. Ich hatte Hildebrand lieb gewonnen, sah so gern sein Auge wenn er arbeitete, wie so ganz hingegeben seiner Aufgabe er war – ein liebenswerther Künstler! ...

A. H. an Clara Schumann   *Florenz, 8. Oktober 1885*

Verehrte liebe Freundin, darf ich Sie so nennen? Da unsere Bekanntschaft erst so kurz. Mir ist, als wär's schon lange, und was man den Menschen aus den Augen sieht, braucht ja keine Zeit und ist besser und wahrer als alles Sprechen mit Worten – drum denke ich, wenn es Ihnen nur ein bischen so gegangen ist mit mir, wie mir mit Ihnen, so darf ich Sie so nennen.–

Ich schreibe Ihnen nämlich nur, um Ihnen zu sagen, wie sehr dankbar ich Ihnen bin für das schöne Zusammensein mit Ihnen in Frankfurt und wie aufrichtig ich Ihnen ergeben bin und wie Sie mir ein heiliges Ereigniß sind. – Sie müssen es sich schon gefallen lassen, daß ich nach Worten suche – denn jetzt ist's mit dem bloßen Schaun ja nicht mehr gethan, dazu ist man zu weit.

Hier fand ich Alles in guter Gesundheit und meine Frau genießt was ich ihr erzähle von Ihnen und Ihrem Spiel und Ihrer Güte.

Sagen Sie all den Ihren unsere besten Empfehlungen und seien Sie uns gut.   *Ihr treu ergebener A. Hildebrand*

Hans Thoma an A. H.   *Frankfurt a. M., 19. Oktober 1885*

Lieber Hildebrand! ... Es ist recht leer geworden hier, nachdem Sie und ein paar Tage später auch Ihr Herr Bruder[31] wieder fort waren. – Merkwürdig was doch ein oder ein paar Menschen eine Stadt ausfüllen können! – Die Büste trocknet nun ruhig weiter. Von Schumanns war noch niemand im Atelier um sie zu sehen. –

Eine Frau Scholz war einmal da und hat sie sehr bewundert ...

Ihre Bemerkung daß man beim Malen so viel Platz hat finde ich sehr richtig und weiß es nur zu gut wie sehr man auseinander fließen kann.

---

[31] Richard Hildebrand.

– Die Fantasie weiß oft gar nicht wo anfangen und aufhören, und es ist vielleicht gut daß sie müde wird und sich dann beruhigt und auf einen Punkt richtet. –

Die Malerei sollte eigentlich aus der Bildhauerei hervorwachsen – sie würde sich dann weniger ins Maaßlose der Landschaft und Gedankenmalerei verlieren. –

Es will mich manchmal fast ärgern daß ich nicht im Jahre 74 schon mit Ihnen näher bekannt geworden bin. – Gewiß hätte ich dann ruhiger und sicherer und auf ein bewußtes Ziel los gearbeitet – ich hätte mich nicht mit so viel Unnützem planlos herumgeschlagen und hätte ein paar schöne Jahre gewonnen. –

Möglich ist es aber daß ich mich zumeist mit mir selber herumschlagen mußte, und dies wäre mir wohl nirgends erspart geblieben. –

So will ich nun zufrieden sein und mich freuen daß wir jetzt und in Zukunft uns zusammenfinden werden.

Mit den herzlichsten Grüßen an Sie und Ihre verehrte Frau und an die Kinder von mir und den Meinigen. *Ihr Hans Thoma*

H. Thoma an A. H. *Frankfurt a. M., 2. Juni 1887*

Lieber Hildebrand! Wie ein Träumender gloze ich in die Vergangenheit und suche sie festzuhalten. Träume werden zur Wirklichkeit, Wirklichkeiten werden zum Traum. Oft schon hatte ich einen schönen Traum daß ich mich bei so guten, guten Menschen befände – immer als Gast – daß ich mit großer Behaglichkeit, wie man sie eigentlich nur im Traum haben kann, mit ihnen lebte, nichts zu sprechen brauchte – und das Gefühl von Ruhe und Sicherheit hatte das man sich in der Wirklichkeit so gerne wünscht. – Der Ort des Traumes wechselte immer sehr – einmal war es bei Bauersleuten im Schwarzwald, in einem Gasthaus in einer Stadt mit merkwürdigen Bauten – auch in Japan war es schon, wo alle Häuser aus Papier und bunt bemalt waren.

Nun hat zu diesen Träumen sich die Wirklichkeit gesellt. – Die Träume haben sich erfüllt und die Wirklichkeit hat dieselben übertroffen – ist auch wieder wie ein Traum vor mir und ich lebe in glücklicher Nachempfindung. Ja die guten Menschen meiner Träume haben mich in Wirklichkeit in ihr friedlich schönes Paradies aufgenommen – sie waren so mild, so nachsichtig so freundlich, sie waren noch viel besser als die Menschen in meinen Träumen – den Traummenschen war das Gutsein

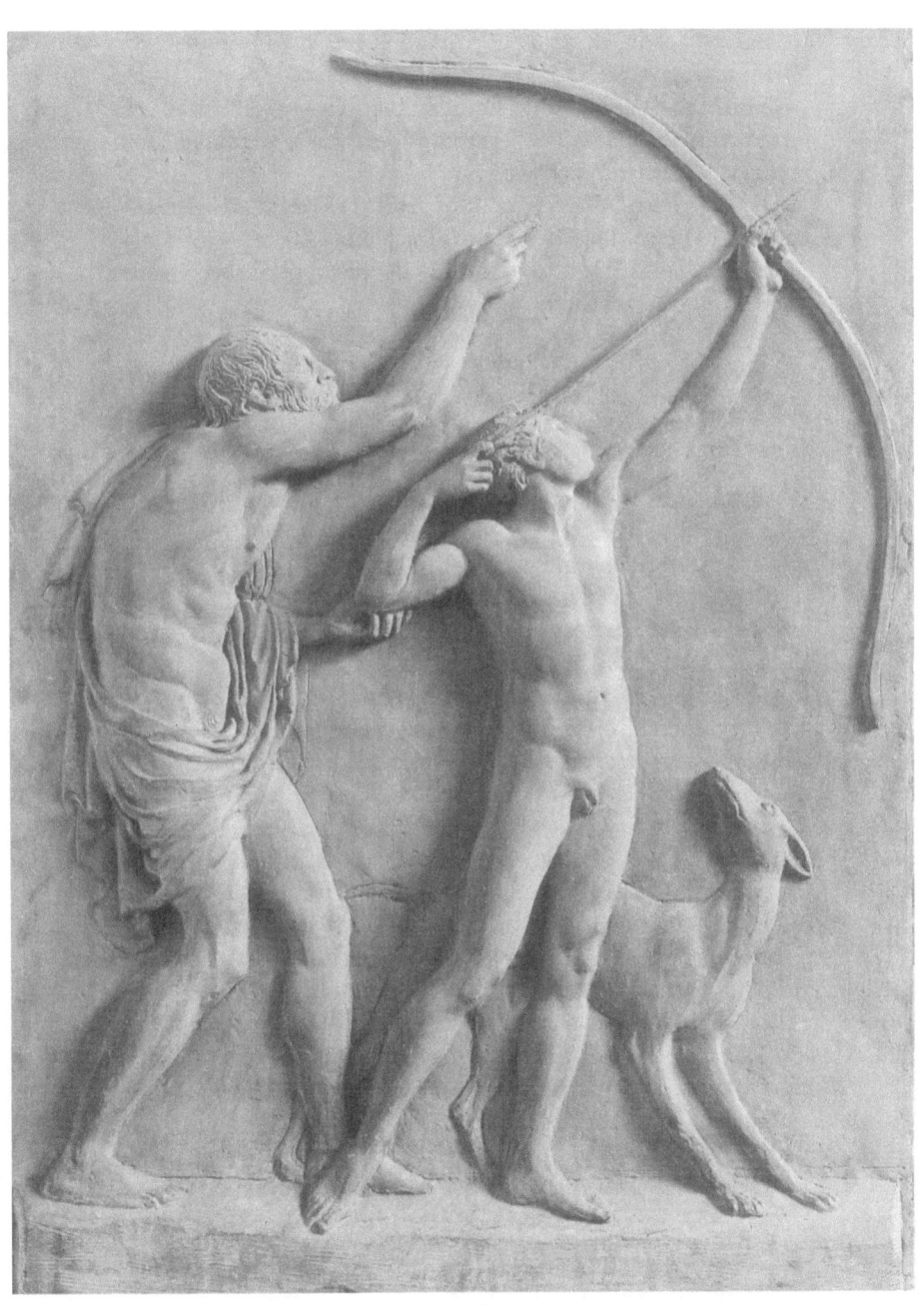

Bogenschützenrelief aus englischem Zement, 1887/88

wenigstens dadurch erleichtert daß ich im Traume selber ganz musterhaft gut war ...

Ich wollte Sie noch um Photographien von Kugelwerfer und Merkur[32] bitten, vergaß es aber wieder, wenn Sie etwas übrig haben so bitte ich es mir gelegentlich zu schicken ...

Die herzlichsten Grüße an Ihre verehrte Frau an die lieben Kinder und an all die guten Menschen die Ihr Dach einschließt. –
Grüßen Sie auch Herrn und Frau Dr. Fiedler aufs beste von mir. –
Nochmals herzlichen Dank   *Ihr Hans Thoma*

Hans Thoma an J. E. Sattler   Frankfurt a. M., 25. Juni 1887

Lieber Sattler! Sie werden es wohl durch Hildebrand schon wissen, daß ich zwei und einen halben Monat in seinem Haus und Atelier war. Es war eine schöne Zeit und wenn es möglich wäre, daß man sich verjüngte, so hätte ich es dort gethan. Das Italien, es ist doch etwas merkwürdiges, jedesmal wenn ich dort gewesen bin so glaube ich wieder an mein Recht Künstler sein zu dürfen und das ist es was mir so wohl thut. Es streift sich jedesmal viel von der deutschen Phrasenhaftigkeit die hier zur Kunst zu gehören scheint von mir ab und das Einfachste und Alltägliche wird mir wieder bedeutungsvoll. Wie und Was der Umgang mit Hildebrand ist, wissen Sie ja auch, ich brauche Ihnen nicht zu schreiben und es ist genug daß ich es Ihnen sage wie sehr ich mich freue mit ihm in Verbindung zu stehen, Sie sind ja doch eigentlich Schuld daran. Seid ich wieder hier bin, bin ich eifrig und fast etwas ungeduldig an der Arbeit, Niemand ist begieriger meine Bilder zu sehen als ich selber, meine eigene Gier ist auch der einzige Grund warum ich so fleißig bin, die Welt erinnert sich gar nicht mehr viel an meine Bilder, sie haben für sie nicht einmal mehr den Reiz der Originalität. Die Originalität ist ja jetzt akademisch geworden. Marées ist nun tot. Es ist merkwürdig seine unfertigen Bilder wiegen schwerer als eine ganze deutsche Kunstgenossenschaftsausstellung fertiger und überfertiger Bilder. Die richtige Waage wird hierin gewiß auch noch einmal in Verwendung kommen. Die große Landschaft die Sie oben in der Loggia zu Hildebrands Figuren gemalt haben, ist sehr schön. Wie schade daß für

---

[32] »Kugelwerfer«, lebensgroße Marmorplastik, früher im Besitz von Franz von Mendelssohn in Berlin, verschollen.
»Merkur«, lebensgroße Bronzestatue, im Landesmuseum in Weimar.

Ihre Thätigkeit in dieser Richtung so gar kein Platz zu finden war, wie schade für noch vieles was lebendig keimt und wachsen möchte und was von der deutschen Schul- und Kunst- und Kunstgewerbeschulfertigkeit erdrückt wird. Es ist das alte Lied, aber so leid es mir thut ich werde es singen bis an mein Grab. Ich habe lange keine Nachricht von Ihnen. Eine Photographie von Loschwitz[33] fand ich bei meiner Ankunft hier. Lassen Sie doch bald etwas hören, wir sind ja doch eigentlich nicht so fremd wie es mir in letzter Zeit manchmal scheinen wollte.

Mit den freundlichsten Grüßen an Sie und Ihre verehrte Frau und an die Kinder *Ihr alter Hans Thoma.*

Clara Schuman an A. H. *Frankfurt a. M., 24. Mai 1889*

Lieber Freund, nun sind wir seit einigen Tagen wieder zu Hause, Alles geht wieder den alten Gang, nur meine Gedanken weilen viel in Florenz, bei den Freunden – ach, wie gern wäre ich zuweilen unter Ihnen, nicht nur im Geiste! – Wie ist mir doch Florenz so lieb geworden –, wie empfinde ich es eine Bereicherung meines Lebens, daß es mir vergönnt war, einen Blick zu thun in Ihre Kunststätte und Ihr schönes Familienleben. Wie ideal Alles um Sie, nicht nur durch die herrliche Natur die Sie umgiebt, sondern durch die Kunst, die Sie üben, und durch das Glück das Sie besitzen ein geliebtes Weib zu haben, das Sie ganz versteht, und Ihnen des Lebens höchste Güter schenkt. Verzeihen Sie den Erguß, aber ich kann der bei Ihnen empfangenen Eindrücke nicht ohne tiefe Erregung gedenken, und bin voll des Dankes für die Freundlichkeit, die Sie und Ihre theuere Frau mir erwiesen haben. Wie viel kostbare Zeit habe ich Ihnen geraubt, aber, gerade durch Sie so Manches kennen zu lernen, wußte ich sehr hoch zu schätzen. Leider spielte mir mein dummer Körper die ganze Reise hindurch recht mit, und hinderte mich an Vielem – wie viel Nachsicht zeigten Sie mir immer, ganz, als ob Sie an den Verkehr mit alten Frauen gewöhnt wären! –

Ob es wohl in Florenz jetzt auch so heiß ist, wie hier! nie hatte man hier einen solchen Mai – leider gleich Sommer und zwar den heißesten.

Sie waren so gütig mir durch Marie[34] die Besorgung der Platte[35] für Eu-

---

[33] Besitz J. E. Sattlers in Loschwitz bei Dresden.
[34] Marie und Eugenie, unverheiratete Töchter von Clara Schumann.
[35] Marmorplatte für den Sockel der Büste von Clara Schumann.

genie zu versprechen – ich nehme es dankbar an, brauche die Platte erst Anfang November. Sie bestellen sie wohl jetzt schon?

Antworten Sie mir hierauf nicht, lieber, verehrter Freund, aber lassen Sie, oder Ihre liebe Frau, mich im Laufe des Sommers einmal hören, wo Sie sind, und wie es Ihnen geht? Sie machen damit nur herzliche Freude *Ihrer Ihnen Beiden warm ergebenen Clara Schumann*

Marie und Eugenie grüßen herzlich, wir alle Drei die lieben Mädchen. Sollten Herzogenbergs noch in Florenz sein, so bitte ich auch ihnen das Schönste von uns zu sagen.

A. H. an seine Frau *Berlin, September 1889*

Also ich bin in Berlin, war heut im Ausstellungslokal[36] und fand alle meine Kisten. Der eigentliche Saal ist noch nicht ausgeräumt, doch sind Nebenräume da, in denen ich einstweilen auspacken lassen kann. Es ist dumm, daß der Hauptsaal mir für mein Modell nicht so angenehm ist wie es ein kleinerer wäre, wo es allein stände, andrerseits steht es im Nebensaal so bei Seite, daß man darin ein abfälliges Urtheil über das Modell erblicken könnte und ich weiß noch nicht was ich thue. Jedenfalls kann die Arbeit beginnen und wird keine Zeit verloren … In Straßburg war ich also bei dem Fürst Hohenlohe[37], der sich sehr interessirt für das Kaiserdenkmal zeigte und meine Interessen unterstützen will beim Kaiser etc. Er gab mir ein Empfehlungsschreiben mit für Paul Lindau[38], der ein einflußreicher Mann sei. Diese Wege liegen mir nun nicht gerade angenehm und daß auch die hohen Herrschaften diese Wege einschlagen müssen um zu helfen, ist schlimm. Hier sagt mir Fischer[39] denkt man allgemein, daß Begas das Monument machen werde – ich vertraue aber dennoch auf den Eindruck des Modells und daß der Kaiser durch das Neue intressirt werden kann. Hohenlohe meinte, daß das Architectonische ihn sehr anziehn werde. – Nun, es hilft nun nichts im voraus zu grübeln …

In Frankfurt fand ich Thoma und Langs und blieb noch den Sonntag da,

[36] Für die Entwürfe zum Kaiser-Wilhelm-I.-Denkmal (Wettbewerb).
[37] Fürst Chlodwig zu Hohenlohe-Schillingsfürst, 1819–1901, Statthalter von Elsaß-Lothringen 1885–1894, Reichskanzler 1894–1900.
[38] Paul Lindau, einflußreicher Journalist in Berlin.
[39] Paul David Fischer, 1836–1920, Politiker, Unterstaatssekretär im Reichspostamt; seine Frau war eine Kusine Hildebrands.

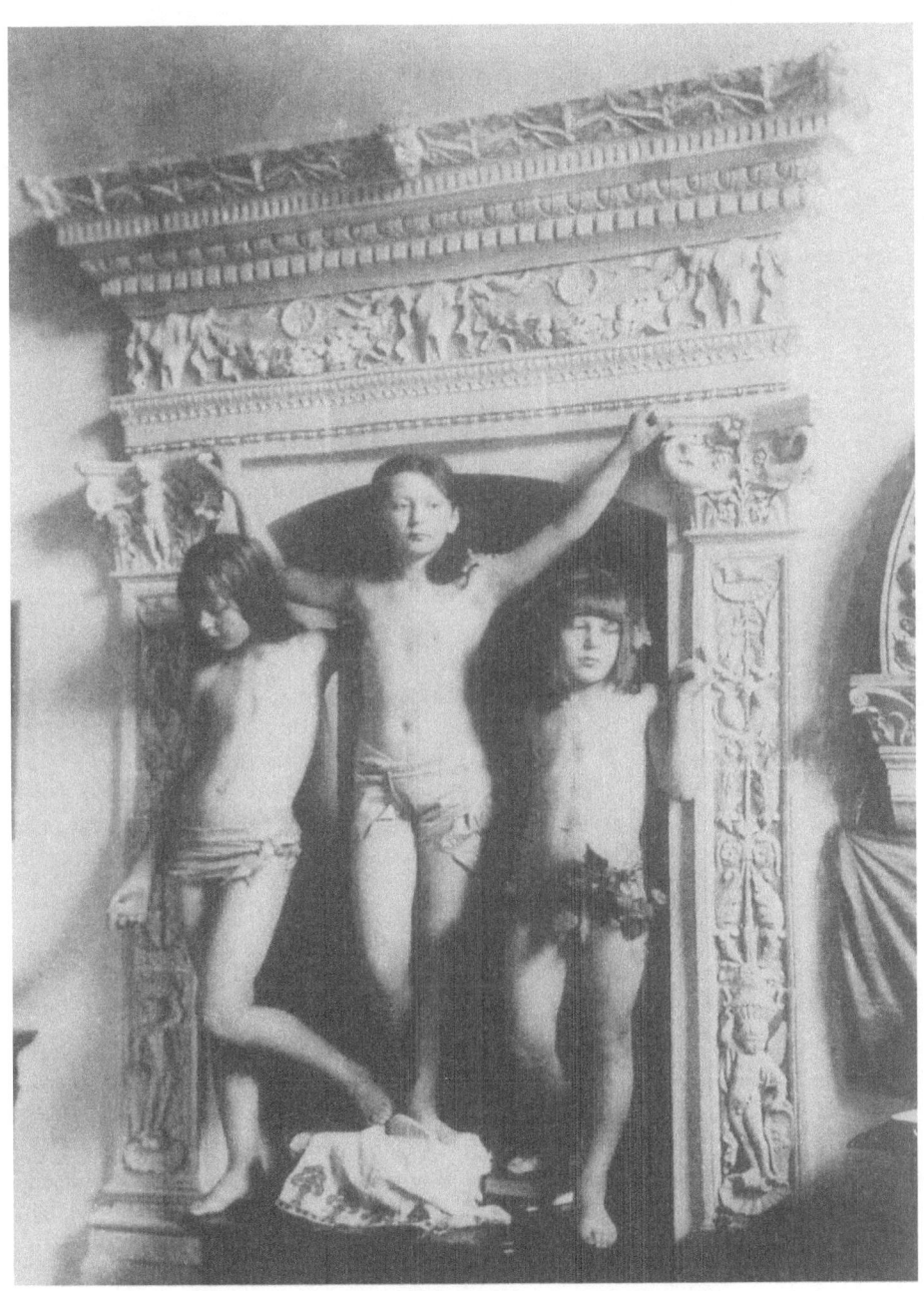
Hildebrands Töchter stehen Modell für eine Wandbrunnenanlage, ca. 1888

weil ich nicht nach Weimar brauchte, ich fuhr dann gestern Abend direct hierher. Mit Langs spielte ich noch in der letzten Stunde das Mozart'sche Violatrio, er nimmt Stunden und macht Fortschritte. Hab viele Bilder bei Thoma gesehn, Schönes und Halbes, wie es ihm kommt, aber ein ewig neuer Schaffer ... Die Modelle werde ich nun doch Alle sehn bei der Aufstellung, es ist nämlich die große Unfallversicherungsausstellung noch bis zum 15. October im Gang und so kann man immer hin und auch in die Säle kommen, ohne gerade beim Aufstellen betheiligt zu sein ...

Berlin, September 1889

... nun bin ich gestern wieder nicht zum Schreiben gekommen. Es war ein schrecklicher Trubel im Ausstellungslokal. Die Kisten wurden geöffnet und Alles ist heil angekommen. Ein Zollbeamter war aber doch dabei. Heut und Morgen wird nun aufgestellt werden, so daß bis Montag früh die Sache im Reinen sein wird. Die Plastik ist durchgängig Blödsinn. Der ganze Sockel voller Figuren wie noch nie. – Es hat mich ganz deprimirt, mit solchem Zeug concurriren zu müssen. Bei den architectonischen Entwürfen scheinen bessere Dinge zu sein. Begas hat ein scheußliches Modell gemacht. Doch darüber später ... Sattler habe ich gefunden ganz derselbe und im Ausmalen eines Zimmers begriffen.

Da nächste Woche das Publicum schon hineinkann, so werde ich ja noch da sein, wenn der Federkrieg losgeht. Die hauptsächlichen Leute wie Gelehrte etc. sind alle fort. – Eine ungeschickte Zeit.

A. H. an Rudolf Seitz *Florenz, 22. November 1889*

Sehr geehrter Herr Professor, unser Zusammenwirken in der Jury für den Brunnen am Maximiliansplatz, dem ich die Freude verdanke, vergangenen Sommer Ihre mir so liebe Bekanntschaft gemacht zu haben, veranlaßt mich Ihnen mitzutheilen, daß ich aus dem Jurykollegium anszutreten gedenke. Gestatten Sie, daß ich Ihnen die näheren Gründe auseinandersetze, die mich zu dem Schritt veranlassen, weil unsere Gespräche, die wir im Sommer über den Brunnen führten, damit in nahem Zusammenhang stehen. Wie Sie wissen, hatte schon damals die Aufgabe, mit der ich mich nur als urtheilendes Jurymitglied zu befassen hatte, für mich die Folge, daß ich mir ein eigenes Bild von der Lösung machte und daß ich dadurch als ein im Stillen mitproducirender schon in eine etwas seltsame Lage den anderen Entwürfen gegenüber kam. Wahrscheinlich würde mir das immer so gehn – es war dies meine erste Erfahrung als Jurymitglied. – Ich hielt es damals für naheliegend Ihnen meine Ideen mitzutheilen und damit mein Möglichstes zu thun, um eine gute Lösung der Aufgabe zu fördern. Ihre Art auf meine Ideen einzugehen und meine Ansichten über die künstlerische Gestaltung des Brunnens zu theilen, ließen mich hoffen, daß bei Ihren Beziehungen zu den Münchener Künstlern meine Ideen ihren Weg finden werden. Nun hat mich aber die Aufgabe noch weiter beschäftigt, so daß ich es nicht unterlassen konnte, mir das Ding mal in Thon zu skizziren und Alles durchzudenken und festzustellen. Ich glaube nun die Skizze vom vorigen Sommer, wie Sie sie kennen, in eine wirklich künstlerische und originelle Form gebracht zu haben und habe meine helle Freude daran. Nun werden Sie begreifen, daß ich mich unmöglich zum zweiten Mal in einer Jurysitzung auf die Gleichgültigkeit hinunter schrauben kann, die nöthig ist, um mit vielleicht schwächeren Lösungen vorlieb zu nehmen, als die ist, von der ich selbst erfüllt bin. Diese Lage ist mir zu peinlich. Mir kann es nur von wahrem Interesse sein, meine Idee, von der ich überzeugt bin, realisirt zu sehn. Ich könnte mich also nur in diesem Sinn für die Sache erwärmen, nicht aber, um Preise zu vertheilen an Entwürfe, die wahrscheinlich die Aufgabe in einem mir fremden Sinn lösen. Daher mein Entschluß aus der Jury auszutreten. Verzeihen Sie diese meine lange Auseinandersetzung, aber ich hielt es für das Beste, mich Ihnen gegenüber ganz offen auszusprechen.

Mit vorzüglicher Hochachtung, Ihr sehr ergebener   A. Hildebrand

Mary Fiedler an Irene Hildebrand   *[1890 Brieffragment]*

... Ich erlebe jetzt viel Freude an der Wirkung, die Conrads Broschüre[40] und die Marées'schen Abbildungen hervorbringen. Es sind weit mehr Äußerungen freudiger Zustimmung eingelaufen, als ich je gewagt hätte zu hoffen und es freut mich ganz besonders, daß es Conrad entschieden gelungen zu sein scheint, auch Fernstehenden tiefes, warmes Interesse für den Menschen sowohl als den Künstler einzuflößen, so ist z. B. Frau

---

[40] Fiedlers Publikation über Marées (große Mappe mit Lichtdrucken seiner wichtigsten Werke), München, Bruckmann 1890.

Wagner ganz voll davon und ich kann nur beklagen, daß mein stupider Kopf es nicht gestattet ihre schönen Worte darüber getreu zu wiederholen. –

Auch auf rein künstlerischem Gebiet erlebt Conrad dadurch manche unerwartete Freude, so hat z. B. der Maler Uhde[41] in einer Weise Feuer gefangen für Marées, die uns verblüfft hat und nebenbei so gute Dinge über ihn gesagt, daß man fühlte er hat ihn kapirt und es ist nicht nur Schönrederei. – Es ist etwas Wohlthuendes und Versöhnendes für mich darin, daß die Freundschaftsthat Conrads so gelungen ist und nicht wie wir fürchteten, als die Grille eines Narren betrachtet wird. Ich wollte, ich könnte Dir einige der Briefe zeigen – nun später im Häusle!

Ganz famos schrieb Thoma – er ist doch eine merkwürdig feine Natur! – Weniger wußten wir mit Giulias[42] Brief anzufangen – er ist sonderbar und nicht recht natürlich; dießmal ist ihr Lisl über, die wirklich reizend schrieb und durch ihre schlichte Wärme erquickte ...

C. Fiedler an A. H.   *München, 23. Dezember 1890*

Liebster Adolf! Eben, Abends, höre ich die glückliche Entscheidung[43]; mir ist ein großer Stein vom Herzen und ich lege mich wirklich beruhigt zu Bett. Hoffentlich ist Dir's schon telegraphirt worden, denn das einzige, was mich beunruhigt, daß Du's vielleicht noch nicht weißt; jetzt ist es aber zu spät zum telegraphiren. Das ist ein famoses Weihnachtsgeschenk und was knüpfen sich daran nicht alles für sachliche und persönliche Aussichten. Es ist nun doch schneller gegangen, als Seitz erwartet hatte und der Bürgermeister hat offenbar Wort gehalten. Seitz sagte mir neulich, wenn die Entscheidung für Dich gefallen sei, so möchte ich doch die Sachen, die ich von Dir habe, hier im (neu umgebauten) Kunstverein ausstellen, damit die Leute einen Begriff von Dir bekämen. Ich thue es natürlich sehr gern; aber was sagst Du dazu und würdest Du nicht gern noch etwas dazu schicken. Es thut mir immer so leid, daß z. B. Vivi und Berthele[44] von Niemand gesehen werden; nicht einmal photographiren

[41] Fritz von Uhde, 1848–1911, Maler.
[42] Giulia Brewster (s. Anm. 25).
[43] Hildebrand hatte endlich nach langer Ungewißheit von der Stadt München den Auftrag zur Ausführung des Wittelsbacher Brunnens erhalten.
[44] Doppelbüste in Terrakotta der beiden jüngeren Töchter Hildebrands Silvia und Berta, Brüssel, Besitzer G. M. Baltus.

hast Du sie lassen. Und dann den Christus!⁴⁵ Ich finde den Gedanken einer Ausstellung einiger Sachen von Dir garnicht schlecht. Schreib mir doch darüber; denn es müßte auch lieber bald geschehen und es wäre gut, wenn Du zur Ausstellung hier wärst. Wenn nun die Leipziger auch noch ein Einsehen hätten, das wäre herrlich.

Lebwohl, wir werden morgen das Ereignis mit dem gehörigen Sect feiern und Mary wird es nicht an einer angemessenen Quantität fehlen lassen. So haben wir nun auch noch eine Weihnachtsfreude; denn wir werden recht still für uns sitzen.

Tausend herzliche Grüße an Euch Alle! Es ist mir nun doch, als ob ein Stück neuen Lebens begönne. *Dein tr. Conrad*

C. Fiedler an A. H. *München, 23. Januar 1891*

Liebster Adolf, Du wirst nun schon das Schreiben vom Magistrat in den Händen haben und mir ist ein großer Stein vom Herzen; es hat so lange gedauert, weil die Bestellung an einige Bedingungen geknüpft werden sollte und diese erst formulirt und dem Magistrat vorgelegt werden mußten. Hoffentlich sind diese Bedingungen nicht thöricht und Du kannst sie ohne Anstand acceptiren. Ich werde nun im Kunstverein die Ausstellung Deiner Sachen definitiv für den 21. Februar ansagen und bitte Dich nur das, was Du schicken willst möglichst schnell zu expediren. Ich glaube, Du hast nicht ganz Unrecht, wenn Du von den direkten Steinarbeiten vorläufig noch nicht zu viele vorführst. Auch ist das Lokal, welches übrigens Seitenlicht hat, etwas klein für diese Sachen, die doch einen größeren Abstand verlangen. Bist Du einmal hier, so kannst Du den Proceß⁴⁶ selbst vorführen und dadurch das Verständniß befördern. Jedenfalls solltest Du aber den Christus und das Weib⁴⁷ schicken. Schreib mir nur gleich, was Du Alles schicken willst. Sehr wichtig wäre es nun freilich, daß Du selbst herkämst, um die Sachen aufzustellen. Überhaupt sehne ich mich recht nach Dir, denn es ist einiges im Werke, worüber ich nothwendig mit Dir sprechen müßte. Im kommenden Sommer concurrirt die hiesige Kunstausstellung im Glaspalast mit einer großen internatio-

---

45 »Christus«, frei aus dem Stein gehauenes Relief in der evang. Erlöserkirche in München-Schwabing.
46 Des freien Hauens aus dem Stein..
47 »Weib«, frei aus dem Stein gehauenes Relief, im Besitz von Frau Eva Sattler-Hildebrand, München.

nalen Ausstellung in Berlin und man scheint alles Mögliche aufbieten zu wollen, um hier etwas Besonderes zu leisten. So will man unter Anderem versuchen eine größere Anzahl Bilder von Böcklin, Thoma, Klinger zusammenzubringen und auch zusammen auszustellen. Im Anschluß daran ist mir, zunächst ganz privatim, nahe gelegt worden, ob ich nicht in einem besonderen Raum im Glaspalast die Bilder von Marées ausstellen wollte. Ich kann mich nun nicht recht entschließen und würde gern mit Dir darüber sprechen. Vielleicht wäre es auch möglich während des Sommers eine Ausstellung der Marées für längere Zeit im Kunstverein zu veranstalten; doch sind dies natürlich noch Alles sehr entfernte Projekte. Also hoffentlich kommst Du nun Mitte Februar und wir können dieß Alles bereden ... *Dein tr. Conrad*

Clara Schumann an A. H. *Frankfurt a. M., 15. März 1891*

Lieber Freund, ich muß Ihnen ein Zeichen meiner Freude geben, daß endlich mal die Leute Herz und Verstand auf dem rechten Fleck gehabt haben, und die Deutschen jetzt ein herrliches Monument von Ihnen bekommen werden. Zu dieser Freude kommt nun noch die, daß dadurch mir die Aussicht eröffnet wird, Sie noch wieder zu sehen – Lisl schreibt mir eben daß Sie vorläufig nach München gehen. Ich höre, daß auch in Ihrer Familie alles gut geht, kann Ihnen auch von uns Leidliches sagen, und drücke Ihnen und der lieben Frau in aller Herzens-Freude die Hand! –

Schreiben Sie mir nicht – wills Gott, sehen wir uns im August in München, eine Hoffnung mehr für den Sommer! In getreuer Verehrung
Ihre Clara Schumann
Die Töchter senden das Herzlichste.

PS. Wir haben so eine Anwandlung von Reiselust nach den italienischen Seen im Mai – leider liegt uns aber Florenz doch zu entfernt dann.

A. H. an Heinrich Wölfflin *[wahrscheinlich 1891]*

Sehr geehrter Herr! Um den Wünschen Ihres geehrten Schreibens zu entsprechen, gehe ich die Reihenfolge meiner Arbeiten soweit mir dieselbe erinnerlich ist. 73 wurde der Hirtenknabe und der trinkende Bronzejunge fertig, dann die Büste von Theodor Heyse. Ferner Büste von Dr. Fiedler und dem Kirchenrath Hase – Adam in Leipzig. Die weibliche Marmorbüste mit den Händen, der bronzene Wasserträger – Terracottarelief meiner Familie, Terracottabüsten. Brunnenfigur in Bronze in der Nische – Bronzerelieffigur. Marmorportrait in Hochrelief. – Die große Marmorfigur der Nationalgalerie[48].

Über den Maler v. Marées erlaube ich mir keine anderen Mittheilungen als daß ich mit 19 Jahren, wie ich nach Rom kam, ihn den 10 Jahre älteren kennen lernte und er bald den größten Einfluß auf meine künstlerischen Anschauungen ausübte.

Was die Cinquecentisten betrifft, so ist es die plastische Positivität ihrer Formgebung und directe Naturuntersuchung, welcher ich nachstrebe, um aus dem Ungefähren, blos Andeutungsweisen der heutigen Formanschauungen herauszukommen. Da man ihre individuelle Thätigkeit viel deutlicher verfolgen kann, als bei der Antike es sich thun läßt, wo nur so wenige Originale vorhanden sind, so bot mir Florenz weit mehr directe Fingerzeige als Rom. – Nicht das, was sie von der Antike unterscheidet, sondern vielmehr das, worin sie die Antike uns als directe Arbeitsspur verdeutlicht, erscheint mir als das Werthvolle und Lehrreiche. Der Grad der Klarheit ihrer Formgestaltung scheint mir der beste Maaßstab zu sein für die Anforderungen, denen man bei seiner Thätigkeit nachzustreben hat. – Nicht ihre Art der Fantasie sondern die Deutlichkeit derselben ist es, ohne welche ich mir den Werth der plastischen Thätigkeit nicht denken kann. –

In der Hoffnung daß Ihnen die wenigen Zeilen nicht ganz unbrauchbar sein werden, obschon sie Ihre Fragen nicht direct beantworten zeichne ich mit vorzüglicher Hochachtung ergebenst *A. Hildebrand*

---

[48]   Von den aufgeführten Plastiken Hildebrands sind schon einige früher genannt, die noch nicht erwähnten sind folgende: Weibliche Marmorbüste mit Händen: Frau Giulia Brewster, Besitzer Henry Brewster, Florenz. Bronzereliefigur: Flötenspieler, kleines Bronzerelief, verschollen. Marmorporträt in Hochrelief: Clotho Brewster, im Besitz der Familie Hibbert, England. Die große Marmorfigur: Nackte männliche Figur, Nationalgalerie Ost-Berlin. Mit »Terrackottarelief meiner Familie« ist die Lunette gemeint von Hildebrands Gattin mit ihren drei älteren Kindern, Terrakottarelief im Besitz von Frau Braunfels, Überlingen. Brunnenfigur in Bronze in der Nische.

A. H. an Clara Schumann   *San Remo, 9. Januar 1892*

Liebe verehrte Freundin! Wie lange wollte ich Ihnen einen Gruß schicken und jetzt, welch traurige Veranlassung bringt mich dazu. Heut früh um 10 Uhr haben wir die arme Lisl begraben. Sie sah im Tode noch grade so schön und lieb aus wie im Leben, so friedlich lag sie im Sarg. Noch wenige Stunden vor ihrem Tode stand sie aufrecht im Zimmer ahnungslos und Niemand dachte daran, daß so bald das Ende kommen könnte. Sie wollte schlafen, senkte den Kopf und da wars plötzlich aus ohne Schmerz und Leid. Den armen Heinrich fand ich gefaßt und muthig wie immer. Er trägt es fabelhaft männlich. Ihren lieben Brief bekam er soeben, und er hat ihm so wohl gethan – er fühlt sich ja so einsam ... Lassen Sie von sich hören, wie es Ihnen geht – man möchte das kleine Häuflein Menschen, die einem wirklich nahe stehen, recht nah beisammen halten – es wird immer kleiner.   *Von Herzen Ihr Adolf Hildebrand*

A. H. an C. Fiedler   *München, 29. Juni 1892*

Liebster Conrad ... Über die Bismarckfeste[49] hast Du in den Zeitungen ausführlichen Bericht gehabt. Ich war in der Allotria[50] und einen Abend im Garten bei Lenbach und sah ihn da recht nahe. Er ist alt, hält sich schwer auf den Beinen und seine Bewegungen sind eckig und automatisch. Hinter ihm stand Schwenninger[51], der ihm sagt, was er thun oder lassen soll – von Minute zu Minute, als wär Bismarck ein Trottel. Abends hielt Lenbach rechts und Schwenninger links die Lampen in die Höhe, damit er gesehen werde, und dann wurde er wahrscheinlich wieder eingepackt in die Kiste, wie die große Schlange, die bei Hagenbeck gezeigt wurde. Ich konnte mich des Gedankens nicht erwehren, daß Schwenninger und Lenbach noch nach 10 Jahren mit ihm reisen, wenn er längst ausgestopft und Schwenninger Bauchredner geworden und ihn wie der Engländer seine automatischen Puppen sprechen läßt. Viel anders sah es nicht aus und man sah Schwenninger den Ausstellungseifer so an.

---

[49]   Bismarck wurde bei seinem Besuch in München im Sommer 1892 sehr gefeiert.
[50]   Bekannte Münchner gesellige Künstlervereinigung. Ihre Feste waren berühmt und sie war der gesellschaftliche Mittelpunkt der Künstlerwelt Münchens.
[51]   Ernst Schwenninger, 1850–1924, Leibarzt Bismarcks (»Der Schatten Bismarcks«).

Das norddeutsche Gesicht mit der vornehmen Mimik stach so ab gegen die zwei Spekulationsgesichter und es war peinlich ihn so in den groben Händen zu sehn. Die Fürstin sieht auch verzweifelt ordinär aus. Die Gesellschaft, in der er ausgestellt wurde war nicht gut und ich muß Dir sagen, daß mir Schwenninger einen recht unsaubern Eindruck gemacht. Die Moral des Kampfes ums Dasein die Bismarck als vornehmes Individuum und als vornehme Kraft vertreten, die wurde da in recht bedenklicher Form von den zwei Andern vertreten ... Schön war der Jubel, die Begeisterung der Leute, das Blumenwerfen. Seine kleine platte Nase läßt ihn etwas wie einen Todtenkopf wirken, das läßt ihn auch so vergangen erscheinen, wie nicht mehr ganz gegenwärtig. Doch möchte ich ihn gerne noch portraitiren als zuverlässiges Bild, denn das existirt noch nicht ... *Dein tr. Adolf*

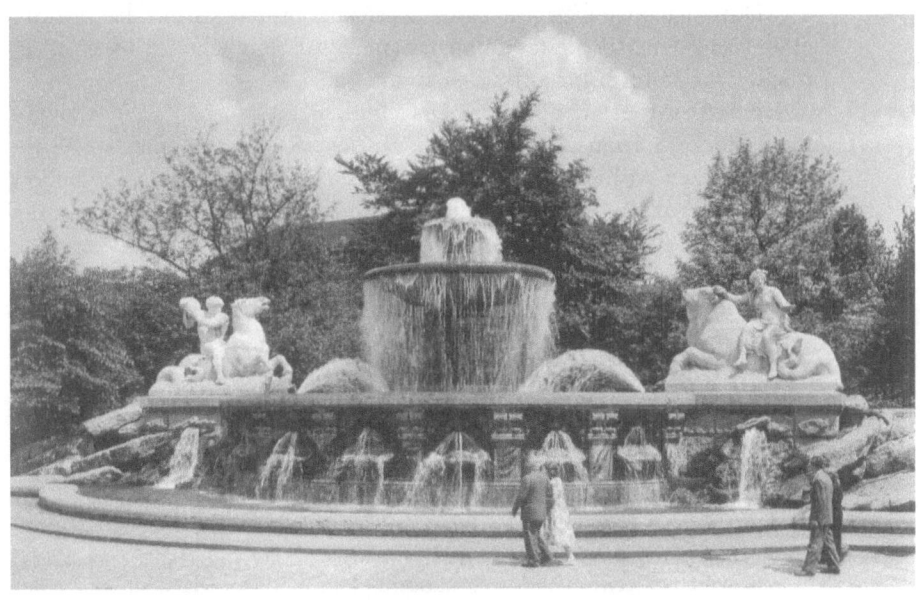

Der Wittelsbacher Brunnen in München, der in den Jahren 1890–1895 entstand

C. Fiedler an A. H. Crostewitz, 1. Juli 1892

Liebster Adolf! Meine geheime Abneigung, während der Bismarcktage in München zu sein, ist durch Deine Schilderung sehr gerechtfertigt; ich kann es mir lebhaft vorstellen, wie Du es beschreibst; die unmittelbare Umgebung mit ihrem Gethu muß einen widerlichen Eindruck gemacht haben. Es ist das Mißverhältnis, daß Leute wie Lenbach und Schwenninger zu einer ganz anderen Rolle gekommen sind, sich wohl auch zu ihr emporgestrebt haben, als zu der sie ursprünglich berufen waren; es ist ein Verhängnis, daß Bismarck auf sie angewiesen ist und das Schicksal aller zu großer Wirksamkeit Berufenen, daß sie im Alter zur Beute untergeordneter Naturen werden. Schwenninger ... als Arzt ist er gewiß intelligent, sonst möchte ich auch nichts weiter mit ihm zu thun haben, obwohl ich eigentlich nichts Schlimmes über ihn gehört habe ...

Dein tr. Conrad

A. H. an Fürst Otto von Bismarck (Entwurf) [1893]

Ew. Durchlaucht haben mir einen Brief zukommen lassen, der mir aus einem starken Mißverständnis entstanden zu sein scheint, welches ich mich verpflichtet fühle aufklären zu müssen.

Ich hatte mir erlaubt es als eine Freundlichkeit Ihrerseits gegen Herrn Prof. Häckel[52] anzusehn, wenn Sie zu dem Relief am Jenenser Brunnen sitzen zu wollen sich geneigt zeigten. Der Ausführende des Reliefs ist dabei ganz aus dem Spiel und kommt nicht in Betracht. Es stand mir deshalb gar nicht zu die Gelegenheit zu benutzen, mich persönlich bei Durchlaucht wichtig zu machen – sei es indem ich die Gelegenheit wahrnehme meine Verehrung auszusprechen, oder mein Glück zu preisen, auf solche Weise Durchlaucht persönlich kennen zu lernen. Andere hätten vielleicht sich veranlaßt gefühlt, auf solche Weise sich angenehm zu machen, mir widerstrebte es. Es ist dies ein Fall, der in die Kategorie der Empfindungsweise fällt, wie sie sich bei Lear und Cordelia abspielt und ebenso zu Mißverständniß geführt hat. Jedenfalls zielt das Schreiben von Durchlaucht an mich auf ganz andere Leute und ich bedauere

---

[52] Ernst Häckel, 1834–1919, Philosoph, Professor an der Universität Jena. Häckel hatte mit anderen zusammen einen Bismarck-Brunnen für Jena gestiftet und Bismarck gebeten, Hildebrand einige Porträtsitzungen zu einem Relief zu gewähren, das den Brunnen schmücken sollte.

sehr eine fälschliche Veranlassung dazu gegeben zu haben. Wie glücklich ich auch wäre, kommen zu können um das Portrait zu machen, so kann ich es, wie Ew. Durchlaucht es gewiß verstehn, nur auf der Basis ganz veränderter Auffassung Ew. Durchlaucht zu meiner persönlichen Stellung thun. Mit ausgezeichneter Hochachtung Ew. Durchlaucht ganz ergebenster *Adolf Hildebrand*

A. H. und Irene Hildebrand an C. Fiedler   Villa Carlotta, 19. Mai 1893

Liebster Conrad, Irene will schreiben über unser Hiersein inmitten der Rosen. Es ist wirklich ein Paradies, welches der Cardinal Hohenlohe[53] durch geistliche Witze pikant macht. Ich habe mit Lisel und Zusi angefangen Wände zu bezeichnen, denn so ganz ohne Arbeit hält man es doch nicht aus ... Wann wir fortgehn, weiß ich noch nicht – vor Sonnabend wohl kaum. Das Wetter ist ununterbrochen schön, Alles klagt darüber – in der Villa hier gehts noch an, die Wässer sind noch vorhanden ...

Irene Hildebrand:

... Es regnet endlich, nachdem so und so viel Prozessionen gemacht wurden, ich muß dabei an Sie denken wissen Sie noch wie Sie sich vor zweiundzwanzig Jahren am Lago Maggiore über den Regen geärgert haben?

Wir leben in der Villa Carlotta herrlich und in Freuden unter Rosen und Nachtigallen und sehr lieben Menschen. Der alte Cardinal Hohenlohe hat unsere Herzen ganz erobert. Seine feinen Witzchen und halb verschluckten Zweideutigkeiten machen sich zu dem geistlichen Gewande sehr nett. Dazwischen erzählt er manche sehr ernste und sehr interessante Geschichten aus dem intimen Leben der römischen Geistlichkeit. Der Herzog ist über alles Lob erhaben, ich liebte ihn ja schon aus seinen Briefen und nun erst! Frau v. Heldburg ist sehr anziehend und klug und erleichtert einem das Leben in jeder Weise. Adolf malt mit den zwei Mädels einen Raum aus der sehr lustig wird leider nur in einem sehr vergänglichen Material ... Viele viele warme Grüße
von Eurer ... tr. Irene

---

[53] Gustav Adolf Prinz zu Hohenlohe-Schillingsfürst, 1832–1896, Kurienkardinal, Bruder des Reichskanzlers.

H. Thoma an A. H. *Frankfurt a. M., 12. Juni 1893*

Lieber Hildebrand! Dem Wesen nach ist mir Ihr »Problem der Form« durch Ihre mündlichen Mittheilungen schon bekannt. Meine Freude war deßhalb um so größer, dies alles nun in so klare knappe Form gefaßt in Ihrem Buche dokumentirt vor mir zu haben.

Ihr Buch ist wieder einmal ein ruhiger fester Maaßstab all dem gegenüber was auch Kunst sein soll und es ist geeignet mancherlei instinktives Gefühl für Kunst auf richtige Bahnen zu leiten.

Hoffentlich sind die Ohren unserer Zeit offener als die Augen und sind uneigennützig genug die letzteren wieder in ihr altes Recht einsetzen zu helfen. Meinen herzlichsten Dank für Ihr Werk!

Vor ein paar Wochen war ich in Loschwitz und in Berlin. Sattler wird nun bald nach München kommen, ich wollte ich wäre auch dort in der Zeit; ich möchte gar zu gern Ihre fortschreitenden Arbeiten sehen ... Vielleicht komme ich im Herbste hin – dann werde ich auch im Kunstverein in München einige Bilder ausstellen – meist Landschaften, einsame Gegenden in die ich mich immer gerne verirre. Im Glaspalast und in der Sezession stelle ich dies Jahr nicht aus. – Von Zeit zu Zeit mache ich wieder Lithographien und das ist mir fast die liebste Arbeit geworden, das ewige Bildermachen ohne Zweck und bestimmenden Raum macht müde – es kommt auf eine Konkurrenz der Geistreichigkeit hinaus – alle Ausstellungen zeugen davon.

Mit den besten Grüßen von Haus zu Haus *Ihr Hans Thoma*

A. H. an Heinrich Wölfflin *Starnberg, 15. Juli 1893*

Sehr verehrter Herr Professor, für Ihre Besprechung meines Buches in der Allgemeinen Zeitung sage ich Ihnen meinen allerbesten Dank. Sie wissen selber, daß heut zu Tage eine solche Arbeit erst von Seiten einer wissenschaftlichen Autorität geeicht werden muß, um legitim zu sein und daß deshalb Ihre günstige Besprechung meiner Schrift sehr werthvoll ist. Ich würde nun gerne mit Ihnen Manches mündlich besprechen, erlauben Sie mir schriftlich auf Eins zu kommen, was mir aufgefallen. Sie erwähnen die Schrift hauptsächlich in Bezug auf den künstlerischen Inhalt. Nun hat es sich von mir aus nicht nur darum gehandelt, meine künstlerischen Anschauungen auszusprechen, sondern sie aus der Natur unserer Wahrnehmungsart zu entwickeln und als nothwendig entstehen zu lassen und sie damit zu beweisen, nicht nur zu behaupten. Das was Sie systematisch gegeben nennen, ist die Folge der beweiskräftigen Deduction.

Ich entwickle die complizirten Kunstergebnisse als die directe Folge sehr einfacher, elementarer Thatsachen, in der Art wie man z. B. bei einer complizirten Maschine überall die Wirkung und die Gesetze des Hebels nachweisen und so zeigen könnte, wie sich daraus der ganze Zusammenhang erklärt ohne mystische Hülfskräfte herbei zu ziehen. Bei der Unkenntniß des künstlerischen Gesichtspunktes, den ja nur der productive Künstler von Haus aus kennt und fühlt, ist es dem Physiologen und Philosophen unmöglich, ihre Erkenntnisse für die Kunst zu verwerthen und productiv zu machen. Die Untersuchungen von Brücke[54] (über das Relief) zum Beispiel haben deshalb irre geführt, weil sie vom wissenschaftlichen Gesichtspunkt keine Brücke zu dem künstlerischen schlagen konnten. Was beobachtet wird, ist ja immer das Ergebniß der Fragestellung und die richtige Fragestellung kann in dem Fall nur ein Künstler kennen. Ich habe deshalb das Gefühl, daß vielleicht ein Anderer dieselbe künstlerische Anschauung und Überzeugung habe aussprechen können, daß aber die Zurückführung auf ihre Quelle die spezielle Eigenthümlichkeit meiner Schrift ausmacht und daß das Zusammentreffen der künstlerischen und untersuchenden Fähigkeit dabei die Hauptrolle spielt.

Noch eins: »Der Künstler muß sich von der Erinnerung an die Daseinsform losmachen, um sich völlig an die Wirkungsform hinzugeben« – wie Sie sagen, ist leicht mißzuverstehen, denn die Bewegungsvorstellungen sollen nicht vergessen werden, sondern als Wirkungsform geeinigt werden. Das kann aber nicht geschehen, wenn einer nur Wirkungsformen erfaßt, sondern er muß die Wirkungsform in Bezug auf die Daseinsform und die Bewegungsvorstellungen erfassen, wozu die größte Klarheit der letzteren nöthig ist. Darauf beruht ja der große Unterschied der Wirkungsform bei den Alten zu den bloßen Lichterscheinungen (im Gegensatz zu Formerscheinungen) von heut zu Tage. –

Verzeihen Sie diese Auslassungen, ich hoffe sehr, daß dies Jahr nicht vorüber geht ohne Gelegenheit, mündlich zu diskutiren.

  Mit bestem Gruß hochachtungsvollst Ihr A. Hildebrand
Grüßen Sie bitte Laroche.

---

[54] Ernst Wilhelm von Brücke, 1819–1892, Physiologe: »Bruchstücke aus der Theorie der Bildenden Künste«, Kapitel II: »Die Reliefperspektive«, Leipzig 1877.

A. H. an seine Tochter Eva [München] Mai 1895

Liebe Nini, Du hast mich ganz erschreckt mit dem Vielen, das Du lernst und treibst. Du scheinst mir zu übertreiben, und kannst Dich überanstrengen, woran Du nachher zu leiden haben kannst. Die Nerven sind begrenzt. Production schadet nie, aber Lernen und in sich aufnehmen kann sehr leicht schädlich sein. Warum liest Du die Geschichte der Philosophie – das hat weder Eile noch viel Nutzen, denn man liest mal eine Sache direct und hat dann mehr Nutzen. Die Sprachen sind ja ganz schön, wenn es einem Spaß macht – jedoch möchte ich Dir das Folgende sagen. In Deutschland, dem Barbarenland, wo der Mensch ohne Kunst aufwächst, war es von jeher der einzige Weg, um von der alten Kultur und ihrem Sonnenschein etwas zu erfahren und sich innerlich daran zu begeistern und zu erwärmen, daß man die alten Schriftsteller las und ihre Sprache trieb. Es war die einzige Brücke hinüber und der Mensch in Schnee und Nebel sonnte sich im Zimmer an diesen Fantasien. Daher haben die alten Schriftsteller so sehr die Deutschen beherrscht, sie waren das Einzige was sie in ihrer Armuth haben konnten. Diese Wärme hat auch Mama in sich aufgenommen und von Anderen überliefert bekommen. Nun seid ihr Kinder aber in Italien aufgewachsen, kennt die Sonne und die alte Kultur durch Anschauung und diese ideale Welt braucht nicht erst künstlich in Euch erweckt werden, ihr braucht die alten Schriftsteller nicht als Wärmflasche in dem kalten Barbarenklima. Der ideale Nutzen fällt deshalb für Euch weg, denn es wird da nicht etwas Neues erweckt und es bleibt lediglich das Sprachstudium als solches übrig. Nun weiß ich nicht, ob diese Sprachlust so in Dir steckt, daß Du sie den modernen Sprachen gegenüber zu bevorzugen hast. Du wirst eine Sprache mehr kennen lernen, das wird Alles sein. Nun ich will Dir den Spaß gewiß nicht verderben, aber dann treibt man Eins, aber so vielerlei ist nicht von Nutzen. Ich dachte nun, Du würdest von Levi[55] angeregt und mit der Erfahrung etwas Besseres leisten zu können, Dich vor allem daran machen, Klavier zu studiren. 3 Stunden im Tag ist schon viel Zeit absorbirt. Denn etwas können ist viel besser, als etwas wissen. Unter dem Vielen kannst Du aber Musik nur nebenher treiben, das ist schade und wundert mich auch. Levi ist in England, kommt auch erst nach Italien, wenn Ihr wieder fort seid. – Mir scheint, Du hast Dich von Hertha[56] anstecken lassen und denkst das Heil liegt in der Wissenschaft. Bei euren

---

[55] Hildebrands Tochter Eva hatte bei Hermann Levi in München Klavierunterricht genommen.
[56] Hertha von Siemens, s. Korrespondentenverzeichnis.

ganz verschiedenen Talenten ist das aber falsch. Du hast Schreibtalent und Fantasie und da ist nur das von Nutzen, was dahin bereichert. Doch genug. Zersplittere Dich nicht und treibe nicht so vielerlei. Mein Buch kannst Du auch später lesen, das hat auch keinen Nutzen. Hättest Du mit mir über solche Dinge gesprochen, so brauchte ich nicht so lange Briefe schreiben, aber wie kann ich ahnen, daß Du solches vor hast. Addio, den Kindern tausend Küsse, Dir auch und grüße Hertha *Dein Papa*

A. H. an Wilhelm v. Borscht [München, Sommer 1895]

Hochgeehrter Herr Bürgermeister, bei unserer letzten Unterredung waren Sie so freundlich mir mitzutheilen, daß die Stadt München, in Anbetracht der geringen Entschädigung für meine Arbeit beim Wittelsbacher Brunnen, die Absicht habe, mir eine besondere Ehrung zukommen zu lassen. Da Sie so gütig waren, dieser Mittheilung die einfache offene Frage beizufügen, was wohl in dieser Hinsicht meine Wünsche seien, so erlaube ich mir, Ihnen frei heraus zu sagen, daß es mir eine besondere Freude wäre, böte man mir die Gelegenheit, mich dauernd in München nieder zu lassen. Um dies aber zu ermöglichen und für meine große Familie und meine Thätigkeit die geeignete Stätte zu gründen, wobei mir auch der Gedanke an Errichtung einer Bildhauerschule vorschwebt, was doch schließlich auch wieder der Stadt zu Gute käme, wäre es mir vor Allem wünschenswert auf dem Gasteig[57] einen geeigneten Platz zu gewinnen. Ein halbes Tagwerk wäre jedenfalls nöthig und da mir meine eigenen Mittel nicht gestatten einen solchen Platz zu erwerben, würde es mir die größte Freude und Genugthuung sein, wollte die Stadt mir ein solches Grundstück zu möglichst billigem Preise überlassen und mir durch solche Ehrung zugleich eine neue Heimath in Deutschland geben.
Mit besonderer Hochachtung Ihr ergebenster *A. Hildebrand*

A. H. an den Magistrat von München Starnberg, 8. September 1895

An den hohen Magistrat der kgl. Haupt- und Residenzstadt München. Daß ich es versäumt habe, den hohen Magistrat von meinem Wunsch, die

---

[57] Isaranlagen am hochgelegenen rechten Isarufer in München.

Gruppen des Wittelsbacher Brunnens dunkler zu tönen, in Kenntniß zu setzen und erst um die Genehmigung dazu nachzusuchen, ist unbedingt ein Fehler gewesen, den ich im Nachstehenden durchaus nicht entschuldigen sondern lediglich erklären möchte.

Mit der künstlerischen Überzeugung, daß diese Tönung eine Notwendigkeit sei, ist mir der Entschluß dazu und die Inangriffnahme so rasch entstanden, daß ich gar nicht auf den Gedanken kam, daß ich jetzt nach Übergabe des Brunnens an die Stadt nicht mehr in der Lage bin, sofort zu handeln. Man muß dabei berücksichtigen, daß das Gefühl der künstlerischen Verantwortung für ein Werk durch die Übergabe an den Besteller in keiner Weise sich ändern kann. Es ist deshalb natürlich, daß ich auch nach der Übergabe Beobachtungen darüber anstellte, ob die Veränderungen, welche Wasser und Witterung am Stein erzeugten, so eintrafen, wie ich vorausgesetzt und daß in mir der Drang lebendig wurde, da wo es fehlte, zu verbessern. Zu diesem Gefühl kam alsdann noch das zweite, daß das künstlerische Interesse an dem Brunnen auf der Seite der Stadt und bei mir durchaus identisch ist. In der Überzeugung etwas künstlerisch Nothwendiges zu thun und im Interesse des Brunnens zu handeln, habe ich alles Andere vergessen und bin unmittelbar zum Handeln geschritten. Erst durch die Aufregung, welche durch die Besprechungen in der Presse entstand, kam es mir zum Bewußtsein, daß ich dem Magistrat gegenüber mir einen Fehler zu Schulden kommen ließ.

Was nun aber die künstlerischen Gründe anbelangt, welche mich zu dieser Tönung der Gruppen gezwungen haben, so erlaube ich mir auf die anliegende und in der Allgemeinen Zeitung abgedruckte Erklärung Bezug zu nehmen. Ich bin der festen Überzeugung, daß der hohe Magistrat zu meiner künstlerischen Einsicht und Erfahrung volles Vertrauen behält und durch die von mir vorgenommene Tönung, welche in den ersten Tagen allerdings ein seltsames Aussehen hatte, mittlerweile aber den Marmorcharacter wie ich voraus wußte, wieder zeigt, hierin nicht wankend wird. Da ich immer nur in den Morgenstunden von 5–7 Uhr daran gearbeitet habe, und auch immer die Veränderungen im Licht im Verlauf des Tages beobachten mußte, so schritt die Arbeit langsamer vor sich, als wünschenswerth.

Ich bitte deshalb den hohen Magistrat mein Vorgehen lediglich als eine Handlung des künstlerischen Eifers anzusehen, der mich die formelle Sachlage übersehen ließ. Mit vorzüglichster Hochachtung
ergebenst A. Hildebrand.

Irene Hildebrand an ihren Sohn   *Starnberg, 29. September 1895*

Mein lieber Sohn! Die Wellen haben sich gelegt, die Züricher Zeitung[58] hat widerrufen und somit ist kein genügender Zündstoff mehr in uns, um eine Klage gegen den Correspondenten anhängig zu machen. Der Prinzregent hat, kaum war er einen Tag hier d. h. in München, den Papa zur Tafel eingeladen und ihn dann noch im Atelier aufgesucht, kurz auf jede Weise gezeigt, daß er das dumme Geschwätz der Zeitungen mißbilligt und lächerlich findet. Wir hatten viele Besuche in diesen Tagen, Herzogenberg war auch hier. Er hat mir noch viel von der unvergleichlichen Julia[59] erzählt, wie heldenmüthig sie sich während ihrer Krankheit benommen. Schon seit Jahren war sie leidend. Ihre Familie hielt sie immer für eine Hypochonderin während sie gerade das Gegentheil war. Ich habe sehr sehr viel an ihr verloren. Ein trauriges Jahr für uns. Dazu kommt die Unsicherheit der Zukunft, die bevorstehenden neuen Trennungen von Papa, ach ich will nicht jammern, aber mir ist als lägen die schönsten Lebensjahre hinter mir ...

Neulich haben wir bei Siegles Hertzens Geburtstag gefeiert[60]. Papa hat ihm ein schönes kleines Bronzerelief geschenkt Apoll und Pallas[61]. – Hornsteins[62], Lenbach, Minister Riedel[63], Pixis[64], Frau Braun[65] und einige Andere waren da. Riedel machte mir in sehr komischer Weise den Hof. Lenbach witzelte die ganze Zeit, was mich ermüdet, wenn er auch manchmal ganz gute Witze macht, so ist doch das offizielle Gelächter auf jede seiner Bemerkungen langweilig. Hertz hat außerordentlich schön und ergreifend gesprochen. Er wurde reich beschenkt von den Freunden und vor Allem sein Keller mit feinen Weinen gefüllt ...   *Deine Mutter*

---

[58] Die »Züricher Zeitung« hatte einen verleumderischen Artikel über die Brunnenanstrich-Affaire gebracht.
[59] Giulia Brewster, die im September 1895 gestorben war.
[60] Bei der Familie Siegle, Württembergischer Industrieller, war der Geburtstag von Wilhelm Hertz, 1835–1902, Dichter, Professor für Literaturgeschichte an der Technischen Hochschule München, gefeiert worden.
[61] Bei dem kleinen Bronzerelief »Apoll und Pallas« handelt es sich um eine verschollene Gelegenheitsarbeit Hildebrands.
[62] Hornsteins: Familie des Komponisten Robert von Hornstein, 1833–1890.
[63] Emil Freiherr von Riedel, 1832–1906, langjähriger bayerischer Finanzminister.
[64] Theodor Pixis, 1831–1907, Maler.
[65] Rosalie Braun-Artaria, 1840–1918, bekannt durch ihre Erinnerungen »Von berühmten Zeitgenossen«, München 1918.

A. H. an Cosima Wagner *Florenz, 9. Dezember 1895*

Hochverehrte Frau, hier schicke ich endlich die versprochene Fotografie des Nibelungenbrunnens[66]. Ich komme mir vor, wie eine Henne, die keinen Platz findet, ihre Eier zu legen und ich hätte so viele zu legen und möchte sie so gerne ausbrüten.

Solange Fiedler lebte, hatte ich ein Heimathsgefühl in der Welt und wie bei einem Kinde die Familie die Welt ist, um die sich Alles Andere nur perspectivisch verkleinert gruppirt, so ists mir mit ihm gegangen. Jetzt tritt mir das Ferne lebensgroß gegenüber und das Bild ist verändert.

Um so werthvoller ist es mir, daß Sie Interesse für meine Bestrebungen haben und daß Sie als Erfahrene im Kneten des trägen Menschenteiges meinen künstlerischen Absichten beistehn wollen. Finanzminister Riedel sagte übrigens und das ist wichtig – man möge um Gotteswillen nichts von Ersparungen am Nationalmuseum von Seidl verlauten lassen. Die letzte Rate sei vom Landtag noch gar nicht bewilligt und wenn ein Abgeordneter so was höre, so wäre die Bewilligung fraglich und damit auch das Project des Hubertusbrunnens. Man muß also auf der Hut sein. Vor meiner Abreise von München kam noch so viel zusammen, daß aus meinem beabsichtigten Besuch bei Strauß nichts mehr wurde. Ich habe seinen Till Eulenspiegel nicht gehört, nur darüber gehört und soviel ich entnehmen konnte, schien für den Volkshumor des Till eine zu raffinirte und kunstreiche Form gegeben. Es fehlt der ganzen jüngeren Generation *der* Kunstsinn, der ganz unabhängig von aller Einzelkunst in dem allgemeinen Instinkt beruht für die Berührung der Tasten der Menschenseele. Ein Mangel an feinem psychologischem Gefühl.

Die Maler vergreifen sich im Maaßstab ihrer Bilder, Sachen, die nur groß wirken, werden klein gemalt und umgekehrt. Sachen, die ein Musik-Busch behandeln müßte, werden als ausgeführte Staffeleibilder-Musik gegeben u.s.w. Dieser Mangel gibt unserer Zeit ein so barbarisches Gepräge und alles Talent, alles Können hilft natürlich nichts, es haut daneben. Doch ich wollte Ihnen ja nur vier Zeilen schreiben. – Ich sitze wieder in meinem Castell bei den Meinen und grüße Sie und die Ihren herzlich. Die Meinen lassen sich bestens empfehlen.

Ihr sehr ergebener A. Hildebrand.

---

[66] Für Worms.

Cosima Wagner an A. H.   *15. Dezember 1895*

Lieber und hochgeehrter Herr, am Abend bevor ich Ihren Brief erhielt dachte ich, daß Sie wohl mit dem Übergang der Alpen und der Ankunft im südlichen Heim, alles, was jetzt in Nebel und Finsterniß steckt, vergessen hätten!

Um so erfreuter war ich, als ich Ihre Zeilen empfing, und ich danke Ihnen herzlich dafür, daß Sie Ihre Abneigung gegen das Schreiben so vollständig überwunden, daß Sie mir eine so eingehende Mittheilung gespendet haben! Was Sie scherzhaft mit dem Bilde der Henne, die nicht weiß, wo ihre Eier legen bezeichnen, ist das eigentliche Leiden des ächten Künstlers! Ich glaube nicht daß sein Verhältniß zur Welt je gut gewesen sein kann, allein darüber scheint mir kein Zweifel möglich, daß unsere Zeit, die der Kunst denkbar Feindseligste ist, die Phantasielosigkeit mit Verbildung vereint, inmitten von Zuständen, welche die Ängstlichkeit allenthalben erzeugen oder großziehen. – Ja wo soll da der Künstler mit seinem Stolz mit seiner Unabhängigkeit, seiner bestimmten Anschauung der Dinge, gehört werden?

Und als ich nach der Besinnungslosigkeit, welche der Eindruck des entsetzlich jähen Scheidens unseres Freundes[67] [hinterließ], wieder zu mir kam, so standen Sie vor mir und ich sagte mir, daß *Sie* den größten Verlust erlitten, da er Ihnen im besten Sinne die Welt vertreten und auch vermitteln konnte. Denn Sie wären nicht der Künstler, den wir so schätzen, wenn Sie anders wären als Sie sind!

Mir sprechen Sie die von mir sehr gering geachtete Fähigkeit, den trägen Menschengeist zu kneten zu. Eine beständige Sorge um eine mir anvertraute Sache und meine Eigenschaft als Frau, mögen mir dazu verhelfen! Wie gerne aber wäre ich mir ihrer voll bewußt, um Ihnen wenn auch nur auf so unbedeutende Art, beweisen zu können, welch eine Freude es mir sein würde, Sie durch Werke und Wirken in Deutschland in die Thätigkeit gesetzt zu sehen, die Ihnen zukommt und die der bildenden Kunst so förderlich sein müßte.

Ich habe nun mein Glück mit Heyl[68] in Worms versucht, und ihm mit einigen Zeilen die Photographie des schönen Brunnens geschickt. Die zweite sende ich gelegentlich an Bode, weil ich glaube, daß er mit Heyl bekannt ist und weil er einflußreich und hochgesinnt ist.

---

[67] Conrad Fiedlers.
[68] Cornelius Freiherr von Heyl zu Herrnsheim, geb. 1843, Industrieller in Worms, Reichstagsabgeordneter.

Daß wir über die übrigen Fonds des Nationalmuseums *kein* Wort verlauten lassen, versteht sich von selbst. Das wäre nicht übel, wenn noch ein Patzer da geschähe!

Was Sie mir über Strauß schreiben, halte ich für ganz richtig. Ich kann es gar nicht begreifen daß diese jungen Leute von dem Muster, welches ihnen doch vorschwebt *nichts* gelernt haben! Ja, selbst nicht das Instrumentiren, denn sie hätten doch selbst sehen müssen, mit welcher weisesten Economie da verfahren wird, wie das Orchester der Meistersinger ein Anderes als das der Nibelungen ist; wie das »Siegfried-Idyll« sich von der Ouvertüre zum Holländer unterscheidet, u.s.w. Vor allem ließen sie es unbemerkt, daß jedes dieser Werke, musikalisch auf bestimmten, großen Themen beruht, welche wie unverkennbare Gestalten dem Ohr sich enthüllen. Mein Vater sagte einmal einem seiner Schüler, der ihm ein abstruses endloses Stück vorgetragen: »Lieber Freund, wenn man jemanden zu Tisch einlädt, darf man ihm nicht bloß Sägespäne und Cigarrenasche vorsetzen.« Asche und Späne, das fällt mir immer wieder ein! Und dazu alle Instrumente in Thätigkeit! Das nennt man technisches Können was jenseits der Kunst ist. Dabei lasse ich ununtersucht, ob wirklich im Geiste der verschiedenen Instrumente gesetzt wird, was den Werken, die ich oben nannte eine solche Vollendung aufprägt.

Und nun das dramatisch Dichterische erst! Davon will ich schweigen und nur hoffen, daß bei einem begabten Menschen wie Strauß diese Producte wie Kinderkrankheiten zu betrachten sind. »Je jette ma gourme«[69], sagen die Franzosen.

Ich lese jetzt die Geschichte Bayreuths während des 30-jährigen Krieges, und wenn man sieht, wie es dem armen Lande gegangen ist, kann man sich nur darüber wundern, daß es noch besteht und sich sagen, daß für das Tüchtige der Militärrock fast die einzige Zuflucht blieb, während das Übrige in die Beamten-Uniform sich verkroch!

Fiedlers Vorrede zu den Meyer'schen Aufsätzen habe ich gelesen und dabei die heilsame Wirkung des dauernden geistigen Verkehrs empfunden. Sehr gerührt haben mich seine Worte über Ihre Schrift[70]. – Ach, dieses liebe, seltene Wesen wird nicht von uns scheiden! Es vergeht

---

[69] »Jeter sa gourme«, französische Redensart, sinnentsprechend der deutschen Redensart »sich die Hörner abstoßen«.

[70] C. Fiedler kommt in seiner Einleitung zu den Aufsätzen Julius Meyers sehr anerkennend auf Hildebrands »Problem der Form« zu sprechen.
Julius Meyer, 1830–1893, 1872–1890 Direktor der Berliner Gemäldegalerie, Schwiegervater C. Fiedlers: »Zur Geschichte und Kritik der modernen deutschen Kunst«, herausgegeben und eingeleitet von C. Fiedler, Leipzig 1895.

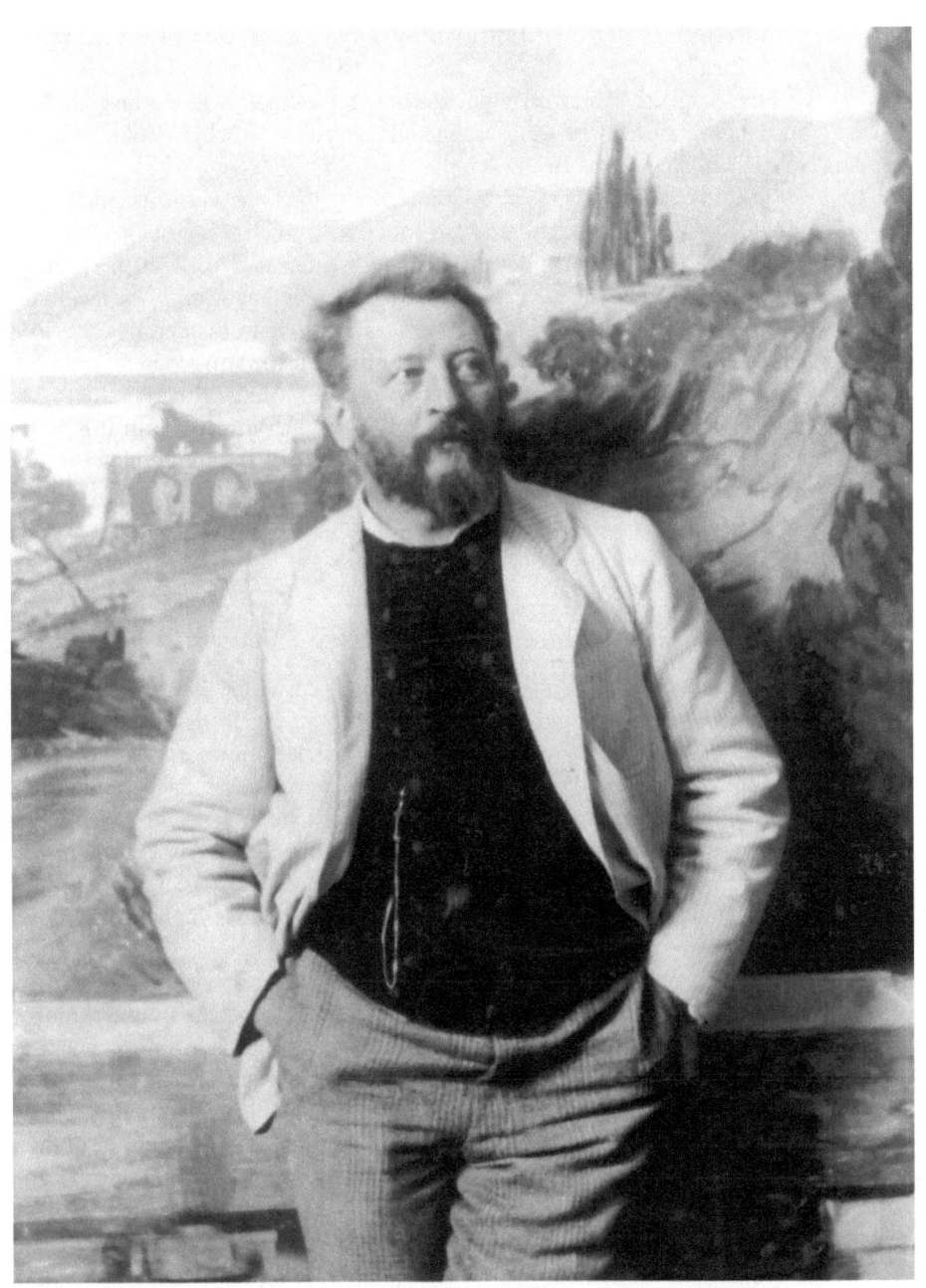
Adolf Hildebrand etwa fünfzigjährig vor einem Landschaftsbild von Ernst Sattler

kaum ein Tag, daß ich ihm nicht ein Wort sage und Etwas von ihm vernehme.

Hier sage ich lebewohl, und fürchte, Sie schon zu lange festgehalten zu haben, da ich nicht weiß, ob Sie, gleich meiner Tochter Isolde, ungern schreiben, aber gerne Briefe erhalten!

Grüßen Sie bitte Ihre Frau Gemahlin schönstens von mir und sagen Sie ihr daß ich sehr hoffte, ihr ein Mal, wo es auch sei, zu begegnen. Ich würde Sie Beide mit Kindern herzlich einladen nach Bayreuth zu kommen, wenn mir nicht Levi gesagt hätte, daß Sie lieber und hochgeehrter Herr, nach dieser Seite hin beschränkt sind[71]. »Mein Bruder ist unter die Drachen gegangen« erzählt der Held eines Hoffmann'schen Märchens! Vielleicht wurden Sie unter Drachen erzogen, denn Ihnen sieht dieses gar nicht gleich ... Meine Kinder vereinigen sich mit mir, um Ihnen die herzlichsten Grüße zu entsenden, und ich drücke Ihnen die Hand in der wärmsten Werthschätzung und Ergebenheit! C. Wagner

A. H. an Cosima Wagner Florenz, 7. Januar 1896

Hochverehrte liebe Frau Wagner, leider komme ich heute nicht dazu, Ihnen auf Ihren liebenswürdigen Brief zu antworten, ich schicke Ihnen nur auf den mir so freundlich zugesandten Brief des Herrn v. Heyl einen andern, den ich aus Worms erhielt. Da Sie sich so der Sache angenommen haben, wage ich es Ihre Freundlichkeit noch weiter in Anspruch zu nehmen. Ich ersehe aus dem Wormser Brief, daß der Brunnen von der Stadtgemeinde oder einer sonstigen Behörde in Aussicht genommen ist, natürlich angeregt durch Heyl, der jedenfalls das meiste Geld dazu giebt.

Das Schreiben läßt mich befürchten, daß die Leute sich keine richtige Vorstellung von mir und einer solchen Arbeit machen und es kommt mir der Gedanke, ob es nicht angebracht wäre, gleich jetzt schon die Angelegenheit ins richtige Geleise zu rücken – natürlich durch Ihre gütige Vermittlung, da Herr v. Heyl sich noch nicht an mich gewandt hat. Die Leute denken nicht anders, als daß ich, wie es ja heute üblich, eine Idee habe, die soweit es die Architectur anlangt, von einem Architecten ausgeführt wird und wobei ich nur das Figürliche mache. Abge-

---

[71] Anspielung auf Hildebrands Verständnislosigkeit gegenüber Richard Wagners Kunst.

sehn davon, daß diese zweiköpfige Hydra an und für sich ein künstlerisches Ungeheuer ist, gegen das man Front machen muß, möchte ich meinen Standpunkt von vorneherein klarstellen. Ich verlange absolute Selbständigkeit in Bezug auf die künstlerische Ausbildung d.h. absolutes Vertrauen. Beim Wittelsbacherbrunnen in München hatte ich diese absolute Freiheit, sobald mir der Auftrag ertheilt wurde. Von einem Zusammenausarbeiten kann nicht die Rede sein und wenn ich nun dem Architecten Hofmann[72] das klar mache, so habe ich ihn zum Feind, wenn nicht schon jetzt Herr v. Heyl die Sache anders ansehn lernt und die Herrn in dem Sinn aufklärt. Es ist ja eigentlich zum Lachen, daß man über die natürliche Basis alles künstlerischen Schaffens die Leute erst aufklären muß, aber das ist ja das Elend heut zu Tage, daß die Vorstellung des Spießbürgers den Ton angiebt und daß die meisten sogenannten Künstler sich ihm fügen.

Doch ich brauche mich Ihnen gegenüber ja nicht weiter auszulassen – das ist ja das Gute – und Sie werden, wenn Sie es für passend halten, es gewiß einzufädeln verstehn, Herrn v. Heyl auf den künstlerischen Standpunkt zu stellen.

Verzeihen Sie das langweilige Geschreibsel, übrigens bin ich so wie Frl. Isolde, ich erhalte auch gern gute Briefe, wenn ich mich auch für unfähig erkläre und schwer aufraffe.

Wir erlebten einen sehr vergnügten Kinder-Weihnachts-Abend und Alle erwidern Ihre Grüße aufs herzlichste. Mit den wärmsten Grüßen und Wünschen zum neuen Jahr Ihr sehr ergebener   *A. Hildebrand.*

H. Wölfflin an A. H.   *Basel, 15. Januar 1896*

Sehr geehrter Herr, es tat mir sehr leid, Sie zu Weihnachten in München nicht zu finden und eine noch größere Enttäuschung war mir die Verkapselung des Brunnens[73]. Bezüglich »Problem der Form« habe ich Ihnen mitzuteilen, daß ich wieder einmal einen (öffentlichen) Vortrag über die Sache gehalten habe und daß ein paar Hundert Hörer mehr überzeugt sind daß sie für ihr Kunstverständniß eine neue Basis suchen müssen. Gleichzeitig verarbeite ich Ihre Themen in ein Buch über »Classischen Stil«. Allerlei illustrative Beobachtungen zu machen, hatte ich vor kur-

---

[72] Damaliger Stadtbaumeister von Worms.
[73] Des Wittelsbacher Brunnens in München.

zem Gelegenheit bei einer Denkmals-Comitée-Sitzung. Natürlich verlief Alles, wie es im Büchlein steht d.h. der Herr Regierungsrat N.N.[74], hiesiger Bautenminister, erklärte von vorneherein, wenn man ein Denkmal machen wolle, so sei die Hauptsache, dem Künstler ein genau detaillirtes Programm zu geben. Es ist das in diesem Fall umso merkwürdiger als man sich einen Bürgermeister des XVII. Jahrhunderts rein vom Zaun gebrochen hat, nur um überhaupt wieder einmal ein Denkmal zu machen bezw. den Gästen der Jubelfeier des Jahres 1901 etwas »enthüllen« zu können. Mein einziger Zweck bei der höchst peniblen Teilnahme an diesen Sitzungen ist der, die Notwendigkeit einer internationalen Concurrenz darzutun und die Platzfrage der Entscheidung des Künstlers offen zu behalten.

In der Hoffnung, Sie gelegentlich wieder einmal zu sehen, grüße ich Sie und die Ihrigen als Ihr ergebener *Prof. H. Wölfflin*

Hugo v. Tschudi an A. H. *Berlin, 18. Februar 1897*

Hochverehrter Herr Professor. Für die Nationalgalerie soll ein Bildnis Treitschke's erworben werden. Da nun weder ein gemaltes Porträt noch eine Büste von ihm existieren muß ein Bildnis neu angefertigt werden, was ja freilich nach dem Tode des Darzustellenden immer sein Bedenkliches hat. Bevor die Angelegenheit vor die Landeskunstkommission kommt erlaube ich mir bei Ihnen anzufragen ob Sie eventuell geneigt wären eine Büste Treitschke's zu machen. Wie es heißt sollen Sie den Verstorbenen persönlich gekannt haben. Außerdem existiert eine treffliche Todtenmaske. Auf dieser Unterlage dürfte es Ihnen wohl möglich sein ein so hervorragendes Werk zu liefern wie es die Büste des General von Baeyer[75] ist, die ich eben gesehen habe. Auch diese betreffend möchte ich eine Frage

---

[74] Heinrich Reese, 1894–1907, Vorsteher des Baudepartements der Basler Regierung. Es handelt sich um ein Denkmal für den Basler Bürgermeister Rudolf Wettstein, der auf dem Westfälischen Friedenskongreß 1648 die endgültige formelle Loslösung der Schweiz vom Deutschen Reich erreichte. Das Denkmal kam damals nicht zur Ausführung. Das Jahr 1901 war das Jubiläumsjahr des 400jährigen Beitritts Basels zum Bund der Eidgenossenschaft.

[75] Bronzebüste des Generals Johann Jakob. v. Baeyer, 1794–1885, Generalleutnant und Geodät in Berlin, Präsident des Geodätischen Instituts in Potsdam, von Hildebrand im Geodätischen Institut in Potsdam und in der Nationalgalerie in Berlin.

an Sie richten. Ich wünsche dringend die Bronzebüste in der National-galerie zu behalten. Dann müßte freilich ein zweites, möglichst ebenbürtiges Exemplar an das Potsdamer Institut abgeliefert werden. Würden Sie uns das große Entgegenkommen erweisen nochmals einen gleich sorgfältigen Guß der Büste herzustellen? Und welchen Preis verlangten Sie dafür?

Für eine baldige Beantwortung dieser Fragen wäre ich Ihnen, hochverehrter Herr Professor, besonders dankbar und verbleibe mit vorzüglicher Hochachtung als
        Ihr ganz ergebener Tschudi, Dir. der k. National-Galerie

Das Hildebrandhaus in München um die Jahrhundertwende

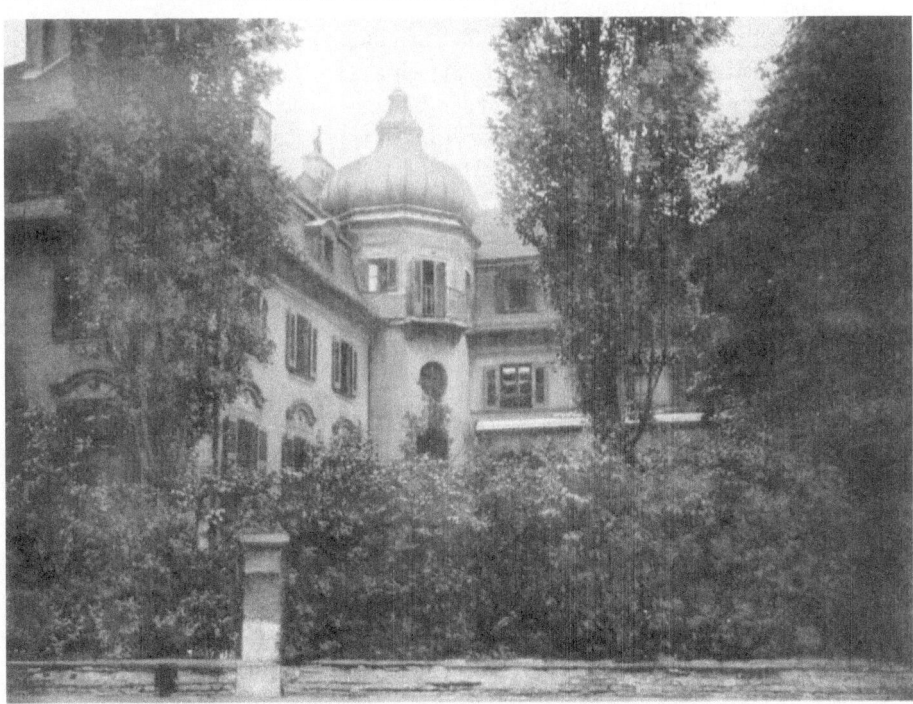

Cosima Wagner an A. H.   *18. Dezember 1899*

Mein lieber und sehr geschätzter Herr Professor! Gestern las ich Ihren Aufsatz: »Über die Bedeutung von Größenvorstellungen in der Architektur« und habe eine solche Freude daran genossen, daß ich nicht umhin kann, Ihnen noch einmal auf das Herzlichste für die Gabe zu danken. Sofort bin ich durch Ihren Vergleich der nächtlichen Grashalme eingenommen worden und habe durch dieses unübertrefflich glückliche Bild verstanden, was Sie sagen wollten und daß Sie dieses Bild festhalten, beweist seine Notwendigkeit und ergibt, wie einmal gesagt wurde, nicht nur eine richtige, sondern auch, in einem gewissen Sinne, eine poetische Sprache. Aber alles, was Sie in dieser Arbeit aufstellen, erscheint mir entscheidend und sie ist in ihrer meisterlichen Knappheit so gehaltreich, daß ich sie noch einmal lesen will.

    Die Klarheit Ihrer Denkkraft ist so eindringlich, daß ich Ihnen, die ich doch gar nicht vom Fach bin, ohne jede Schwierigkeit gefolgt bin. Bei jeder Zeile empfindet man, daß es Einer ist, der etwas kann und der des Könnens bewußt ist, der zu Einem spricht. Und wenn ich Ihnen sagen darf, was mir fast den größten Eindruck gemacht hat, so ist es die Männlichkeit Ihrer Kundgebung.

    Mit großer Weisheit haben Sie auch die Beispiele, welche zur Faßlichkeit dienen, gewählt, und – gespart; und ich glaube, daß man kaum plastischer in Worten den romantischen und den Barockstyl sich gegenüber stellen kann.

    Ich müßte aber jeden Satz anführen, wenn ich Ihnen sagen wollte, was mich belehrt, überzeugt und erfreut hat. Ich begnüge mich mit der Erwähnung, daß Ihre Besprechung des Styles und des Mißverständnisses, welches Sie umgibt, mich daran erinnerte, wie Siegfried schon vor langen Jahren verstimmt erwiderte, als er gefragt wurde, in welchem Styl Wahnfried erbaut sei: »In gar keinem Styl.« Er hatte instinktiv empfunden, was Sie unwiderleglich bestimmt aussprechen.

    Besonders ist es mir wieder bei dieser Gelegenheit aufgegangen, wie derjenige, der etwas zu sagen hat, die ihm ganz eigene, markige Sprache findet und er darin aus der Wahrhaftigkeit seines Denkens etwas Neues schafft. Als ich heimkam, fand ich einen Brief und eine Sendung von Baron Heyl. Ich freute mich, indem ich ihm dankte, ihm zu erzählen, daß ich in Ihrem Atelier gewesen wäre und den schönen Brunnen sowie die Skizze zu der Bibliothek gesehen hätte[76]. Von der Figur des Siegfrieds habe ich nicht gesprochen.

---

[76]   Hildebrands Skizze zum Wormser Nibelungenbrunnen und zu dem ebenfalls von ihm entworfenen Bibliotheksbau dahinter, der jedoch nie zur Ausführung kam.

Nun aber, leben Sie wohl, mein lieber und hochgeschätzter Herr Professor, grüßen Sie Ihre liebe Frau und die begabten Kinder schönstens von mir, grüßen Sie aber auch die herrliche Büste von Pettenkofer, die ich noch immer vor mir sehe, und seien Sie unter den besten Weihnachtswünschen herzlichst von mir und meinen Kindern gegrüßt *C. Wagner*

W. v. Bode an A. H.   *Charlottenburg, 21. Dezember 1899*

Verehrtester Herr Professor ... Ihren kurzen Aufsatz, der aber mehr sagt als Bogen von andern, habe ich mit großem Interesse gelesen. Er ist uns allen in hohem Grade anregend gewesen; die Kunst aus dem Gesichtspunkt des Künstlers zu beobachten und zu interpretiren, ist ja etwas das sich der Laie, und wenn er 100 Jahre Kunstgeschichte getrieben hat, nie anlernen kann.

Mit besten Wünschen für das Fest und das neue Jahrhundert, Ihnen und Ihrer lieben Familie,   *Ihr aufrichtig ergebener W. Bode.*

Mary Levi an A. H.   *Partenkirchen, 23. Mai 1900*

... *Liebster Adolf,* nun wende ich mich zu Dir; nur wie im Nebel bist Du in diesen furchtbaren Münchner Tagen unter all den sich zu mir drängenden Menschen, an mir vorübergewandelt, aber ich habe Deine brüderliche Ruhe doch als Schutz und Wohlthat empfunden und werde Dir den letzten großen Liebesdienst, den Du mit mir ihm thatest nie vergessen – ich kann heute nicht mehr sagen, kann Dir auch nicht danken, weil ich es als etwas so Natürliches, Selbstverständliches empfinde, daß es so ist: ich weiß auch, daß der Gedanke an Dich Hermann eine Beruhigung war, wenn schwere Todesahnungen ihn erfüllten. – Darum mußt Du nun auch so rasch wie möglich für ihn die Zeichnungen zur Grabkapelle machen lassen; ich möchte ihn noch vor seinem Geburtstag 7. November hier in meiner Hut haben; den Platz werde ich so wählen, daß er leicht vom Grundstück abgetrennt werden kann, ihn, nachdem ich neben ihn gebettet bin, der Gemeinde Partenkirchen mit einer Summe zur Erhaltung vermachen. Du mußt begreifen, daß ich eine große Ungeduld habe, seine, unsere Ruhestätte bereitet zu wissen; wer weiß, ob er mich nicht bald nachzieht und ich möchte nicht auf diesen schrecklichen östlichen Friedhof transportirt werden ...   *Getreulich Eure Mary*

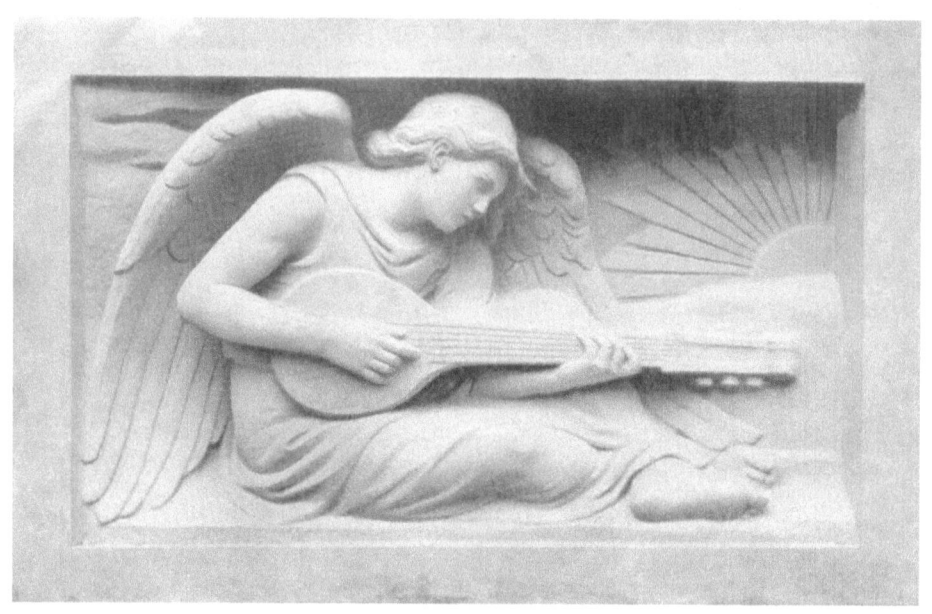

Engel am Grabmal von Herrmann Levi, entstanden 1901–1902

A. H. an Prinz Rupprecht von Bayern   München, 21. Dezember 1901

Ew. Königliche Hoheit haben diesen Herbst, wie mir mitgetheilt worden, an meinem kleinen Brunnenbuberl[77] so viel Vergnügen geäußert, daß es mir zur größten Freude gereicht, einen Abguß Ew. Königlichen Hoheit verehren zu dürfen. Wie ich annehme, kommt dasselbe noch rechtzeitig zu Weihnachten an und darf zum Feste aufspielen.

Ich bitte den Kleinen als Zeichen meiner aufrichtigen Ehrerbietung aufnehmen zu wollen und bin mit ehrfurchtsvollen Wünschen zum Weihnachtsabend Ew. Königlichen Hoheit unterthäniger   *Adolf Hildebrand.*

[77]   Flötenspielender Putto in Bronze für einen Gartenbrunnen in Berlin-Grunewald, für Franz von Mendelssohn ausgeführt. Der Brunnen ist nicht mehr vorhanden, der Putto jetzt im Gut Georgenhof in Württemberg. Hildebrand hat von diesem Putto eine Anzahl stark verkleinerter Exemplare in Bronze herstellen lassen und davon eines Prinz Rupprecht geschenkt.

Wilhelm Furtwängler an Irene Hildebrand   *Tanneck, 25. Juli [1902]*

Verehrte Frau Professor! Meine Rückreise hierher nach Deutschland ging glatt und gut. Ich reiste über Parma und Mantua, wo ich den Herrn Curtius[78] verließ; dann weiter, in der Nacht über den Brenner. Hier in Tanneck bin ich seit sechs Tagen, und werde mich nun wieder allmählich in dies Deutschland eingewöhnen. Doch habe ich hier Zeit genug, zurückzudenken an die Monate, die ich in Italien war, und [ich habe] oft eine gewisse Sehnsucht darnach. Warum giebts hier keine Oliven und Kastanien statt der eintönigen Tannen, und warum keine Häuser, und lebhafte Farben. Aber ich bin auch zufrieden, wieder zu Hause zu sein. Mit dem Walther[79] gehe ich hier viel auf den Bergen spazieren, trotz dem erbärmlichen Regenwetter, das nicht weichen will. Deshalb ist auch Baden nicht so angenehm wie in Forte; es hat wohl 8 Grad weniger Wärme hier, wie dort. Vor allem möchte ich Ihnen aber noch so sehr, so herzlich wie ich kann, danken für alles Gute und Angenehme, was ich in Ihrem Hause erlebt habe. Es kommt mir, ich weiß nicht recht, warum, leicht, fast immer etwas phrasenhaft vor, so etwas so zu sagen. Und so ist mein Dank in Wirklichkeit stets viel größer, als ich ausspreche.

Den andern gehts allen gut. Mein Vater ist jetzt noch in München, kommt aber morgen hierher. Das Annele[80] ist reizend geworden, es läuft überall herum und schwätzt das dümmste Zeug. Aber die herzlichsten Grüße, auch an den Gogo und die andern, besonders an Sie

von Ihrem Willi

A. H. an W. v. Borscht   *[München, Frühjahr 1904]*

Hochgeehrter Herr Bürgermeister! ... Es ist seit langem üblich, Reiterstandbildern durch allerlei figürliche Zuthaten, sei es am Sockel, sei es direkt in Verbindung mit der Statue eine weitere ehrende Bedeutung zu verleihen. Dieß an und für sich natürliche Bestreben hat jedoch für die

---

[78] Ludwig Curtius, 1874–1954, Archäologe, Direktor des Deutschen Archäologischen Instituts in Rom. Er war eine Zeitlang Hauslehrer von Hildebrands Sohn Dietrich.
[79] Veit Solbrig, 1843–1916, Generalarzt in München, spielte Cello, war mit Hermann Levi, Richard Wagner, Adolf Hildebrandt befreundet, und Familie.
    Ludwig von Bürckel, 1841–1905, Vorstand der Hof- und Kabinettskasse, Ministerialdirektor.
[80] Jüngste Schwester Wilhelm Furtwänglers.

künstlerische Wirkung den Nachtheil, daß das Reiterstandbild selbst dadurch weniger spricht. Es büßt an Wirkung ein, da es nicht als das einzige Plastische im Gegensatz zum architektonischen Sockel dasteht. Alle alten Reiterstandbilder vermieden deßhalb jeglichen plastischen Nebenschmuck. Die alleinige Ausnahme macht das Reitermonument des großen Kurfürsten in Berlin. Dieses aber umgeht im Gegensatz zu allen Nachahmungen die Nachtheile der figürlichen Zuthaten, indem es letztere unterhalb des Augenpunktes direkt über dem Boden angebracht hat. Die Sockelfiguren werden dadurch eins mit den vorüberziehenden Menschen und das Reiterbild ragt allein heraus. Eine solche niedere Anordnung war jedoch nur dadurch möglich, daß das Reiterbild auf einem architektonischen Ganzen nämlich auf der Brücke aufgestellt ist, somit nicht auf dem Erdboden steht. Die Brücke gehört als Basis des Monuments dazu, der figürliche Sockelschmuck spielt nur ganz in der Nähe gesehen eine Rolle. Die Erhöhung, die das Monument kürzlich erfahren, ist nebenbei bemerkt deßhalb ein großer Mißgriff und zeigt, daß der Sinn der alten Anordnung nicht verstanden worden ist.

Wenn es nun klar liegt, daß das Reiterstandbild ohne weitere Zuthaten am stärksten wirkt, so ist es andererseits zu begreifen, daß die Aufstellung und Umgebung um so schwerer ins Gewicht fallen. Die Einfachheit des Monuments tritt in einen größeren Gegensatz zur Umgebung und verlangt so zu sagen einen künstlerischen Übergang von Außen, eine künstlerisch wirksame Situation.

Aus allen diesen angeführten Gründen halte ich es deßhalb für richtig, ein Reitermonument so einfach wie möglich zu halten, dagegen die Situation derart zu formen, daß sie den Rahmen für das Monument bildet und dadurch sowohl zum Ausdruck der Ehrung wird als auch zur künstlerischen Steigerung der Wirkung beiträgt.

Ich habe deßhalb die Terrasse[81] als Gesamtbasis gedacht, welche das Denkmal von der Straße und ihrem Verkehr abhebt und ihm einen bestimmten eigenen Platz einräumt. Die Terrasse allein würde aber für das Reiterstandbild nicht genügenden Halt fürs Auge bieten und auch als bloße gärtnerische Anlage dem Monument nicht die nöthige Weihe und Bedeutung verleihen.

Deßhalb habe ich einen architektonischen Schmuck erfunden, der sowohl die Terrasse nach hinten abschließt und sie dadurch in ihrer Länge

---

[81] Terrasse vor dem Nationalmuseum in München, auf der das Reiterdenkmal des Prinzregenten und der Hubertusbrunnen standen. Von der ganzen Anlage ist heute nur noch das Reiterstandbild vorhanden.

motivirt, als auch für das Monument einen Hintergrund darstellt, der ihm Bedeutung und dem Ganzen eine poetische Wirkung sichert.

Da das Haus Wittelsbach dem speciellen Orden des Hubertus angehört, welcher schon häufig Anlaß gab, seine Königliche Hoheit den Prinzregenten im Kostüm des Hubertusordens darzustellen, so war für mich die Idee sehr naheliegend, für den architektonischen Schmuck einen dem Orden gewidmeten Brunnentempel zu wählen. Auf diese Weise war mir Gelegenheit geboten, eine allgemeine poetische und künstlerisch reizvolle Situation zu schaffen und zugleich in natürlicher und naheliegender Weise ein geistiges Band um das Ganze zu schlingen. Die besondere Ehrung, welche die Stadt München Seiner Königlichen Hoheit zugedacht, kommt dadurch zur vollen Geltung und findet ihren deutlichen künstlerischen Ausdruck. Mir ist es aber durch diese Lösung möglich, das einfache Reiterstandbild an sich zur rein künstlerischen Wirkung zu bringen und doch das Ganze als ein poetisches Bild zusammenzufassen.

Der Brunnentempel schließt ein Bassin ein, welches von einer auf acht Marmorsäulen ruhenden Kuppel überwölbt ist. In der Mitte zwischen den Säulen steht auf einem Sockel der heilige Hirsch, gleichsam wie im Walde. In der überwölbten Umgangshalle stehen in den vier Ecknischen Bänke. Das Hauptlicht fällt durch die Kuppelöffnungen auf den Hirsch. Außen sind vier Brünnchen an den Ecken angebracht in Verbindung mit Nischen, in denen vier bronzene Brunnenfiguren stehen. Die Mittelkuppel ist durch die Figur des heiligen Hubertus gekrönt und steht auf einem Sockel, der das Wappen des Königlichen Hauses trägt. Der Tempel steht, um nicht von der Balustrade der Terrasse überschnitten zu werden, auf einem Sockel. Treppen führen zu den beiden Hauptthoren. Der Bau ist aus Muschelkalk, die Bedachung aus Kupfer gedacht.

Der langgestreckten Form der Terrasse gemäß habe ich vor dem Tempel ein flaches Bassin angebracht, welches das vom Brunnen abfließende Wasser aufnimmt und in dem der Brunnentempel sich spiegelt. Dadurch wird das Standbild noch deutlicher mit dem Brunnentempel verbunden, und ein neuer Reiz dem Ganzen verliehen. Von den Bänken aus, welche unter den Bäumen längs des Wassers stehen, läßt sich Beides überschauen.

Die Gesamtwirkung kommt aber erst durch die Lage vor dem Nationalmuseum zum Abschluß, da dieses den nothwendigen Hintergrund zu der Terrassenanlage bildet und dieselbe so zu sagen in die Arme nimmt. Das Reiterstandbild Seiner Königlichen Hoheit tritt in direkte Beziehung zum Hauptbau des Museums, da es sich von seiner Hauptseite, also seitlich gesehen, von diesem abhebt. Um die Größenwirkung des Museumsbaues eher zu steigern als zu schmälern, denke ich mir das Standbild nicht größer, als den großen Kurfürsten d.h. nicht ganz vier Meter Pferd und Reiter. Dadurch bleibt es im inneren Maaßstab des Baues, der auch nicht groß ist, und ferner hat es immer einen künstlerischen Vortheil, wenn der Maaßstab kein großer ist, weil dann auch der nahe Standpunkt noch die Übersicht ermöglicht, während bei den kolossalen Standbildern, wie sie heute immer mehr üblich werden, die Wirkung für den nahen Standpunkt monströs zu nennen ist und jegliche Intimität ausschließt.

Da der Brunnentempel nach der hinteren Seite der Terrasse gerückt ist, wird er in keiner Weise den Museumsbau beeinträchtigen und überschneiden, sondern bei seiner geringen Größe und dem echt münchnerischen Charakter sich natürlich und harmonisch anreihen ... Mit besonderer Hochachtung *Euer Hochwohlgebohren sehr ergebener*
Adolf Hildebrand[82]

A. H. an seine Tochter Elisabeth Brewster [1904]

Liebe Liesel, ... Ich dachte mir, es sei gut wenn man beim Malen etc. immer eins im Auge hat und das ist Folgendes: Wenn man auf einen Punkt sieht, so fällt Alles ringsherum immer schwächer noch ins Auge, je weiter es von diesem Punkt ist. Die Einheit eines Eindrucks beruht darauf, daß das ganze Bild ins Auge fällt, wenn ich auf den Hauptpunkt hinsehe, also das Auge nicht zu bewegen brauche. Damit ist aber gesagt, daß Alles in dem Verhältniß zum Hauptpunkt steht, wie es gradatim noch im Auge empfunden werden kann. Man gibt also Alles in der Stärke, wie es in Natur dem Auge zugänglich wäre, wenn es auf den Hauptpunkt hinsieht. Nur, wenn Alles so abgestimmt ist, wird dem Auge nichts unnatürliches zugemuthet und es hat nicht mehr zu sehen, als was ihm auf einmal zufließt. Aus diesem richtigen Grundsatz, welcher allem Impressionismus zu Grunde liegt folgt aber etwas, was der heutige Impressionismus ganz vergißt. Aus diesem Grundsatz oder diesem *Wie* der Erscheinung folgt nämlich, daß die Anordnung, das *Was* oder die gegenständliche Darstellung, der Abstufung des *Wie* in seiner Bedeutung entspricht, die zur Klarlegung des Gegenständlichen nothwendig ist.

[82] Der Brief ist nicht von Hildebrand handgeschrieben, sondern hektographiert, daher die andere Orthographie.

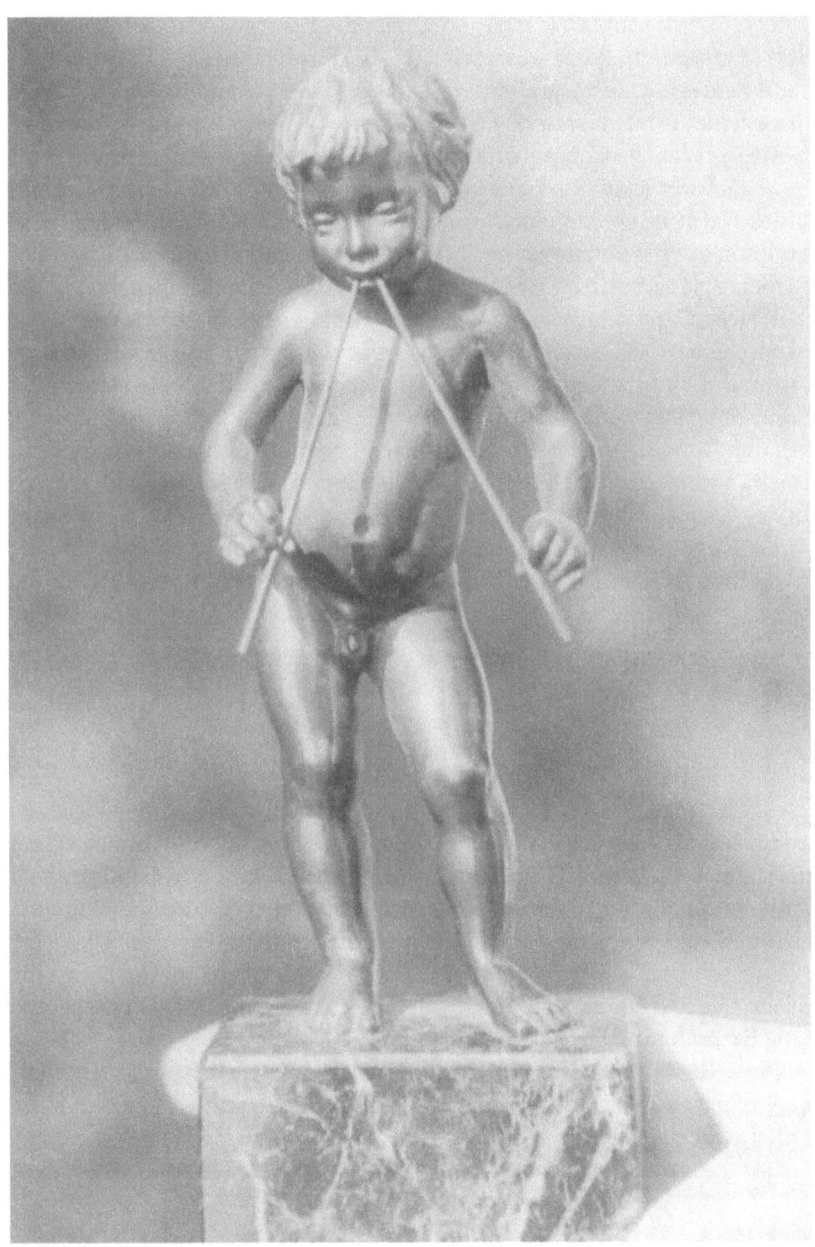

Doppelflötenspieler aus Bronze für einen Gartenbrunnen der Villa Mendelssohn in Berlin, 1904–1905

In der Plastik muß eine Figur so angeordnet werden, daß wenn ich auf den Hauptpunkt sehe, was meistens die Kopfpartie ist, alle wichtigen Punkte, die die Geste explizieren, kenntlich bleiben und nach dem Grade ihrer Bedeutung auch in ihrer Wirkung stärker oder schwächer dastehn. Diese wesentliche Consequenz des wahren Impressionismus wird heut zu Tage ganz vergessen und man glaubt genug zu thun, wenn ein beliebiges Stück Natur impressionistisch gemalt ist, oder bei der Plastik irgend eine Stellung mit größerer oder geringerer Ausführung behandelt ist, was natürlich eine lächerliche Übertragung des malerischen Eindrucks auf die plastische Darstellung ist, da der impressionistische Eindruck von etwas Kubischem ja von selber entsteht, so gut wie in der Natur und es sich also nur drum handeln kann, *was* ich dabei sehe, d. h. ob die Natur oder Figur dazu angeordnet ist, sodaß ich auch das Wesentliche von ihr dabei erhalte. Du wirst mich schon verstanden haben und ich glaube daß es gut ist dran zu denken, damit man beim Arbeiten immer den Eindruck des Bildes daraufhin prüft.

Ich freue mich, daß Du so glücklich in Rom bist und daß ihr es ohne Menschen genießt. Grüß Christopher[83] und seinen Vater herzlich und sei geküßt von   *Deinem Papa.*

A. v. H. an Rudolf Seitz   *Florenz, 8. Mai 1904*

Lieber Freund, bei der Trauerbotschaft von Lenbachs Tod habe ich viel an Dich und Seidl gedacht und ich las dann, wie schön Ihr ihm das Grab gerichtet habt. Jetzt ists vorüber, aber ich meine, daß Dir die Tage noch lange nachgehn und da möchte ich nicht schweigen. Willst Du nicht ausspannen und etwas herkommen, ich glaube es thäte Dir gut! Hätte ich Platz, so würde ich auch Seidl auffordern, so ist aber nur für Dich eine Stube frei und Du thätest mir und den Meinen eine wirkliche Freude und eine Befriedigung an, indem Du bei uns ausruhest.

Entschließe Dich, es wird Dir gut thun und Deine liebe Frau redet Dir gewiß auch zu. Gern wäre ich in München gewesen zur Feier und hätte Dir die Hand gedrückt. Ein paar warme Worte an Seidl und herzliche Grüße an Deine Gattin.   *Dein tr. A. Hildebrand.*

[83] Christopher Brewster, Hildebrands Schwiegersohn.

A. v. H. an das Kapitel des Maximiliansordens
[München, 6. November 1905]

An Stelle des verstorbenen Dichters Hermann Lingg[84] erlaube ich mir in erster Linie Wilhelm Busch[85] vorzuschlagen.
W. Busch ist unstreitig eine der selbständigsten und originellsten Figuren unserer Zeit. Als Humorist in Wort und Bild Allen bekannt und von Allen geliebt, braucht es eigentlich keiner weiteren Commentare. Und doch kann man nicht genug darauf hinweisen, daß das bescheidene und harmlose Gewand, in das sich seine Muse hüllt, aus einer weit tieferen Weltanschauung entstanden ist, als man vermuthen möchte. Er hat erkannt, daß das Feinste sich nur zwischen den Zeilen lesen und auch nicht direct sagen läßt und er hat es verstanden, sich eine ureigenste Ausdrucksweise zu schaffen, die einem kleinen unscheinbaren Guckfenster vergleichbar uns in eine tiefe und reiche Welt schauen läßt. Ich möchte dabei besonders auch auf seine späteren Prosaschriften hinweisen: auf den Schmetterling mit seiner feinen Vorrede und auf seine eigene Lebensskizze »Von mir über mich« als hervorragende Beispiele feiner schlagender und knapper Sprachkunst. Busch wird sicherlich als Klassiker am Leben bleiben, wenn die meisten Größen heutiger Litteratur längst vergessen sind ...
In zweiter Linie möchte ich Gerhart Hauptmann[86] vorschlagen. Gerhart Hauptmann ist gewiß der bedeutendste der lebenden dramatischen Schriftsteller Deutschlands. Als psychologischer Beobachter mit feinem Spürsinn besonders für die Einflüsse der sozialen Faktoren auf die Entwicklung der Individuen, durch die Mannigfaltigkeit seiner Stoffe und durch das Streben nach künstlerischer Form, übertrifft er Alle, die als Schilderer unseres sozialen Lebens in seine Fußstapfen getreten sind. Seine Entwicklung ist noch nicht abgeschlossen, aber wenn wir die bisher unterscheidbaren Abschnitte überblicken, so finden wir eine zunehmende Vertiefung in der Erfassung der künstlerischen Probleme. Von seinen Jugendwerken bis zur versunkenen Glocke und dann wieder bis zur Rose Bernd, sehen wir einen stetigen künstlerischen Fortschritt. Als ideenerfüllter Kopf, der in eifrigem Lernen und Schaffen sich beständig noch entwickelt, ist er eine prägnante Erscheinung, die der Anerkennung sicher würdig ist, auch wenn wir oft den Eindruck haben, daß sein Können hinter seinem Denken und Wollen zurückbleibt ...

[84] Hermann Lingg, 1820–1905, Arzt und Dichter.
[85] Wilhelm Busch, 1852–1808, Maler und Dichter.
[86] Gerhart Hauptmann, 1862–1946, Dichter.

A. v. H. an Prinz Rupprecht von Bayern München, 8. Juli 1906

Königliche Hoheit, ich bin ganz gerührt von der liebenswürdigen Form, in der Ew. Kgl. Hoheit für mich die gemeinsamen Reiseerinnerungen festgehalten haben. Das ist wirklich ein reizendes Geschenk[87] und ich danke herzlichst.

Die Fotografien sind ja ausgezeichnet und für mein schlechtes Gedächtniß sind die genauen Bezeichnungen unschätzbar.

Ich versuchte gestern meine Freude mündlich auszudrücken, erfuhr aber im Palais, daß Kgl. Hoheit schon nach Berchtesgaden gereist sind. Darf ich meinem warmen Dank und Gruß auch meine ergebensten Empfehlungen an Ihre Kgl. Hoheit die Prinzessin beifügen –

Ew. Kgl. Hoheit aufrichtig ergebenster A. Hildebrand

Cosima Wagner an A. v. H. 12. Juli 1906

Mein teurer Freund, Ihre Zeilen brachten mir Ihr Wesen in seiner Herzlichkeit und Wahrhaftigkeit so sehr, daß es mir war, als sähe und hörte ich Sie und wie mich das erfreute, das brauche ich Ihnen wohl nicht zu sagen. In Ihrer Kraft liegt auch die Zartheit eingeschlossen, und so bewegte mich Ihre Berührung der Bedeutung Ihres Sohnes in unserer Beziehung. Haben Sie Dank! Dietrich hat alle Herzen in Wahnfried erobert; ich blieb auf um ihn zu begrüßen, mußte dann leider einer unnützen Erkältung halber mich zurückziehen. Von der Ferne aber hörte ich viel Lachen und so hoffe ich, daß sein erster Abend in Wahnfried ein fröhlicher war.

Abgesehen von dem Eindruck, welchen die Werke unserer Kunst auf ihn hervorbringen, wird er es hier erleben, was eifrige und stetige Arbeit den gegebenen Bedingungen abringt – dieses wird ihm später aufgehen und wie ich weiß von Nutzen sein können.

Wie es wohl mit Ihren Arbeiten steht? Lieber Freund. Irre ich mich, oder entschlossen Sie sich das Kreuz und den Heiland zwischen das Geweih des Hirsches zu geben? Ich würde es begrüßen, weil es eine besondere Bedeutung Ihrem Kuppelbau verliehe.

Mit Balling sprachen wir hier von Ihnen; er bewährt sich hier tüchtig,

---

[87] Von Prinz Rupprecht auf der Reise mit Hildebrand aufgenommene Fotos mit kunstgeschichtlichen Angaben.

ja ich glaube daß seine diesjährige Tätigkeit eine Epoche in seiner künstlerischen Wirksamkeit bilden kann.
Die Hand welche Sie mir reichen, fasse ich fest und drücke sie innig und bleibe *Ihre herzlichst ergebene C. Wagner*

A. v. H. an seinen Sohn Dietrich *[vermutlich 1906]*

Lieber Gogo, da Du und Deine philosophischen Freunde[88] mein Problem der Form lesen, will ich Dir einige Winke geben. Mein Buch stellt keine Denkmethode dar, um zu einer künstlerischen Erkenntniß zu gelangen. Die künstlerische Erkenntniß ist vielmehr vorausgesetzt, hat mit keinem Räsonnement zu thun, ist ein Produkt der Erfahrung und Begabung und trägt ihre Wahrheit in sich. Diese künstlerischen Wahrheiten, die sich dem Künstler mehr oder weniger offenbaren, stehen einzeln nebeneinander als Erfahrungsprodukte mit denen er hantiert, deren Zusammenhang aber unklar bleibt. Den Zusammenhang dieser Erfahrungswahrheiten zu entdecken und darzulegen war die Aufgabe in meinem Buch. Durch die Erkenntniß dieses Zusammenhangs werden die Wahrheiten verständlich und deutlich und man sieht, wie eine die andere bedingt als sachliche Nothwendigkeit. Ich suche also aus der Natur der Sache künstlerische Wahrheiten zu begründen und ihnen einen sachlichen objectiven Untergrund zu geben gegenüber einem blos historischen oder rein persönlichen und subjectiven. Der Werth liegt also darin, daß ich diesen thatsächlichen Untergrund aufdecke. Ein weiteres Aufdecken dieses Untergrunds kann immer nur durch einen Künstler geschehen, dem weitere künstlerische Wahrheiten aufgegangen sind, für die er den Untergrund zu finden hat. Ohne die Wahrheit erkannt zu haben, weiß man auch nicht, wo zu graben ist und deshalb kann der blos denkende und rezeptive Mensch nicht weiter arbeiten, die Erkenntniß des Phänomens muß vorausgehen.

Wenn der Archäolog das Prinzip der Frontalität bei der griechischen Plastik feststellt als historische Thatsache, so weiß er nichts davon zu sagen, als daß es da ist. Warum dies Prinzip überhaupt existiert kümmert ihn nicht. Er erkennt es nicht in seinem Wesen noch in seiner Nothwendigkeit, denn er erlebt es nicht in der Natur als Erscheinungsfaktor und Problem. Er kann deshalb nichts anderes sagen, als daß die *Griechen* das Prinzip durch-

---

[88] Dietrich Hildebrand studierte Philosophie.

führten. Nach meinen Darlegungen aber ist das Prinzip der Frontalität eine sachliche Nothwendigkeit an sich und die Griechen befolgten es, weil sie sachlich vorgingen. Die Wahrheit liegt vor den Griechen in der Natur der Sache, die Griechen entdeckten das Prinzip wie ein Naturgesetz. Es ist aber unabhängig von ihnen vorhanden und besteht als solches weiter. Dies Beispiel kennzeichnet den Inhalt und das Neue meines Buches.

Ein Zweites ist daß ich das Problem der Form nicht aber das Problem der bildenden Kunst behandle. Nur insofern das Gewebe der künstlerischen Vorstellung als geistiges Material verständlich wird und mit Händen zu greifen ist, rückt die Welt der bildenden Kunst der Erkenntniß wirklich näher. Ist ein solcher Querschnitt einmal gemacht, so ist mehr erreicht, als mit allem empfindungsvollen und geistreichen drumherumtasten. Deshalb habe ich mich wohlweislich auf das eine Hauptproblem beschränkt, welches durch meine künstlerische Erfahrung am weitesten zu verfolgen war.

Nur wer sich für die Wege und den Grad des künstlerischen Vorstellungsbedürfnisses interessiert, hat einen positiven Nutzen von meinem Buch.

Alle Gedanken im Problem der Form können im Grunde nur dann verstanden werden, wenn Alles auch mit der Vorstellung erfaßt wird. Es verlangt deshalb ein naives Eingehn Schritt für Schritt ohne alle Voreingenommenheiten der eigenen Vorstellungen und hergebrachten Voraussetzungen. Erst wenn man es so aufgenommen hat und sich auch in der Vorstellung das Neue zu eigen macht, kann man es mit anderen Büchern vergleichen wollen und seine philosophische Stellung zu andern ins Auge fassen. Ich glaube aber, daß es mit alldem nichts zu thun hat und nicht einzureihen ist, weil es von gar keinem philosophischen Standpunkt ausgeht, sondern sich nur das Erlebte klar macht. So liegen z. B. die Probleme meines Freundes Fiedler, die sich auf die Stellung des künstlerischen Erfassens der Welt zur Philosophie beziehen, ganz abseits meiner Fragestellung und ebenso wäre es gänzlich verkehrt, mein Buch als eine Konsequenz seines philosophischen Standpunktes anzusehn.

Noch eins zum Schluß: wenn Manche den objectiven Werth meines Buches fraglich machen wollen, weil es sich auf meine individuelle künstlerische Erfahrung gründet, kurz weil ich Künstler bin – so heißt das nichts anderes als die Erfahrung der productiven Begabung an sich, schon eine subjective und die rezeptive an sich eine objective nennen, als könnten beide an sich so verschiedenen Erfahrungsmaterien nicht ebensogut objectiv als subjectiv verfolgt werden. Die aber, welche die Sache sogar umdrehn und meinen, weil ich ein so objectives Buch geschrieben, zeige ich, daß ich kein ächter Künstler sei und meine Arbeiten aus kalter Reflection entstehen, haben wohl überhaupt seltsame Vorstellungen von der Vielseitigkeit eines productiven Menschen.

Beides heißt doch soviel, als könne und dürfe nur der über Liebe schreiben, der impotent ist – denn nur dann könne er wirklich objectiv sein – oder aber wenn einer über Liebe so geschrieben habe, beweise er, daß er impotent sein muß, denn ein Potenter ist unmöglich so objectiv. Nun ich möchte doch um die Erlaubniß bitten, Beides zu sein – nur geschieht nicht Alles zur gleichen Zeit.   *Herzlich D. Papa*

A. v. H. an Cosima Wagner   17. März 1907

Liebe und verehrte Freundin, endlich kommt ein stiller Sonntagmorgen, der es mir möglich macht, die vielen warmen Grüße, die ich immer in Gedanken Ihnen zuschicke, auch wirklich auszusprechen. Ich freue mich so, daß Sie in der Natur dort im Süden schwelgen können und frische Kräfte sammeln, denn hier oben ist's bös gewesen mit Schnee und Kälte. Es ist doch gut, daß die Erde rund ist und man ihr auch die gute Seite abgewinnen kann. Das thun Sie nach den erfreulichen Nachrichten von Siegfried ja recht gründlich.

Ich suche dasselbe zu thun, indem ich mich an meinen Hubertustempel halte, der seiner Vollendung immer näher rückt. Dabei gehen die pöbelhaften Angriffe gegen mich immer weiter[89]. Es könnte mir das ja höchst gleichgültig sein, wenn der Magistrat d. h. Schuster und Schneider nicht meine Auftraggeber wären und ich sie für meine künstlerischen Absichten nicht brauchte. Doch auch dies wird vorüber gehn und es handelt sich meist nur um eine Geduldsprobe.

Letzthin bekam ich das Buch von Schwenninger über den Arzt in die Hände, konnte aber darin nicht vorwärts kommen. Der einfachste Gedanke wird so complicirt ausgedrückt, daß die Arbeit des Lesens in keinem Verhältniß steht zu der Ernte.

Wie die Arbeiten hier für mich stehn, werde ich vor Mai kaum etwas unternehmen können und ich fürchte daß dies Jahr unser Florentiner Aufenthalt arg zusammenschrumpft. Wie lange werden Sie wohl im Süden bleiben? Lassen Sie mich bitte immer durch ein Kärtchen von Ihren Wegen

[89]   Siehe den Brief an G. H. von Vollmar, S. 94.

wissen, ich gehe in der Vorstellung gern mit Ihnen. Meiner Frau geht es recht gut und sie schickt mit mir die herzlichsten Grüße Ihnen und den Ihrigen.   *Ihr treuer Adolf Hildebrand*

[München, April 1907]

Liebe und verehrte Freundin, ich muß Ihnen heute einen Gruß schicken, da ich lebhaft an Sie gedacht und Sie sehr hergewünscht habe. Außen und innen sind die Gerüste des Hubertustempels fort und da habe ich in Gedanken Ihnen Alles gezeigt. Jetzt als Beschauer habe ich die größte Freude daran und da wird man mittheilsam. Sie sollten mitgenießen, darauf freue ich mich, wenn Sie durch kommen. Was ich in der Jugend geträumt und mir vorgeschwebt ist als Etwas was erreicht werden müßte von mir, das scheint mir hier wirklich vor mir zu stehn. Es ist ja gleich wer es gemacht hat, drum lassen Sie mich ruhig wie ein Dritter davon reden.

Das Fachmännische, Handwerkliche entbehrt doch immer der unmittelbaren Naivität auch bei den besten Sachen und so ist seit Athen selten die Architectur eine rein menschliche Ausdruckweise ohne zeitliche Gewöhnungen und Zunftregeln gewesen. Von dieser geistigen Freiheit hat der Bau etwas mitbekommen. Die Ruhe und der Wohllaut macht einen die Mittel vergessen. Was da ist, wirkt zusammen, nichts geht verloren im Zusammenklang, geht darin auf und gipfelt in der Plastik. Doch genug – Sie sollen sich jetzt nur mit mir freuen, wenn Sie es sehn, werden Sie es auf eigene Faust thun, das weiß ich sicher. Ich habe jetzt noch ein Wichtiges zu thun, die innere Tönung, um es schattiger zu machen und mit wenigen Mitteln zusammen zu stimmen.

Alles Liebe und Gute Ihnen am Meer und freuen Sie sich mit mir.
   Ihr herzlich ergebener A. Hildebrand

Cosima Wagner an A. v. H.   22. *April 1907*

... Meinem Dankesgruß muß ich ein Wort nachsenden, denn die Freude die Sie, teurer und hochgeschätzter Freund, mir bereiteten ist groß – und seit dem Empfang Ihrer Zeilen bin ich in Gedanken meist bei Ihnen und Ihrem Brunnen. Von der ersten Sicht an ist mir seine Andacht, seine Weite und damit seine ideale Zweckmäßigkeit aufgegangen. Die Zeit über haben wir uns hier mit dem 2. Teil Faust befaßt, um uns dieses Wundergebilde völlig anzueignen. Fünfzig Jahre trug es Goethe mit sich bevor er es vollenden sollte und durfte. So mutet es mich eigentümlich an, daß Sie mir auch von einem nun verwirklichten Conzeptionstraum der Jugend sprechen und ich glaube mit den echten Dingen geht es so. Nehmen Sie meinen wärmsten Glückwunsch zu einer Freude die nichts Ihnen vergällen kann! Hier schlingen sich die Glyzinien um die Cypressen, die Rosen ranken sich um die Palmen während die Orangenbäume Blüte und Frucht zugleich tragen. Könnte ich mir Ihren hohen Brunnen hierher zaubern! Doch werde ich ihm einen eigenen Besuch abstatten und meine Devotion dem heiligen Hubertus darbringen.

Nun noch ein Geständniß, ich soll noch immer nicht schreiben – diese kargen Zeilen sind also verbotene Frucht und Geheimniß – möchten sie dadurch einigen Reiz für Sie gewinnen! Hier stundenlang im Anblick des Meeres versunken wird einem das: »Gib Vergessen daß ich lebe« zu Teil – Sie haben mich auf das Anregendste wieder in das Leben versetzt und gerne folgte ich Ihrem Ruf. Nochmals haben Sie Dank für den Beweis Ihrer Freundschaft.

Gerade heute nahm ich mir vor am 1. Mai Ihnen wieder zu schreiben und nach Ihren Wegen zu fragen (ich fahre am 14. von hier nach Frankfurt), da trafen Sie ein! Ihr Wort über die Architektur war wieder schlagend und gibt mir zu denken – also Dank und herzlichsten Händedruck dem Künstler und dem Freund *C. Wagner*

Cosima Wagner an A. v. H.   *5. Oktober 1907*

Lieber und hochgeschätzter Freund! Zeitungen sind doch hie und da zu etwas nütze. Meine Kinder sagten mir, sie hätten darin gelesen, Ihr Geburtstag würde morgen gefeiert und das bietet mir die willkommene Gelegenheit mich Ihnen zu nähern.

Ich wünsche Ihnen Glück zu sich selbst, zu dem, was Sie leisten und vertreten, zu der scharfen Ausgeprägtheit Ihrer Persönlichkeit in ihrer Wahrhaftigkeit und ihrem Künstlerstolz. Dann wünsche ich Ihnen, in Ihrer jugendlichen Kraft noch recht lange auszuharren und gesteigert zu wirken und zu schaffen.

Von mir kann ich Ihnen nur wenig erzählen; ich führe mit meinen Töchtern ein so beschauliches Leben, daß ich behaupte, ich würde der beste Gast im Innern Ihres Hubertus Brunnens sein, denn die Andacht ist mir nahe. Schwenninger wünscht für mich im Laufe des Winters einen Aufenthalt im Süden, so werde ich wohl über München im Beginn des nächsten Jahres kommen und dem heiligen Hubertus meine Devotion darbringen. Bei den täglichen Fahrten durch die Landschaft mit ihren ältlichen Dörfern gedenken wir Ihrer viel, da wir Ihr Interesse für alles Echte und Lebendige kennen und wissen mit welchem Auge Sie es erblicken und welchem Sinn Sie es betrachten. Wir haben uns manches gemerkt, was wir Ihnen besonders zeigen wollen, falls Ihr Weg Sie einmal über Bayreuth führt.

Aufsätze von Goethe über Kunst und Altertum hielten uns mit der Plastik in steter Verbindung und führten uns wieder zu der antiken Dichtung. Wir lasen Elektra und die Trachinierinnen von Sophokles wieder. In der einen Gestalt gewahren wir den hellenischen Geist in jungfräulicher Herbheit gespiegelt, in der Dejaneira das ganze Dämonium des weiblichen Reizes und der weiblichen Leidenschaft. Erhaben Alles und einfach, einfach und traulich.

Die Musik wird jetzt bei uns durch die Flöte vertreten, welche mein Enkel leidenschaftlich spielt. Gestern gab er uns die Serenade von Beethoven unter Begleitung seiner Schwester zum Besten und wir hatten großes Vergnügen daran. Ich denke mir, daß einer seiner Vorfahren im 18. Jahrhundert dieses Instrument geblasen haben muß und daß da Atavismus herrscht, denn wie käme er sonst heutzutage auf die Flöte?

Möchte morgen ein recht heiterer Himmel, eine warme Sonne Ihnen lachen, das sind die besten Gratulanten; sie sollen Ihnen meine Gesinnung beredter ausdrücken als meine armseeligen Worte!

Wir grüßen Sie und die lieben Ihrigen, Daniela, Eva und ich und ich füge noch hinzu die Versicherung meiner warmen Teilnahme und herzlichen Ergebenheit *C. Wagner*

A. v. H. an G. H. von Vollmar [München, Anfang 1908]

Sehr geehrter Herr von Vollmar, da ich im letzten Jahr das Vergnügen hatte, Ihre werthe Bekanntschaft zu machen und zugleich weiß, daß die Münchner Post Ihr Parteiorgan ist, so erlaube ich mir Sie darauf aufmerksam zu machen, daß in letzter Zeit darin auf meine Person Angriffe gemacht werden, die ich allerdings nicht selber gelesen habe, weil mir die Zeitung nicht zugestellt wurde, deren Inhalt mir aber durch Andere bekannt geworden.

Ich finde es durchaus am Platz, wenn allem Nepotismus Front gemacht wird, finde es aber leichtsinnig, wenn ohne genügende Kenntniß der wirklichen Thatsachen blos auf Einflüsterungen hin derartige Anklagen erhoben werden. Die einzige Basis für die erhobenen Anklagen ist die eine Thatsache, daß mein Schwiegersohn[90] in zwei Concurrenzen, bei denen ich als Juror fungirte, erste Preise gewonnen hat. Nun hat aber mein Schwiegersohn auch in Nürnberg zwei Preise und auch in Eichstätt den ersten Preis erhalten, beides Wettbewerbe, wobei ich nicht Juror war. Liegt da die Annahme nicht viel näher, daß es die Güte der Arbeit ist, welche meinem Schwiegersohn die Preise einträgt, als eine unrechtmäßige Bevorzugung durch meine Person? Warum ist nicht von Andern die Rede, die ebenfalls jedesmal Preise erhalten haben? Ist es nicht viel natürlicher, daß es einige Wenige sind, die ihrer besonderen Begabung wegen meistens die Preise erlangen, als wenn immer ein anderer Mitbewerber an die Reihe kommt, gerade wenn sachlich und nicht persönlich geurtheilt wird. Diese Unterschiede in der Begabung lassen sich eben nicht aus der Natur ausmerzen, so unangenehm es für die Andern ist – und hier liegt auch wohl der Stein des Anstoßes. Außerdem liegt aber die Thatsache vor, daß gerade ich bei dem Wettbewerb in Eichstätt aus dem Jurorcollegium ausgetreten bin, weil ich zufällig den Entwurf meines Schwiegersohns vorher zu Gesicht bekommen hatte. Schon dieses factum allein sollte mich vor falschen Verdächtigungen schützen und beweisen, daß ich selbst den Schein alles Nepotismus vermied. In den letzten Wettbewerben kannte ich aber die Entwürfe meines Schwiegersohns nicht, warum sollte ich da nicht als Juror fungiren? Zudem ist die Annahme doch etwas fantastisch, daß das einstimmige Urtheil eines ganzen Collegiums von selbständigen Künstlern durch solche persönlichen Rücksichten zu Stande kommen soll. Es ist aber überhaupt ein untergeordneter Standpunkt zu glauben, daß bei sachlichen Menschen es von Bedeutung sei, ob die Autoren der Entwürfe gekannt sind oder nicht und die Auswahl der Juroren ist ja gerade durch das Vertrauen auf ihre unbedingte Sachlichkeit bedingt.

Gerade im Interesse einer berechtigten Kritik öffentlicher Vorkommniße, wie sie die Münchner Post gewiß anstrebt, liegt es aber, nicht so arg daneben zu hauen und erst seine Leute sich anzusehn und die nöthigen Erkundigungen einzuziehn.

---

[90] Carlo Sattler hatte bei zwei Wettbewerben für München erste Preise gewonnen. (Denkmal für den Schmied von Kochel in Sendling und Ausgestaltung des Nordostendes des Maximiliansplatzes).

Da es mir verständlicherweise widerstrebt, mich öffentlich gegen solche unsachlichen Angriffe selbst zu vertheidigen, habe ich mir erlaubt an Sie zu schreiben und Ihre private Vermittlung in Anspruch zu nehmen, den Kunstreferenten der Münchner Post über den wahren Sachverhalt aufzuklären.
Mit dem Ausdruck meiner vorzüglichsten Hochachtung
Ihr ergebener A. v. Hildebrand

A. v. H. an Prinz Rupprecht von Bayern   *[Florenz] 14. Juni 1908*

Liebe Königliche Hoheit, ... Ich habe mich die Zeit über nur mit Architectur beschäftigt. Einmal das ungarische Bad ausgeheckt und dann einen Theaterbau[91], der auf einem neuen System beruht. Er soll für die Stuttgarter Concurrenz fertig werden. Ich glaube, ich habe Königliche Hoheit nie davon gesprochen, freue mich aber darauf es Ihnen zu zeigen. Bei uns gings famos zu. Alle Töchter hier und die Enkel. Ein Theil ist nun schon in Porte am Meer. Georgii[92] schlägt wie besessen eine große Figur aus dem Marmor, woran ich mich herrlich freue. Wenn die jugendlichen Kräfte noch beisammen sind, geht das höllisch rasch und ist eine aufregende Wonne. Es ist wundervoll hier, nicht heiß und strotzend in Licht und Farbe. Das nächste Jahr müssen Sie es sich so einrichten, daß Sie später und länger hier sein können, dann können wir die Villen in der Umgebung etwas abgrasen. Ein solches italienisches Bad thut mir so gut, die Welt wird wieder so weit und schützt einen davor sich ein X für ein U vorzumachen, wozu jeder lokale enge Rahmen die Menschen verführt. Meine Frau schreibt dieser Tage, sie war sehr erfreut über den Brief der Frau Prinzessin. Wir grüßen herzlich Ew. Kgl. Hoheit ganz ergebener   *A. v. Hildebrand*

[91]   Hildebrand hatte für Graf Siegfried von Pappenheim auf dessen Gut in Ungarn über einer warmen Quelle ein architektonisch ausgestaltetes Freibad geplant. Das ansprechende und originelle Projekt wurde aus unbekannten Gründen nicht ausgeführt.
Hildebrand hatte sich mit Carlo Sattler an dem Wettbewerb für die neue Theateranlage in Stuttgart beteiligt.
[92]   Theodor Georgii, geb. 1883, Bildhauer, Hildebrands Schüler und Mitarbeiter, hatte 1907 Hildebrands dritte Tochter Irene, 1880–1961, Bildhauerin, geheiratet.

A. v. H. an Prinz Rupprecht von Bayern   Forte dei Marmi, 26. Juni 1908

Liebe Königliche Hoheit, ... Nun sind wir schon den ganzen Monat am Meer und bald heißt es wieder in Reih und Glied treten. Von Hitze ist nicht die Rede, dabei das Leben am Strand, die mehr oder minder nackten Menschen, die schönen Arme und Beine um einen herum und was man sonst erspähen kann, das ist für einen Bildhauer eine schöne Zeit. Dabei giebts Ausflüge ins Land und in die Berge, wo Alles voll Wein hängt, Traube an Traube. Leider hat das Land nichts davon, die Fässer fehlen, der neue Wein kostet nichts, der alte wird entwerthet, Niemand in der Welt hat etwas davon und der arme Mann besäuft sich. Ich habe die Zeit benutzt zum Schreiben eines Aufsatzes über verschiedene Platzanlagen[93] etc., der Kgl. Hoheit interessiren wird. Dies möge auch mich dafür entschuldigen, daß ich erst jetzt Ihre lieben Zeilen beantworte. Wie mag aber das Wetter in Berchtesgaden gewesen sein? Mit Sorgen haben wir unsere Temperatur mit 5 dividirt. Besonders hat es mich interessirt, daß Kgl. Hoheit nach Madrid reisen werden und die schöne Gallerie sehn können, beneidenswerthe Aussicht. Ich habe übrigens gestern einen Brief von einem Bekannten aus London bekommen, der mir mittheilt, daß ein Maler dort einen frühen, sehr schönen, intakten Tizian zum Verkauf hat. Die National-Gallerie hat eben alles Geld für späte Franzosen, die jetzt dort Mode sind, ausgegeben. Ich lege die Adresse bei, vielleicht haben Kgl. Hoheit Gelegenheit, die Herrn der Pinakothek darauf aufmerksam zu machen. Das Bild ist in Norditalien gefunden worden. Am 5. August sind wir wieder in München. Ich habe auch nicht erfahren, ob der Kaiser mir zur Büste sitzt. Wir grüßen alle herzlich und wünschen alles Gute der verehrten Frau Prinzessin. Auf baldiges Wiedersehen Euer Kgl. Hoheit ergebenster   *A. v. Hildebrand*

A. v. H. an J. Ernst Sattler   [1908]

Lieber Ernst, Meier-Graefe hat mir mitgetheilt, daß Du bereit wärst, alle Marées Bilder bei mir zu restauriren und daß die Nationalgallerie die Kosten tragen wird, wenn ich einige der Bilder ihr dagegen überlasse. Ich finde den Plan sehr gut und es sollte mich freuen wenn aus den Trümmern etwas Anständiges zu Stande käme und auf die Weise geret-

---

[93] A. v. Hildebrand: »Beitrag zum Verständnis des künstlerischen Zusammenhangs architektonischer Situationen«, Raumkunst Nr. 19., 1908.

tet würde. Gern schenke ich dafür der Nationalgallerie einige Bilder. Es hängt nun Alles von Dir ab, wann und wo Du die Arbeit übernehmen willst und Du kannst das einrichten wie Du willst und das Weitere mit Meier-Graefe besprechen. Er sprach von einem dreitheiligen Bilde, an das ich mich aber nicht erinnere. Aus deinem Brief geht nur hervor, daß Du Bedenken hast, welcher Art sie aber sind, sagst Du nicht, und es wäre gut wenn Du dich darüber deutlicher aussprechen würdest. Das Angebot was er Dir gemacht, scheint mir ganz anständig. Schreib mir bald und herzliche Grüße Euch Allen *Dein Adolf*

Aus Berta Braunfels Erinnerungen an A. v. H.

Er sah immer die gute Seite der Dinge, auch ein Affekt der Dankbarkeit. Wie z. B. einmal ein sehr wertvolles, altes Relief, welches er besonders liebte, es hing über einer Türe, herunterfiel und in tausend Scherben ging, sagte er: »Gott sei Dank, daß es nicht auf eines der Kinder gefallen ist und niemand beschädigt wurde.« Er sagte mir einmal: »Jedes schönste alte Gebäude müßte man opfern, wenn man nur dadurch ein Kind retten könnte, die Kunst wäre tot, wenn der Mensch das nicht einpfände.«

Ungeheuer groß war auch sein Humor: Schon seine Mutter mußte ihm, wie er als junger Mann schwer krank dalag, mit einem kurzen roten Unterrock vortanzen. Und da lachte er, trotz hohem Fieber und starken Schmerzen, aus ganzem Herzen.

Mit abenteuerlichen Fratzen schaute er und streckte seinen Kopf oft durch die Türe. So kam er auch eines Morgens nackt nur mit Badehöschen und Hut bekleidet, mit Regenschirm und Köfferchen durch unser Schlafzimmer gerannt. Wie wir erwachten, rief er nur ganz ernst: »Kinder eiligst auf die Bahn.«

Mein Vater sagte mir einmal: »Beethoven könne das Ohr noch näher ans Herz bringen, als alle Anderen.«

Er fühlte so sehr die einsame Größe der späten Beethovenschen Quartette, die wir jedoch nicht spielen konnten. Der junge Furtwängler 15–16jährig, wie er bei uns in Florenz war, spielte uns die späten Beethoven-Quartette ganz großartig vom Blatt aus der Partitur vor. Meinen Vater zog die große Begabung dieses genialen Jünglings sehr an. Er versuchte ihm klar zu machen, daß es zu früh und nicht gut für seine kompositorische Begabung sei, mit dem späten Beethoven anzufangen, doch Furtwängler war viel zu hingerissen und beeindruckt von dieser späten Welt, die immer spät bleiben wird, um auf ihn zu hören. Mein Vater erklärte ihm, er könne ihm doch viele Erfahrungen ersparen, daß doch ein Alter dem Jungen Erfahrungen übermitteln könnte. Das lehnte Furtwängler ganz ab, ein Künstler müsse alle Erfahrungen selbst machen, sonst seien sie nichts wert. Alles müsse er sich selbst erobern. So waren sie denkbar verschieden. Leider hat Furtwängler nicht mehr über meinen Vater etwas schreiben können. Er hatte es vor und hätte viel Schönes über ihn zu sagen gehabt.

Richard Wagner liebte mein Vater gar nicht und ärgerte sich immer wenn mein Mann Wagner spielte. Einmal saß er im kleinen Salon in San Francesco in Florenz und sagte unwillig zu mir:»Warum spielt nun Walter wieder Wagner«, doch bald veränderte sich sein Gesicht und er hörte erstaunt zu. Ganz aufgeregt lief er in den gegenüberliegenden großen Salon, wo mein Mann spielte und rief:»Aber Walter, das ist doch ein schöner Wagner!« Mein Mann antwortete:»Das ist nicht Wagner, das ist Bruckner.« Freudig rief mein Vater aus: »Bruckner ist mein Wagner.«

Als einmal mein Schwager Baltus meinem Vater japanische Farbholzschnitte zeigte, schob er die Blätter fort und sagte: »Du verdirbst mir den Geschmack an unserer europäischen Kunst.«

Als wir uns einmal mit unserem Vater auf einer Reise in einer norditalienischen Stadt befanden, hatten wir ihn irgendwie in der Stadt verloren. Als wir ihn dann suchten, fanden wir ihn auf der Straße mit einfachen Männern disputierend, die Trambahnschienen legten. Er versuchte ihnen klar zu machen, daß es ein Jammer sei, in diese alte, schöne, lange Straße eine Trambahn zu legen. Italiener gehen auf so etwas auch immer ein und so gruppierte sich allmählich ein ganzer Haufen um ihn, der disputierte. So wenig kam es ihm auf den an, mit dem er sprach. Er baute ganz auf den normalen Menschenverstand auf und auf das normale Auge.

Prinz Rupprecht von Bayern an A. v. H. *München, 20. Juli 1909*

Mein lieber Herr Professor! Immer wenn ich an Ihrem Hubertusbrunnen vorbeigehe und die 4 leeren Nischen an den Ecken des Tempietto betrachte, beschleicht mich das Gefühl des Bedauerns dieses herrliche Werk unvollendet zu sehen und immer wieder muß ich an Michelangelo denken, der obgleich er ein ungewöhnlich hohes Alter erreichte, von seinen Neidern verärgert, von seinen Bestellern im Stiche gelassen und durch anderweitige Aufträge in Anspruch genommen, nicht dazu kam, die bedeutendsten Schöpfungen seines Lebens fertigzustellen. – Schon lange beschäftigte mich die Frage, wie es sich ermöglichen ließe, auf alle Fälle die Ausführung der Nischenfiguren zu sichern, doch erst jüngst kam mir ein, wie ich glaube rettender Gedanke. Er ist der folgende. Sie beginnen die Statuen zu modellieren und sie in Gips gießen zu lassen, worauf diese einstweilen in mein Eigentum übergehen. Ich verpflichte mich dafür contraktlich die Statuen seinerzeit zu dem Preise zu übernehmen, zu dem Sie dieselben der Stadt zu überlassen gedachten. Bekanntlich hat die Stadt bis zum Jahre 1912 keine Mittel für künstlerische Zwecke verfügbar, es könnte daher die Bestellung ihrerseits frühestens in diesem Jahre erfolgen. Falls nun auch dann nicht oder innerhalb eines von uns beiden festzusetzenden Termines die Bestellung seitens der Stadt nicht erfolgen sollte, würde ich mich verpflichten für die benötigte Summe aufzukommen. Da ich hiezu freilich vorerst und auf Jahre hinaus nicht im Stande bin, würde zwischen uns ein Contract geschlossen, demzufolge von dem festgesetzten Termine beginnend die jährliche Zinsenmenge zu der zu zahlenden Summe geschlagen würde, so daß sich diese ständig erhöhen und somit für Sie kein Verlust an (allerdings zu stundenden) Renten eintreten würde. – Vielleicht ließe sich auch die Sache so machen, daß ich damit Sie von dem bewußten Termine an sofort zu dem Gelde kämen, Ihnen einen langfristigen auf eine höhere Summe lautenden Wechsel ausstellen würde, den Sie bei irgend einer vertrauenswürdigen Bank sofort lombardieren (erheben) könnten. – Über beide Modalitäten können wir uns ja nach Ihrer Rückkunft nach München noch besprechen, am besten unter Beiziehung eines gemeinsam bekannten Juristen um die Sache nach jeder Seite hin klarzustellen. Selbstverständlich müßte unser Vertrag geheim bleiben, damit die Stadt nicht von einer eventuell späteren Bestellung absieht, ebenso aber festgelegt werden, daß die von dem festzusetzenden Termine ab fälligen Capitalszinsen, falls sie nicht der von der Stadt zu entrichtenden, dann gesteigerten Kaufsumme, zugeschlagen werden können, von mir später zu entrichten sein würden. Was sagen Sie zu diesem meinem Plane? Sie schütteln den Kopf und lachen! Nun ich bin eben einmal, wie die Münchner sagen »ein Planer«. –

Ich beneide Sie ordentlich um Ihren Aufenthalt am Strande von Forte und begnüge mich hier mit bescheidenen Würmbädern, bei denen ich meinem ältesten Schwimmunterricht erteile und dabei mit dem jüngeren am Rücken selbst herumschwimme. – Der Princessin geht es jetzt wieder Gottlob besser. Sie wird voraussichtlich demnächst nach Wildungen verreisen. Ich werde mich von dort nach Kassel begeben um die Rembrandts zu sehen und vielleicht noch einen Abstecher nach Holland unternehmen. –

Darf ich bitten Ihre Frau Gemahlin vielmals zu grüßen, es grüßt Sie Ihr aufrichtig ergebener *Rupprecht, Prinz von Bayern*

A. v. H. an Prinz Rupprecht von Bayern   *Forte dei Marmi, 23. Juli 1909*

Liebe Königliche Hoheit, mit dem Kopf habe ich nicht geschüttelt auch nicht gelacht, denn dazu hat mich das warme Kunstinteresse, was aus Ihren Zeilen spricht, doch zu ernst berührt und gerührt.

Meine Idee war es immer, die Bestellung nicht abzuwarten, sondern meine vier Figurenmodelle einstweilen ruhig zu machen, wie es die Zeit mir möglich macht und dann zu sehn, was werden wird. Die fürsorgliche Idee Ew. Kgl. Hoheit giebt nun die Gewähr, daß auf irgend eine Weise die Sache zu Stande kommt und hat mich deshalb tief erfreut. Ob es vor 1912, wo die Stadt sprechen wird und bis wohin ich die Figuren fertig zu haben gedenke, einen Zweck hat, ein förmliches Abkommen zwischen uns zu treffen, glaub ich kaum, wir können es ja in München besprechen. Jedenfalls aber lege ich später mit Freuden das Schicksal der Figuren in die Hände Ew. Königl. Hoheit. Wem könnte ich es auch lieber anvertraun als gerade Ihnen? Also tausend herzlichen Dank für das warme Interesse. Wir haben mittlerweile gar Schönes erlebt. Ich hab meine Tochter in Castel Gandolfo[94] besucht und die herrliche Gegend nach allen Seiten abgegrast. Man ist dort ziemlich 500 Meter hoch, hat den Meerwind und die Seen zu Füßen. Das schönste Stück Erde war aber oberhalb dem Nemisee, ein feierlicher Ernst, als wärs ein Schritt in die Ewigkeit. Davon erzähle ich Ihnen mündlich und da hoffe ich Sie einmal hinzuführen.

Meine Frau kam auch nach und wir fuhren dann am Meer entlang bei Corneto vorbei hierher. Die Kühle ist ganz merkwürdig, es müssen seltsame Dinge vorgehn. Daß es der Frau Prinzessin wieder gut geht, war uns eine große Freude zu hören, wir grüßen beide herzlichst. Ew. Kgl. Hoheit warm ergebener   *A. v. Hildebrand*

Prinz Rupprecht von Bayern an A. v. H.   *München, 27. Dezember 1909*

Mein lieber Herr Professor! Vor allem meine besten Wünsche zum neuen Jahre: mögen Sie unter dem südlichen Himmel sich völlig erholen, neue Anregung und Arbeitskraft schöpfen aus dem Jungbrunnen der ewigen Stadt! Von hier habe ich wenig zu erzählen. Von dem Plane Professor Rudolf Seitz wissen Sie vielleicht schon. Bekanntlich erklärte sich ein hie-

---

[94]   Hildebrands Tochter, Elisabeth Brewster, verbrachte die Sommerfrische mit ihrer Familie in Castel Gandolfo bei Rom.

siger Bürger bereit zu einer Stiftung zum Zwecke eines monumentalen Abschlusses des Maximiliansplatzes. Soviel mir bekannt schlief die Sache jedoch mangels eines passenden Projektes und wohl noch mehr infolge der örtlichen Schwierigkeiten wieder ein und nun will Seitz den Herrn veranlassen, die Summe zu stiften, um längs der Regentenstraße, da etwa wo der Reitweg sich befindet, einen Abschluß in Gestalt offener Bögen, also einer mehr gärtnerischen Scheinarchitektur, zu schaffen. Unter die Bögen oder Nischen der Abschlußmauer sollen mit Plastik geschmückte Bänke gesetzt werden. Wenn nur die Sache nicht zu einer kleinlichen Spielerei ausartet! Ich kenne die Entwürfe noch nicht, hoffe sie aber demnächst bei Seitz zu sehen. Bisher hatte ich nur wenig Zeit für mich. Kurz vor Weihnachten weilte ich 6 Tage in Wien um mir die dortigen Kunst- und Privatsammlungen zu besehen, außerdem war ich in Stuttgart und Brüssel. An moderner Plastik sieht man in Wien wie anderwärts sehr wenig Erträgliches. Alles ist so spielerisch. In Wien erhielt ich das neuerschienene Werk über den Palazzo Venezia[95] zu Geschenk, der nun wohl schon demoliert ist. –

Es grüßt Sie und die Ihren auf das herzlichste Ihr aufrichtig ergebener
Rupprecht, Prinz von Bayern

Prinz Rupprecht von Bayern an A. v. H. *München, 22. Januar 1910*

Mein lieber Herr Professor! Neulich habe ich den Entwurf von Professor Seitz gesehen. So übel ist der Gedanke ja nicht gegen den englischen Garten hin einen architektonischen Abschluß zu errichten und jedenfalls bietet sich hier eine lohnendere Aufgabe, wie bei dem ursprünglich geplanten Abschlusse am Maximiliansplatze, für den kein eigentliches Bedürfniß besteht und auf den die nahestehenden übergroßen Häuser sehr drückend wirken dürften. Selbstverständlich darf ein Abschluß gegen den englischen Garten nur diskret gehalten werden, ein Gesichtspunkt, der meines Erachtens in dem Entwurfe im Allgemeinen berücksichtigt ist. Der Abschluß besteht nämlich in einer ganz niederen, etwa 60–80 cm hohen Mauer die man eher eine fortlaufende Bank nennen kann. Diese Mauer ist am Eingange des englischen Gartens, dort wo der Kanal in diesen mündet entsprechend dem gegenüberliegenden Halb-Rondell beim Caffé Prinz-Regent gestaltet und läuft sonst geradlinig längs dem gegen

---

[95] Philipp Dengel, Max Dvořak und Hermann Egger: »Der Palazzo Venezia in Rom«, Wien 1909.

die Straßenseite hin zu verlegenden Reitweg. Der gegenüber befindlichen etwas massigen Architektur entsprechend, ist ein Ziertor an dem neu zu schaffenden Halbrondell gedacht, leichtere Gartenpforten (einfache Pilaster) öffnen sich an den anderen Eingängen. In die Mauer sind einige nach rückwärts ausbuchtende Nischen gefügt für Steinbänke, die mir allerdings nicht sonderlich gefallen das heisst nach dem jetzigen Entwurfe. Sie sollen nämlich auf ihren Rücklehnen von zopfigen Vasen oder Pyramiden überhöht werden, an denen Medaillonportraits berühmter Künstler und Architekten angebracht werden sollen, was ich für eine unglückliche Idee halte (d.h. in der geplanten Ausführung). Im übrigen und das ist ja ganz gut, soll die Mauer an den Bruch- und Endpunkten plastische Gruppen aufnehmen und dazwischen einzelne Figuren, für die Bleeker den Vorentwurf schuf. – Neulich habe ich die im Entstehen begriffene Gobelinweberei mit dem Gobelin Ihres Wittelsbacher Brunnens gesehen. Wenn nur nicht die modernen Gobelins teurer wären wie die alten 10–12.000! Die Besitzer bewerben sich schon jetzt um eine Staatsunterstützung, was mir kein gutes Omen zu sein scheint. Sie müssen sich eben zunächst auf kleine kunstgewerbliche Arbeiten beschränken und größere Aufträge erst abwarten, dann kann es schon gehen. In Berlin sah ich um Neujahr die vielumstrittene Flora-Büste[96]. Ich halte sie ja für alt – aber sie scheint mir kein großes Kunstwerk zu sein, vielmehr am ehesten eine von einem mailändischen Wachsbossierer ausgeführte Nachbildung irgend eines berühmten Werkes einer Plastik oder wahrscheinlicher eines Gemäldes. Wie der ziemlich nichtssagende Kopf aufgesetzt ist, gefiel mir gar nicht und ebensowenig die Halspartie. Das Lächeln ist wohl Lionardo nachempfunden, aber eben nur nachempfunden. Deßwegen aber bleibt Bode immer noch ein bedeutender Mann, wenn er auch vielleicht einmal daneben griff. –

Wie weit Tschudi mit seinem Ausgestaltungs- beziehungsweise seinem baulichen Erweiterungsplan der alten Pinakothek ist, weiß ich augenblicklich nicht. Der konservative Gabriel Seidl ist natürlich sehr dagegen, daß an der alten Pinakothek nur das Geringste geändert wird und hält einen Anbau für ein Verbrechen. Ich glaube, es würde die ganze Angelegenheit wesentlich fördern, wenn man die Marées-Fresken[97] nach München erhielte, denn dann müßte etwas geschehen für deren Unterbringung und würde die ganze Frage brennend. – Wie ich vorgestern erfuhr, ließ Ihnen meine

[96] Wachsbüste »Flora« im Kaiser-Friedrich-Museum in Berlin, die W. v. Bode als eine Arbeit Leonardo da Vincis erworben hatte. Es entbrannte ein heftiger Streit um die Echtheit der Büste.
[97] Die Fresken von Marées in der Zoologischen Station in Neapel sollten nach München kommen, der Plan kam aber nie zur Ausführung.

Schwiegermutter[98] schreiben wegen eines Grabmales für den Herzog Carl. Ich verstehe nur zu wohl, daß Sie sich auf die Sache nicht einlassen wollen so wie das erste Projekt lautete, denn ich täte es auch nicht. Ich hasse alle Darstellungen nach Totenmasken und alle derartigen naturalistischen Grabfiguren wie jene der alten Herzogin Max[99] von Ruemann (in der Glyptothek!) oder die ihr etwa gleichwertigen auf den Friedhöfen von Genua und Mailand und habe meiner Schwiegermutter gesagt, was ich denke. Diese wollte nun an die Tegernseer Kirche eine eigene Kapelle anbauen, worauf ich ihr vorschlug lieber im Garten ein kleines Mausoleum zu errichten, eventuell mit Anbringung eines Portrait-Medaillons am Sarkophage, da sich so künstlerisch viel mehr machen ließe. Auch sagte ich, sie solle Ihnen falls Sie das Werk selbst übernehmen oder seine Ausführung wenigstens überwachen wollten, volle Freiheit gewähren. Ich hoffe daß mein Vorschlag auf günstigen Boden gefallen ist. – Eigentlich ist es sehr unegoistisch von mir, wenn ich Ihnen zu der Sache zurede, denn wie Sie wissen liegt mir zunächst die Förderung und Vollendung Ihres Brunnentempels[100] am Herzen und auch deßhalb dränge ich etwas in der Maréessache, weil mir deren Erledigung gleichfalls zweckdienlich erscheint, um dann für den Brunnen recht Propaganda machen zu können. Ein etwas verworrener Gedankengang, den ich ein andermal darlegen werde. Für heute mangelt mir die Zeit ... *Ihr treu ergebener Rupprecht Pr. v. B.*

München, 6. Februar 1910

Lieber Herr Professor! Erst gestern gelang es mir, Tschudi zu sprechen, der 14 Tage verreist war und so danke ich Ihnen denn heute für Ihre 2 Briefe. Wie ich durch Hengeler[101] erfuhr, waren Sie in Neapel recht leichtsinnig bei einer Autofahrt, hoffentlich aber ist der resultierende Katarrh wieder glücklich überwunden. Nun eine Frage: Wie lange bleiben Sie noch in Rom oder wann denken Sie nach Florenz überzusiedeln? Was mich betrifft so

---

[98] Marie José, Herzogin in Bayern, Infantin von Portugal, 1857–1943, zweite Gemahlin des Herzogs Karl Theodor in Bayern.
[99] Grabmal der Herzogin Ludovica in Bayern, Gemahlin des Herzogs Max in Bayern, von Wilhelm von Rümann. Das Grabmal, einige Jahre in der Glyptothek in München, ist heute verschollen.
[100] An Hildebrands Hubertusbrunnen in München fehlten noch die vorgesehenen vier Bronzefiguren für die Nischen an der Außenseite des Brunnens.
[101] Adolf Hengeler, 1863–1927, Maler, Professor an der Kunstakademie München.

muß ich zunächst hier aushalten bis Ostern um diese Zeit, etwa ab Ostersonntag, denke ich dann auf ca 12 Tage nach Italien zu gehen und eventuell Dohrn in Neapel aufzusuchen. Auch ich bin der Ansicht, daß sich dort mündlich Alles am leichtesten wird erledigen lassen, das Einzige, was noch Schwierigkeiten macht, ist die Geldfrage aber über die hoffe ich schon noch hinwegzukommen eventuell durch Gründung eines Consortiums, obwohl ich mir hievon nicht eben allzuviel verspreche. Was die Verpflichtung gegen das Reich betrifft, so bin ich der Ansicht, daß wir hier auch zum Reiche gehören und, da auch von hier mitgezahlt wird für die Erhaltung des Aquariums die Fresken ebensogut hierher gelangen können wie nach Berlin, um so mehr, wenn ich nicht irre, und dies ist für die ganze Frage ausschlaggebend, die Bilder nicht auf die Rechnung des Reichs hergestellt wurden sondern auf jene Fiedlers, der alle seine übrigen Marées-Bilder nach München stiftete, so daß auch die Fresken im Falle ihrer Abnahme entschieden dahin gehören, umsomehr die Nationalgallerie bereits die Studien hiezu besitzt, also sie weniger bedarf. Ginge die Schenkung an den Kaiser, fürchte ich immer, daß er dann in Betreff ihrer Aufstellung Bedingungen stellt beziehungsweise sich mit einem nach seinem Wunsche ausgestatteten Maréessaal ein Monument schaffen könnte, das vielleicht den Eindruck der Bilder selbst schädigen könnte. Es wäre daher besser die Bilder direkt dem Prinz-Regenten zu schenken (nicht dem bayrischen Staat) denn hiegegen könnte man von Berlin aus keine Schwierigkeiten erheben, da ja die Bilder nicht Eigentum des Reiches sind. Die Frage wegen einer allenfallsigen Ausfuhrerlaubniß und wegen der Zollschwierigkeiten wäre dann ebensogut gelöst, wie bei einer Schenkung an den Kaiser.

Nun wegen des Projektes der Prinzregentenstraße. Wie die Sache augenblicklich steht, ist mir nicht bekannt: jedenfalls will ich demnächst mit Seitz sprechen. Wenn ich einen Rat geben darf, so wäre es der der Zurückhaltung, sonst kommen Sie, wie Sie selbst schreiben, in die Zwickmühle. Ich würde an Ihrer Stelle nur darauf dringen, daß, wenn der Stifter statt auf der Ausgestaltung des Maximiliansplatzes zu beharren sich nunmehr der neuen Idee der Ausgestaltung der Prinz-Regentenstr. zuwenden würde (wozu Seitz ja nur ein *Vorprojekt* entwarf) eine neue Conkurrenz ausgeschrieben würde, woran diejenigen Künstler teilnehmen könnten, die bisher in engerer Conkurrenz standen. Ich werde trachten hierüber auch Ihren Schwiegersohn zu hören[102]. – Gestern sah ich bei Hengeler die Skizze zu einer heiligen Nacht, weitaus das Beste, was er je schuf wirklich

---

[102] Carlo Sattler, der seinerzeit bei dem Wettbewerb für den Maximiliansplatz in München den 1. Preis erhalten hatte. Das Projekt kam aber nie zur Ausführung.

Breughel-artig. Sonst ist von hier nichts Besonderes zu berichten ... Mich wird wahrscheinlich mein neuer Freund Lanz[103] nach Italien begleiten mit dem ich eine Tour ins südliche Umbrien Cortona, Spoleto etc. vorhabe ... Es grüßt Sie vielmals   *Ihr treu ergebener Rupprecht P. v. B.*

A. v. H. an Prinz Rupprecht von Bayern   Rom, 10. Februar 1910

Liebe Kgl. Hoheit, vielen Dank für die guten Nachrichten. Ich reise allerdings Anfang nächster Woche nach Florenz, aber das thut ja nichts, die Reise nach Neapel ist ja nicht weit. Die von Kgl. Hoheit entwickelten Gedanken bezüglich der Fresken sind gewiß sehr richtig. Es scheint aber ein Intresse aus unbekannten Gründen im Berliner Ministerium an der Sache genommen zu werden, weshalb Dohrn so vorsichtig ist. Er schrieb mir sehr erfüllt von der Idee, daß Kgl. Hoheit in Neapel die Sache besprechen könnten. Daß wir dann das Museum zusammen ansehn können, freut mich auch ganz besonders, es sind doch die frischesten Sachen dort und leiten hinüber nach Athen.

Bezüglich der Prinzregentenstraße hatte ich ganz dieselbe Idee der Conkurrenz schon Seitz auseinandergesetzt und auch meinem Schwiegersohn davon geschrieben, da er aber nach Düren gereist ist, weiß ich nicht, ob er meinen Brief noch erhalten hat. Daß Kgl. Hoheit dieselbe Ansicht ausspricht, beruhigt mich, da ich mich dann weiter nicht zu rühren brauche. Es existirt soviel Aversion gegen Seitz'sche Architektur in der Künstlerschaft, daß ohne Conkurrenz der Skandal unvermeidlich wäre.

Von Ihrer Kgl. Hoheit der Herzogin habe ich keine weitere Nachricht erhalten. Natürlich wäre ich gerne bereit, die Sache in die Hand zu nehmen und etwas Passendes zu erfinden, wenn ich auch die Ausführung wahrscheinlich nicht selbst übernehmen kann. Mein Vorschlag geht dahin, bis zu meiner Rückkehr die Angelegenheit ruhen zu lassen, damit an Ort und Stelle berathen werden kann, und vielleicht haben Kgl. Hoheit Gelegenheit in diesem Sinn zu wirken.

Ich kann mich schwer von Rom trennen, ein ewiger Festtag ist hier. Neu war mir die heilige Therese mit dem Engel von Bernini, eine ausgezeichnete Gruppe. Vor 40 Jahren hab ich sie wahrscheinlich nicht verstanden und deshalb vergessen. Scheinbar die extravaganteste Plastik und dabei doch die feinste Reliefauffassung, ein Gegensatz zu der Unordnung

---

[103] Professor Otto Lanz, Chirurg in Amsterdam.

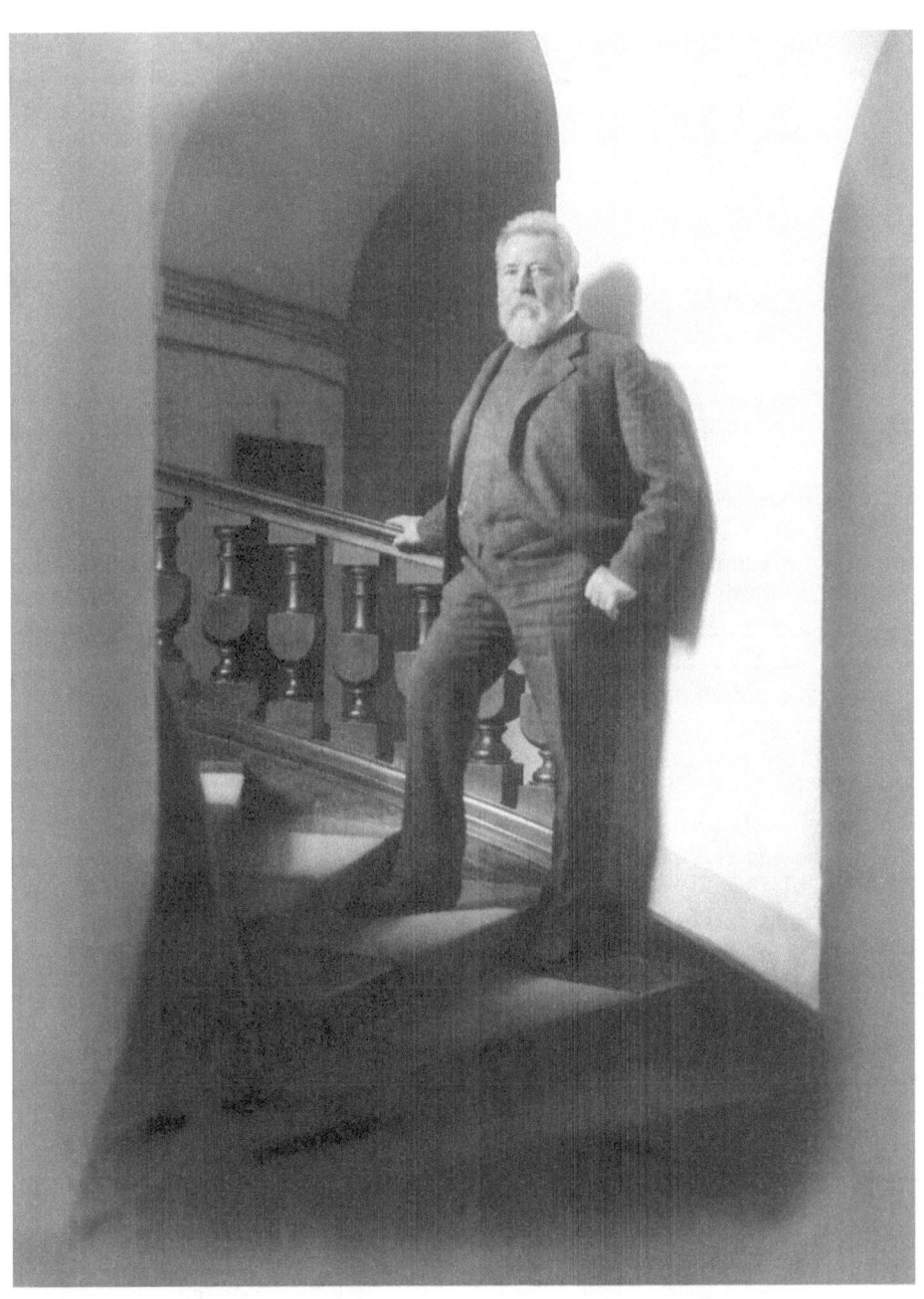
Der Hausherr im Treppenhaus, um 1910

der modernen französischen Plastik. Schade, daß Sie nicht jetzt kommen können, ich hätte Manches zu zeigen ... Mit herzlichen Grüßen Ew. Kgl. Hoheit treu ergebener
A. v. Hildebrand

Prinz Rupprecht von Bayern an A. v. H.   München, 6. März 1910

Mein lieber Herr Professor! Vielen Dank für Ihren Brief und die darin enthaltenen Anregungen und Mitteilungen! Wegen der Bibliothek Ludwigs I.[104] werde ich die nötigen Schritte einleiten. Wegen der Angelegenheit des Maximiliansplatzes sprach ich Sattler. Seitz konnte ich leider nur ganz flüchtig sprechen, erfuhr aber von ihm daß der Stifter die Summe nicht bei Lebzeiten geben will, sondern sie lediglich testamentarisch zu hinterlassen gedenkt. Oberbürgermeister Borscht ist erst dieser Tage aus Urlaub zurückgekehrt: ich denke etwa übermorgen mit ihm eine Unterredung zu haben und werde zeitgemäß hierüber berichten, falls Ihre Ankunft in München nicht zum 15. erfolgen sollte. In der Unterredung mit Borscht hoffe ich allerlei zu erreichen, auch wegen des Brunnens dessen Vollendung mir so am Herzen liegt. – Gestern sah ich bei Georgii die außerordentlich geschlossene Relief-Composition einer Grablegung[105], wirklich famos. – Wegen der Maréesfresken ist das Geld für Abnahme und Transport gesichert. 10000 liegen bereit, die Consul Röckl und der von ihm ins Leben gerufene Verein beschaffte. Wer aber soll die Abnahme der Fresken und Alles Weitere leiten? Consul Röckl weilt übrigens gleichfalls in den Tagen nach Ostern in Neapel, so daß er den finanziellen Teil dort zu erledigen vermag. – Ich denke am 31. Mittags in Neapel einzutreffen und mich dort bis zum 2. längstens 3. Mittags aufzuhalten, um hernach, eine 8 tägige Wagen- und Fußtour mit meinem Freunde Lanz, den ich in Narni treffe, durch Umbrien zu unternehmen. Auf der Rückreise hoffe ich mich dann noch 1–2 Tage in Florenz aufhalten zu können. Wegen Berlin ist es am besten, das Prävenire zu spielen, ich werde das schon besorgen, ohne daß die Sache Dohrn irgendwie zum Nachteile gereichen soll – habe in solchen Sachen einige diplomatische Gewandtheit. Zu diesem Zwecke gehe ich noch in dieser Woche zum preußischen Gesandten, um die Schackgal-

---

[104] Hildebrand hatte gehört, daß sich in der Bibliothek König Ludwig I. von Bayern Pläne von Leo von Klenze zur weiteren Ausgestaltung der Alten Pinakothek in München befänden.
[105] Grablegung Christi, Steinrelief für das Grabmal des Fürsten Henckel-Donnersmarck in Schlesien von Theodor Georgii.

lerie zu besuchen und werde ihm dann bei dieser Gelegenheit Mitteilung machen, daß ich wegen der Bilder nach Neapel gehe, und ihn so gewissermaßen vor ein fait accompli stellen. Bode wird keinenfalls Schwierigkeiten machen, weil man ihm von hier aus einen anderen Gefallen erweist. –
Gegenwärtig bin ich eifrigst bemüht, das Preysing-Palais hinter der Feldherrnhalle zu retten und seinen Ankauf für Clubzwecke zu sichern, da man barbarischerweise Läden in das Untergeschoß zu brechen beabsichtigt. – Daß das Mädchen von Anzio[106] ein Knabe ist, erscheint auch mir sicher, interessieren dürfte es Sie aber vielleicht, daß die andere und schönere! Hälfte des herrlichen Aphroditethrons des Thermenmuseums in Rom seit 3 Jahren in dem Depot des Museums in Boston (Amerika) versteckt gehalten wird. Wirklich ein Jammer! – Sehr freut es mich zu hören, daß Sie sich entschlossen haben wegen des Grabmals in Tegernsee sich zu bemühen. Es könnte etwas sehr Schönes daraus werden ... Es grüßt Sie vielmals Ihr treu ergebener *Rupprecht Pr. v. B.*

A. v. H. an Wilhelm Füssli *Florenz, 9. März 1910*

Mein lieber Füssli, es ist eine Ewigkeit, daß ich Ihnen nicht geschrieben – seit Ragaz[107] und seitdem Sie mir die heitere Gesellschaft von Baden-Baden zur Unterhaltung schickten, dies famose Zeitbild, was immer neu wiederkehrt und immer komisch bleibt. Was mittlerweile Alles geschehen ist, werde ich der Reihenfolge nach kaum noch erzählen können. Unsere letzte Tochter das Bertele ist nun auch Frau geworden und lebt auch in München, als eines Musikers Braunfels Gattin. Gogo studirt noch. Meiner Frau gehts wieder recht gut, besonders diesen Winter, den wir in Italien zugebracht. Ich hatte im November eine Influenza mit Bronchitis und so ging ich und meine Frau nach Rom zu unserer Tochter Brewster und das that uns Beiden sehr gut. Nicht vom Hotel aus sondern als dort Ansäßiger mehrere Monate in Rom herumzubummeln, immer beschaulich ohne was zu arbeiten – war ein neuer Genuß. Viel, sehr viel dachte ich an Sie und ging durch die Via alla Croce und meinte, Sie müßten zu finden sein. Überhaupt das Auftauchen der vielen alten Erinnerungen, die sich an Rom knüpfen, das Herumkriechen in den alten Stadttheilen, in denen man sich noch zu Hause

---

[106] Marmorplastik im Museo delle Terme in Rom, gefunden 1878.
[107] Ragaz in der Schweiz, wo Hildebrand in der Sommerfrische 1895 Wilhelm Füssli getroffen hatte.

findet und wo man immer noch Neues. Vergessenes entdeckt. Und die Campagna und die versteckten, verkommenen Villen mit der ganzen Welt von Poesie – das that wohl und wir tranken mit vollen Zügen. Dort war doch der Hergott in bester Schaffenskraft und Stimmung, da sieht man was er konnte und was er eigentlich wollte, mehr als irgendwo. Der Unsinn, der jetzt dort überall gemacht wird – ein Manchester Jude als Sindaco[108] wurschtelt da rum – daß es eine Schand ist –, stößt überall Löcher in das grandiose Bild, übermalt ganze Stellen in banalster Weise – überall werden Palmen gepflanzt – zum Ekel – und dennoch ist die Composition so gewaltig, daß das Bild immer noch durchwirkt. Bummeln Sie mit mir in Gedanken dort rum, das innere Licht läßt Alles aufleben und das wirkliche Auge wird nicht maltraitirt von dem maaßlosen Unverstand der Menschen. Setzen wir uns in die trattoria, wo wir mal Abends zusammen aßen und stoßen wir auf Rom an. Jetzt sind wir in Florenz, ich arbeite, wir erwarten einige der Kinder hier und bald wird San Francesco wieder voll sein. Wir fühlen uns in der

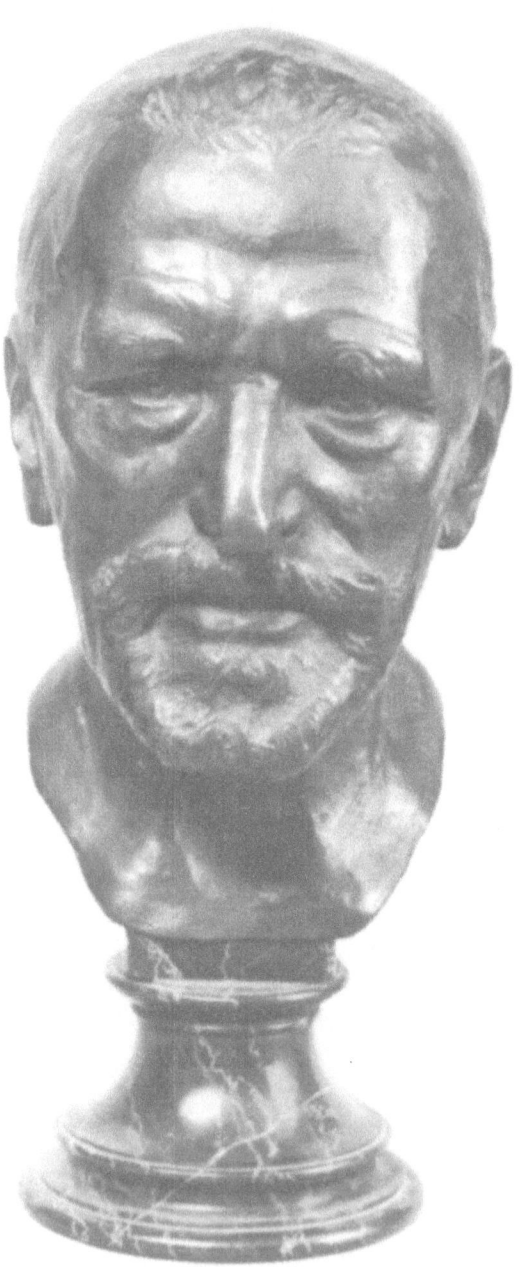

Bronzebüste von Wilhelm Füssli, vmtl. 1882

[108] Ernesto Nathan, 1845–1921, Politiker, 1907–1913 Bürgermeister von Rom.

Provinz, ein behagliches Stillstehn ringsherum, die Straße an der Barriera di Bellosguardo macht nach via del Leone Fortschritte, d. h. jedes Jahr wird ein halbes Haus niedergerissen, dann ruht man wieder aus. Das Campo strahlt, die Bäume werden immer größer, sodaß wir sehr im Grünen sitzen – das Wetter ist herrlich. Sie sehn, es geht uns gut. Gemacht habe ich auch allerlei in der Zeit – die Hauptsache, der Bismarck zu Pferd wird diesen Sommer in Bremen aufgestellt. Seien Sie mir nicht böse, wenn ich so arg selten schreibe – denke ich doch gar viel an Sie in Ihrer Stille. Seien Sie herzlichst gegrüßt von uns und dictiren Sie ein Wörtchen, wenn es Ihnen drum ist. *Ihr treuer A. Hildebrand*

A. v. H. an den Chefredakteur des »Tags« München, 6. November 1911

Hochgeehrter Herr, in England hat es Sinn, sich für Parteiinteressen zu erwärmen, weil die Vorbedingung – die Unantastbarkeit des persönlichen Machtbezirks gegenüber dem Staat längst selbstverständlich und dem Einzelnen gesichert ist.

In Deutschland jedoch, wo z. B. die bayerische Volksvertretung es für schicklich hält, von Staatswegen den Einzelnen auszufragen, wie viel er seinen Dienstboten zu Weihnachten schenkt etc. etc., scheint das Gefühl für persönliche Freiheit noch so schwach entwickelt und der Jesuitengrundsatz, daß der Zweck die Mittel heiligt, noch so verbreitet zu sein, daß man nicht weiß, mit welcher Partei man sympathisiren und für welche man wählen könnte. *A. v. Hildebrand*

A. v. H. an Wolf Dohrn München, März 1912

Lieber Wolf, auf Deinen Wunsch will ich Dir sagen, welchen Eindruck ich von Euren Schriften habe. Hätte ich die Sache selbst gesehn, würde ich wohl noch mehr sagen können, als so.

Deinen Aufsatz über die Aufgabe der Bildungsanstalt habe ich mit großem Interesse gelesen, ebenso den von Dalcroze[109]. Am werthvollsten für die Menschen im Allgemeinen scheint mir sein System als psychische Ein-

---

[109] Emile Jaques-Dalcroze, 1865–1956, Musikpädagoge und Komponist, Schöpfer der rhythmischen Gymnastik.

wirkung zu sein. Was er über die Lebensfreude sagt, ist ausgezeichnet. Was mich gestört hat, ist die Verwendung des Wortes Plastik. Ich vermuthe, daß es aus dem Französischen kommt. Deutsch verursacht es aber eine Begriffsverwirrung, denn wir wenden das Wort Plastik nur im Sinn der Bildhauerkunst an und plastisch im Sinn von dreidimensional gegenüber zweidimensionalen Eindrücken. Beides hat hier nichts zu thun und man müßte dafür das Wort Bewegungskunst anwenden.

Ich lernte letztes Jahr in Rom eine Mrs. Watts kennen, die auch eine Bewegungskunst erfunden hatte, darüber vortrug und Darstellungen gab. Sie cultivirte aber nicht das rhythmische Element, sondern betonte die Momente, wo die Bewegung im Gleichgewicht ruhend festgehalten werden kann. Auf diese Weise legte sie Stellungen griechischer Statuen als die nothwendigen Resultate eines Bewegungsvorgangs klar. Ihre Gymnastik war sehr schwierig aber auch sehr belebend und gab eine große Herrschaft über den Körper und [war] deshalb ebenfalls psychisch stärkend. Ihr cultivirt dagegen das rhythmische Element der Bewegung, das zum Tanz führt. Dalcroze müßte demnach seine Kunst »rhythmische Bewegungskunst« nennen. Als solche ist sie gewiß eine ausgezeichnete Sache, daß es aber seine Gefahr hat, sie mit einem Nebeninteresse für lebende Bildwirkung zu verbinden, bei denen aber Rhythmus allein nicht das bestimmende ist, zeigen schlagend die Fotografien: Die Momentaufnahme des Tanzes wie ihn das Titelblatt zeigt, macht sich als Bildeindruck famos, wogegen die zwei Bilder Seite 56 und 64 eine ganz miserable Erscheinung abgeben, weil zwischen den Figuren gar kein nothwendiger Bewegungszusammenhang besteht, sondern ein willkürliches, sentimentales Arrangement, bei dem jeder künstlerische Gesichtspunkt und jede Erfahrung für Erscheinungswirkung fehlt. Adolf Appia[110] spricht von der Passivität des Zuschauers im Theater! Eine merkwürdige Behauptung!

Alle Kunst wendet sich doch an das Miterleben, an die Fantasie, sonst wäre ja alle Wirkung ausgeschlossen. Ein Stück ist eben schlecht, wenn es den Zuschauer passiv läßt und nicht zwingt, innerlich mitzuthun. Wer durch die dramatische Kunst nicht direct anzuregen ist, um den ist es nicht schad und er wird wohl durch die rhythmischen Übungen auch nicht dazu gelangen.

Zudem ist die natürliche und ausdrucksvolle Geste bei inneren Vorgängen etwas total anderes als Bewegungsdisciplin vom rhythmischen Sinn aus und ruht auf einem ganz anderen Zusammenhang. Die Bewegung als Selbstzweck und die dramatische Geste sind nicht zu verwechseln, wenn

---

[110] Adolf Appia, Musiker, Mitarbeiter von Jaques-Dalcroze.

auch jegliche Art von Bewegungsstudium dem Schauspieler nützlich sein wird.

Herr Appia scheint überhaupt am meisten ab- und daneben zu schweifen. Einmal wird für das diffuse Licht geschwärmt, ein andermal die Geltendmachung der Plastizität des menschlichen Körpers betont – die doch gerade durch das bestimmte Licht zur Geltung kommt, dann wird von der Atmosphäre im Dienst des Dramaturgen gesprochen. – Ich möchte deshalb rathen, die gute, ursprüngliche Sache nicht durch falsche Verknüpfungen unklar zu machen und ausdehnen zu wollen. Die natürlichen Grenzen einer guten Idee zu spüren und klar zu halten ist segensreicher als sie zu verwischen und in andere Gebiete abzulenken – sonst geräth man leicht in einen schlimmen Dilettantismus und das scheint mir Eure Gefahr.

Wenn ich an das große Unternehmen der zoologischen Station Deines Vaters denke, so war diese eben nicht Selbstzweck, sondern mündete in einen selbstverständlichen Nutzen für die Wissenschaft. Es handelte sich für Deinen Vater rein um die sachliche Ausbildung eines neuen Instrumentes in seinem ganzen realen Umfang. Der geistige hohe Werth lag aber in der wissenschaftlichen Ausnützung und der war von der Wissenschaft gegeben und brauchte nicht erst geschaffen zu werden. Insofern wurde durch die Station ein reales Bedürfnis erfüllt und das war das Gesunde daran.

Bei Deinem Unternehmen ist es umgekehrt. Das Unternehmen ist Selbstzweck und seine Verwerthung ist noch eine ganz unsichere und erst zu findende. Da liegt die Schwäche. Ihr arbeitet ein Instrument aus, ohne zu wissen, was mit gemacht werden soll. Die Ausbildung des rhythmischen Gefühls ist an sich gewiß gut, aber was mit machen?

Die Musik und die Musiker vom Fach haben es sowieso von Natur, ob es die Anderen mehr ausbilden, ändert am Ende nicht viel, immerhin liegt für die musikalische Ausbildung ein realer Nutzen darin. Der physische und psychische Nutzen durch die Schule ist gewiß sicher, aber er geht auf keine bestimmte Umwerthung hinaus, sondern die eventuelle Verwendung dieser Kräftigung ist nicht zu bestimmen und hängt ganz mit der speziellen sonstigen Begabung des einzelnen Schülers zusammen, liegt also außerhalb des Bereiches der Schule. Diese kann sich damit nicht mehr befassen.

Aus dieser Sachlage entspringt nun das Bedürfnis bei Euch Anschlüsse zu finden um die Bedeutung der Schule zu verstärken. Man sucht eine Verbindung mit dem Theater und hofft auf Umwälzung. Ein großer Schauspieler läßt all das Drum und Dran des Theaters verschwinden. Haben wir doch das immer beim Salvini[111] in Italien erlebt, wo die Inszenierung, das primitivste und kläglichste Schnurrantenthum keine Rolle mehr spielt, wenn er als Jago oder Macbeth auftritt. Es sind im Grunde eben doch alles Nebensachen. Der Anschluß an die Tanzkunst liegt nahe, aber der Rhythmus ist nur eine Seite davon und die anderen Seiten werden von anderen Schulen auch ausgebildet und es wird sich fragen, wo das Talent größer.

Kurzum, die Lücke die eben einmal da ist, kann man künstlich nicht beseitigen, weder durch gedankliche Verknüpfungen, noch durch temperamentvolle Begeisterung, noch durch eine Art Sektenbildung analog religiöser Schwärmer. Das hält alles auf die Zeit doch nicht an. Deshalb muß man rein bei der ursprünglichen rhythmischen Schulung von Dalcroze bleiben und alles Andere weglassen ...

A. v. H. an Carlo Sattler *Florenz, 22. April 1913*

Lieber Carlo, ... Daß Du von Stadler[112] aufgefordert worden Dich auch an der Pinakothekfrage zu betheiligen freut mich sehr, kann aber unmöglich damit etwas zu thun haben, daß mein Project bei der alten Pinakothek jetzt hinfällig ist, sondern er hofft da wieder eine neue Idee zu Augen zu bekommen. Das ist vernünftig. Was nun mein Project anlangt, so ist es ja klar, daß ich es erfunden habe auf die Frage »wie läßt sich auf dem Grundstück bei der alten Pinakothek bauen?« Die künstlerische Frage war etwas zu schaffen was der alten Pinakothek wohl und nicht wehe thut. Heißt es nun etwas auf dem Terrain der Neuen Pinakothek zu bauen, so ist die Aufgabe verändert wegen des weiteren Anbaus, ferner ob die jetzige neue Pinakothek da bleibt oder weggerissen werden soll. Nur die künstlerische Frage bezüglich der alten Pinakothek ist nicht wesentlich geändert. Für mich läge also die Frage vor, wie ließe sich mein Project umarbeiten, wenn es auf das Terrain der neuen Pinakothek kommen sollte. So wie es jetzt hinüber gesetzt würde bleibt die Frage des Weiterbaus ungelöst und die Lichtfragen etc. haben sich geändert. Es ließe sich aber wohl eine Lösung finden, die das Gute meines Projectes mit Modificationen festhält. Und das ist eine Aufgabe für mich, die mich schon interessiren würde, wenn mir genau mitgetheilt wird, was man für Ansprüche hat. Da mein

---

[111] Tommaso Salvini, 1829–1915, bedeutender italienischer Schauspieler, aus einer bekannten Schauspielerfamilie.
[112] Toni von Stadler, 1850–1917, Maler, 1911–1914 Direktor der Bayerischen Staatsgemäldesammlungen.

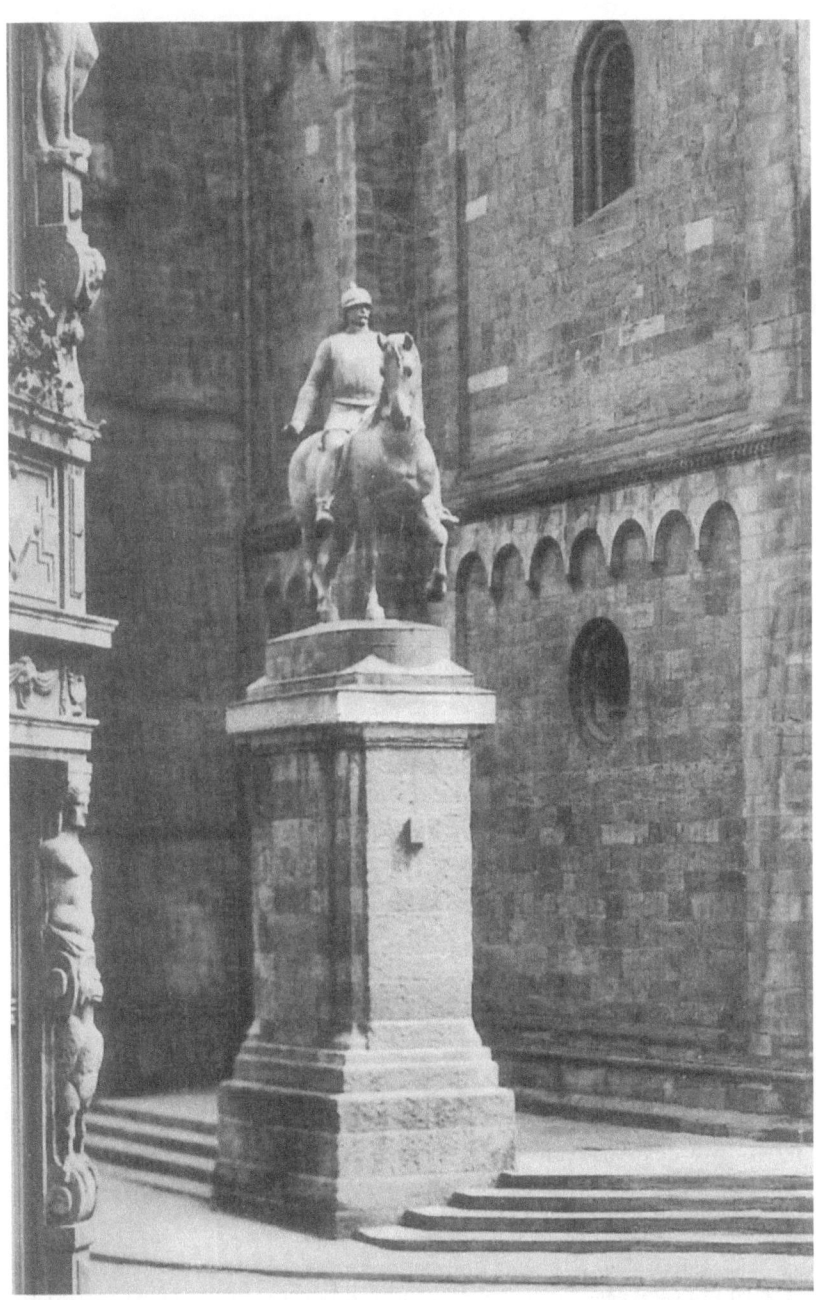

Das Reitermonument Bismarcks (entstanden 1904–1910) auf dem Domplatz in Bremen

Bau so in Betracht gezogen und gewürdigt wurde als Gegensatz zur alten Pinakothek, so verstehe ich eigentlich nicht, warum Stadler etc. mich nicht auch auffordern mit den neuen Rücksichten zu rechnen und ein neues Project zu machen. Es liegt eigentlich sehr nahe, da sich jetzt die Frage nur geändert, aber für mich deshalb nicht weniger interessant ist. Da ich Stadler nicht selber schreiben will, wenn er so abgespannt ist, muß man ihm das Schreiben ersparen, so kannst Du ihm das sagen, oder vorlesen. Selbstverständlich hat das mit Dir und Deinen Ideen gar nichts zu thun, wenn ich mich weiter mit der Sache beschäftigen sollte, das thut sich ja nicht weh – ist aber auch kein Ersatz oder dasselbe. Gern möchte ich wissen, warum Stadler mich nicht aufgefordert hat, damit ich mich auch auf die neue veränderte Frage aussprechen kann. Nimmt er an, daß dazu keine Aufforderung extra nöthig ist, da jeder in der Monumentalbaukommission sich betheiligen kann, so vergißt er, daß ich nicht in der Sitzung war und nichts erfahren kann, also auch die neuen Wünsche nicht weiß. Ebenso interessant ist der Platz an der Prinzregentenstraße, auch das würde mich interessiren. Mich interessirt die künstlerische Lösung in all den verschiedenen Fällen, die ja Alle etwas für sich haben und ich möchte meine Betheiligung meines ersten Projects nicht so verstanden haben, daß man meint, daß ich mich für die Sache nur dann interessire, wenn es sich um das Grundstück der alten Pinakothek handelt. Deshalb kann man mich auch weiter fragen, wenn die Frage sich verändert – ich erwarte es eigentlich! Am besten wäre es übrigens, wenn Stadler aufpakken thät und etwas hierher käme. Er arbeitet sich in München zu sehr ab und muß mal rasch pausiren. Sag ihm er soll auf einen Sprung nach Florenz kommen ...   *Herzlich Dein Hildebrand*

A. v. H. an Kronprinz Rupprecht von Bayern   Rom, 21. Dezember 1913

Liebe Königliche Hoheit, schon ist es eine Woche seit München – in Florenz fanden wir das schönste Wetter und am Morgen ging ich gleich zur Monalisa,[113] sah sie ohne Rahmen mit ihrem endlosen Zauber und Geheimniß des Ausdrucks. Der Enthusiasmus der Florentiner soll rührend gewesen sein – alles strömte hin auch der einfache Mann, wo ist das

---

[113] Leonardo da Vincis Mona Lisa war aus dem Louvre in Paris auf rätselhafte Weise gestohlen worden, was damals allgemein großes Aufsehen erregt hat. Das Bild fand sich dann bald in Italien wieder und wurde, ehe es an den Louvre zurückgegeben wurde, einige Zeit in Florenz ausgestellt.

sonst? In Rom kamen wir Abends in eine warme Wohnung, was nöthig war. Via Alessandro Torlonia 10 – Porta Pia. Es regnet ab und zu – der Himmel ist trübe und vor der Hand sagt man sich – ich weiß daß du gut bist. Interessant ist die Accademia Tedesca. Der eigentliche Zugang ist noch recht primitiv bei dem nassen Wetter, dann aber fängt die frühere Villa Massimo an mit den alten Eichen- und Cypressen-Alleen. Die Gebäulichkeiten, die der Maler Zürcher[114] da gebaut hat, sind recht gut. Ein einfaches Atelierhaus der ganzen Länge nach, wo jeder auch ein paar Zimmer zum wohnen hat und dann vis à vis ein noch unfertiges repräsentatives Gebäude das wirklich sehr schön in den Verhältnissen lang gestreckt sich hinzieht. Dabei Brunnen und Statuen in der Tonart der römischen alten Villen – sehr vornehm aber für junge Künstler und ihre Zwecke doch recht künstlich. Es soll da ein Restaurant etc. hinkommen, eine ländliche Osteria alla romana wäre aber natürlicher gewesen – denn die Natur giebt hier die Hauptsache, sie ist ganz großartig. Man steht an der Campagna, nichts Neues dazwischen. Das schwankende Weinlaub vor einem wie vor hunderten von Jahren – die Berge haben oben Schnee. Das ist schon eine herrliche Nähe für unsere Wohnung hier außen. Gestern trafen wir auf der Post Reinhard Dohrn mit *Frau*, die nebenbei gesagt sehr anziehend ist. Die Rede kam auch auf die Fresken. Wie war es wohl mit dem Kaiser? Ich bin sehr neugierig auf Ihre Nachrichten, wie Alles gegangen. Sonst wird wohl nicht viel Neues in München geschehen sein ... Unsere besten Wünsche zum Weihnachtsabend und mit herzlichsten Grüßen auch von meiner Frau bin ich Ew. kgl. Hoheit treulichst ergebener A. v. Hildebrand

A. v. H. an Carlo Sattler Rom, 19. Januar 1914

Lieber Carlo, ... Daß Du nicht Professor geworden, ist zu arg. Ich hätte Winterstein treiben sollen, glaubte aber daß er Stadlers Wünsche erfüllen würde. Vielleicht verlangt er mehr Danksagungen und Freundlichkeiten, als ich sie geäußert habe und habe ihn etwas vernachlässigt. – Verflucht, Menschenbehandlung braucht Talent, was ich nicht habe.

Hier wirds nun besser mit dem Wetter. Der erste Katzenjammer über Roms Verfall ist im Abnehmen und man hält sich an das gebliebene und

---

[114] Max Zürcher, 1868–1926, Architekt und Maler, sein Hauptwerk ist die Umgestaltung der Villa Massimo in Rom zur deutschen Akademie (1910–1915).

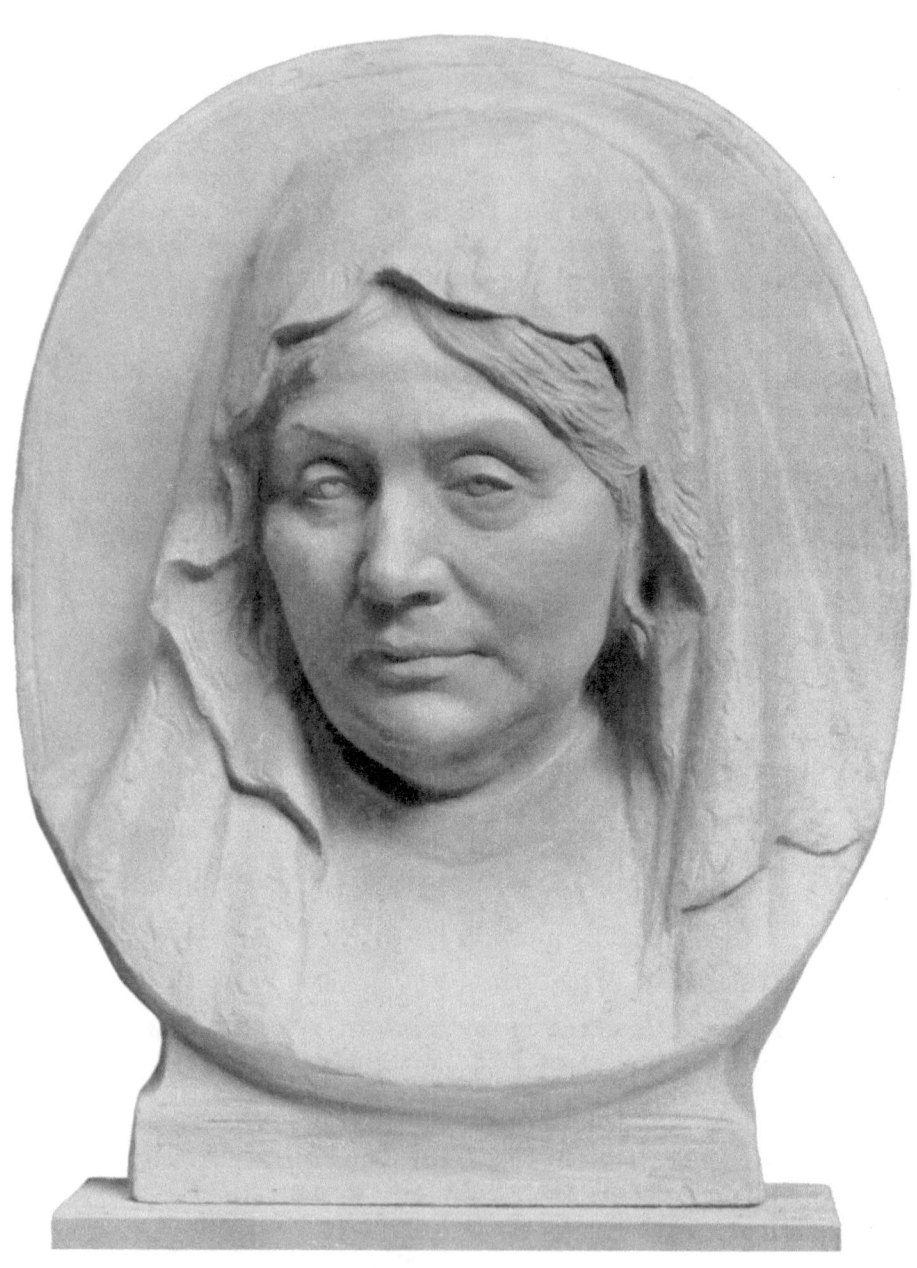

Irene von Hildebrand, Terracottarelief von 1911

unzerstörliche, was noch so schön vorhanden. Riesig freue ich mich auf die größeren Autotouren. Noch ist es zu kalt um mit Mama was zu wagen ... *Addio herzlich Dein Hildebrand*

A. v. H. an Kronprinz Rupprecht von Bayern   Rom, Winter 1914

Liebe Königliche Hoheit, endlich komme ich dazu einmal in Ruhe zu schreiben. Morgens im Atelier, ist man Nachmittags meist in der Stadt. Das Rom, wie es jetzt aussieht, giebt einem viel zu denken. Es wäre falsch, wollte man die Italiener verantwortlich machen für die enorme Zerstörung dieser einzigen Stadt. Rom geht zu Grunde an den Zeitschwächen. Nirgends treten die stärker zur Erscheinung oder wirken sie verheerender. Unsere Zeit entwickelt Alles einzeln ohne Rücksicht auf das Andere wie die Specialärzte. So denkt die Tramgesellschaft nur an ihre Zwecke und der Häuserspeculant nur an sich und Niemand ist da, der eine Diagonale aller dieser Einzeltheile im Auge hat und voraus überlegt. Wie es kommt, so kommt es eben d. h. ein Chaos. Es ließe sich ein Buch schreiben über die wirthschaftlichen und rechtlichen Verhältnisse unserer Zeit in ihrem zerstörenden Einfluß auf die künstlerische Gestaltung der Städte. Das künstlerische Interesse ist auch eine specielle Sonderthätigkeit geworden als historische und museumsartige Conservirungsarbeit und ist eine der vielen andern Nebeninteressen aber kein Endzweck als Schlußresultat aller zusammenwirkenden Kräfte, wodurch zuletzt das Leben und Dasein auch einen Werth bekommt. Nirgends hat sich wohl diese Zeitkrankheit tragischer abgespielt als jetzt in Rom. Die Einzelkräfte der Interessen sind alle stärker als das menschliche Erwägen. Es entstehn ganze Stadttheile die in Amerika sein könnten, ebenso rasch und scheinheilig entstanden. Hier handelt es sich nicht um einen anderen Zeitgeschmack – sondern um das Wegfallen aller künstlerischen Gesichtspunkte und um das frivolste Gespiele mit künstlerischen Phrasen. Wenn man da an frühere Zeiten und hier speciell an das Seicento denkt, so ist doch noch mehr der künstlerische Geist jener Zeit zu bewundern, der alle anderen Interessen zusammenzufassen und sich unterzuordnen verstand als die einzelnen Künstler, die gestalteten. Glückliche Zeit des Despotismus wo noch nicht der Beamte, die Commission, Parlament etc. ihre eitlen Sonderinteressen trieben. Der Despotismus allein thäte es freilich heute auch nicht. Es ist schon sehr trostlos diese große Tragödie hier mit anzuschaun, eine Tragödie wie die als die Vandalen Rom zerstörten – und die Menschen wollen es gar nicht – sie sind gegen die Mächte der Zeit ohnmächtig.

Das mußte ich erst einmal loslassen und gerade gern zu Ihnen, der Sie einmal in die Lage kommen, mehr eingreifen zu können in die Zeitmächte als der Künstler an sich. Wir können noch Einzelnes schaffen – aber die Lebensmächte als ein Ganzes zu einer künstlerischen Form zu bringen, das kann noch der Fürst am ehesten und da denke ich an Sie, Kgl. Hoheit viel mit Glauben und warmen Wünschen für eine künftige Zeit in Bayern. Diese Tage machte ich mit Brewster die erste Fahrt in unserem großen Auto. Hinaus über Ponte Molle nach Bracciano mit der ernsten hohen Burg über dem See. Die Campagna großartig und ernst, ergreifend das weite Heidenland in seinem ursprünglichsten Zustand, selten ein Mensch – dort ein Adler – großhörniges Rindvieh – oder Schafe. Das ist was ich vor Allem diesmal in Rom suche – die Ausflüge mit dem Auto überall herum. Dazu wünschte ich Sie her – das ist schon des Kommens werth. Menschen haben wir noch keine gesehn – das soll erst kommen. Meine Frau war nicht recht wohl, dazu allerlei kleine Hausnöthe, über die man wegkommen muß. Das Wetter wechselt – man geht dem Besseren zu. Zeitungen habe ich seit langem nicht gesehn – es geht auch so. Doch ich habe wohl genügend vorgeschwatzt. Mit herzlichsten Grüßen, Ew. Kgl. Hoheit ganz ergebener *A. v. Hildebrand*

Rom, 10. März 1914

Liebe Königliche Hoheit, ... Daß Sie am 1. April hier zu sein hoffen, freut mich riesig. Was nun das Wohnen in der Umgegend Roms anbetrifft, so weiß ich nur eine vernünftige Lösung. Hinaus nach Frascati – Albano etc. zu ziehn, ist doch zu weit und in der Nähe Roms ist nichts vorhanden. Da wir aber ganz vor der Stadt und abgelegen von der Fremdenmasse wohnen und Platz haben, Kgl. Hoheit bescheiden unterzubringen, so scheint es mir das Klügste zu sein, nicht in die Ferne zu schweifen und diesen Schlupfwinkel anzunehmen. Ungenirtheit und Freiheit garantire ich und wenn Kgl. Hoheit sich nicht genirt fühlen, so thun wir es sicher auch nicht und freuen uns aufrichtig. Im geschlossenen Auto steht die Stadt auch zur Verfügung und ein großer Hut schützt das Incognito. Die Fahrten in unserem Auto stehn nach allen Himmelsrichtungen uns offen, sodaß wir das freieste Leben führen können. Sie könnten es also wohl riskiren. – Mit herzlichsten Grüßen Ew. Königl. Hoheit treu ergebener *A. v. Hildebrand*

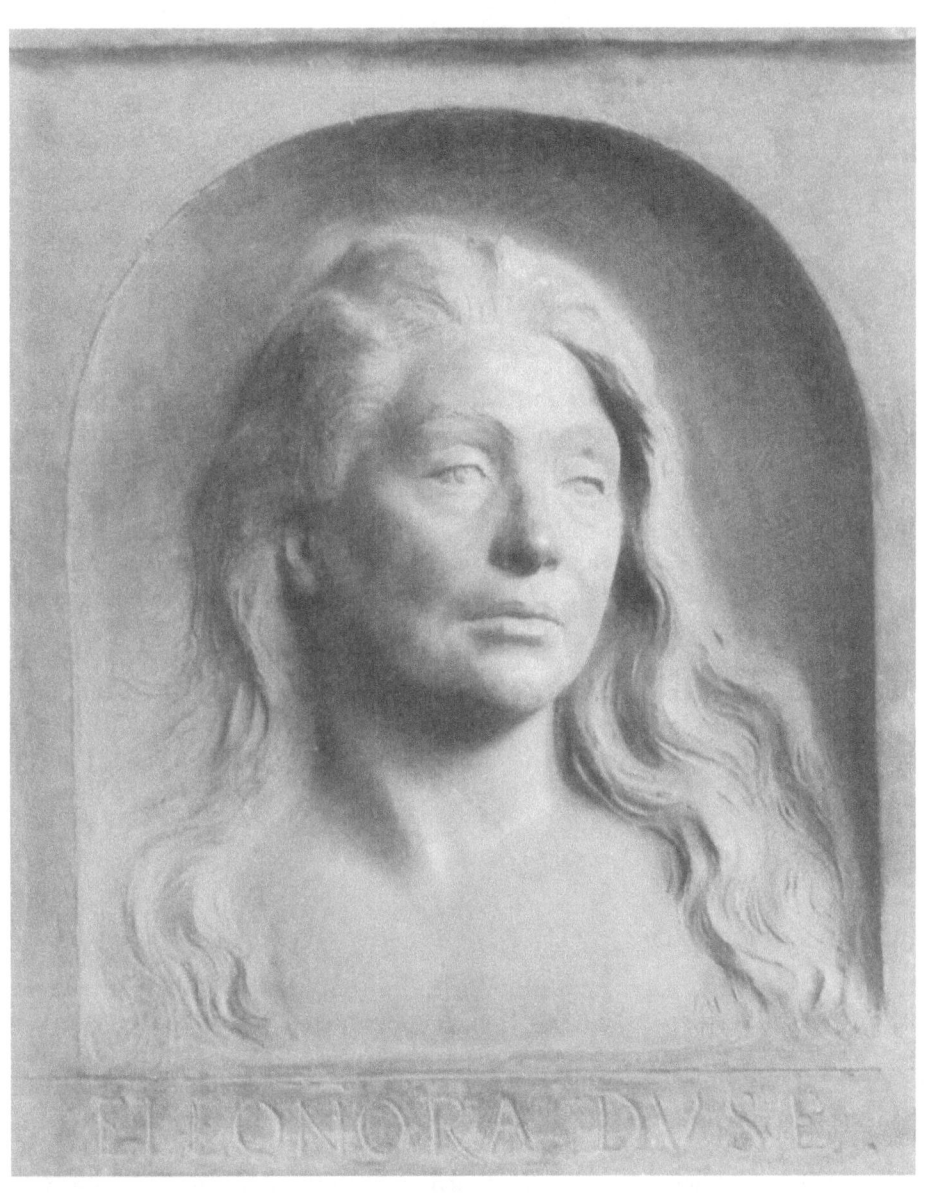

Relief der Schauspielerin Eleonora Duse, 1914

Rom, 19. April 1914

Liebe Königliche Hoheit, Wie schade daß Ihre Fahrt nach Hause nicht besser Wetter hatte, wir können also von Glück sagen, daß der römische Aufenthalt im Ganzen so freundlich vom Himmel begünstigt war. Auch das Inkognito von Kgl. Hoheit scheint vollständig gelungen zu sein, nichts habe ich läuten hören – nur schade, daß es so nöthig war, denn gestern dachte ich lebhaft an Sie, als wir mit Wenigen die Sixtinische Capelle ansehn konnten in aller Stille und in bestem Licht. Wie gut es als Ganzes sich macht trotz der Fülle von Figuren. Es ist schon so, als sähe man die Götter sich in den Wolken bewegen ohne Rücksicht ob man sie von unten auch sehn kann. Es ist eine selbständige eigene Welt dort oben, die keine andere Berechtigung braucht und verlangt. Ich benutze jetzt die Zeit noch Einiges zu sehn, im Atelier habe ich abgeschlossen, auch meine zweite Figur[115] hat sich noch richtig geeinigt.

Von Menschen taucht hier noch allerlei auf und wenn nicht der Eisenbahnstrike noch spukte, wärs wohl noch mehr – da giebt das Auto doch eine herrliche Unabhängigkeit. Schade daß Kgl. Hoheit es so eilig hatten, man sieht immer wieder neues. So eine Villa Papa Giulio am Tiber, eine interessante Ruine, wo er sich Fieber und Tod geholt hatte. Viele Touren haben wir noch vor. – Doch ist's bald aus mit der schönen Ferienzeit, die Sie mit Ihrem Besuch uns ganz besonders verschönen ... Mit herzlichen Grüßen auch von Seiten meiner Frau Ew. Kgl. Hoheit treu ergebenster
A. v. Hildebrand

Kronprinz Rupprecht von Bayern an A. v. H.   *13. September 1914*

Mein lieber Herr Professor! Vielen innigen Dank für Ihre teilnehmenden Worte[116]! Ich bin nur froh, daß dies meine Frau nicht mehr erleben mußte. – Mehr kann ich nicht sagen. – Zum Glücke kommt man hier außen nicht viel zum Nachdenken; der stete Wechsel der Geschehnisse erfordert ständige scharfe Aufmerksamkeit: ich finde kaum die Zeit mir knappe Notizen zu machen. – So fortdauernde Kämpfe, wie wir hatten, waren in der Geschichte noch nicht da[117]: gestern der erste Tag ohne Ge-

---

[115]   Für den Hubertusbrunnen.
[116]   Zum Tode des Erbprinzen Luitpold von Bayern.
[117]   Es handelt sich um die schweren Abwehrkämpfe der VI. deutschen, von Kronprinz

fecht seit dem 20. August, für manche Truppenteile sogar seit dem 10. 8. –
Unsere Leute benehmen sich über alles Lob erhaben: wir haben einen
sehr gewandten und gefährlichen Gegner uns gegenüber, er vermag aber
trotzdem unseren Angriffen nicht Stand zu halten, wenn er uns hiebei
auch große Verluste zufügt. So viele Gefechte wir bisher hatten, hatten
wir doch nur eine große Schlacht, die vom 20. Als ich am nächsten Tage
das Schlachtfeld besuchte, das heißt nur einen Teil desselben, war Alles
noch bedeckt mit Tausenden von Gefallenen. Wie Mohnblüten leuchteten
weithin die roten Hosen der Franzosen, deren Rückzug schließlich in eine
wilde Flucht ausgeartet war, was die weggeworfenen Tornister, Gewehre
und sonstigen Ausrüstungsstücke bewiesen, mit denen sämmtliche Wege
und Straßen förmlich besät waren. Wir hatten eine ziemliche Übermacht
uns gegenüber, wie viel läßt sich einstweilen noch nicht genau feststellen. – Die Zeit drängt: Seien Sie herzlichst gegrüßt von Ihrem treu erge-
benen   *Rupprecht Kronprinz v. Bayern*

A. v. H. an Kronprinz Rupprecht von Bayern
[München, 18. September 1914]

Liebe Königliche Hoheit, wärmsten Dank für die unerwarteten Zeilen.
Unserein, der nicht jetzt im Feld ist, kommt sich so als Nebensache vor,
daß man kaum wagt, beachtet zu werden. Um so erfreuter war ich über
die Mittheilungen. Was gäb' ich drum, so eine Schlacht beobachten zu
können, noch lieber horchte ich den Überlegungen des Generalstabs zu,
um die Einzelbewegungen sachlich verstehn zu können. Jetzt sind wieder
so wichtige Tage voll Erwartungen und der Zuschauer muß sich immer
Geduld predigen. Trotz all dem Jammer, den der Krieg mit sich bringt,
wird die Luft doch mächtig rein. Das Gefühl, frei von jedem unlautern
Trieb den Krieg zu kämpfen, giebt doch den Deutschen eine moralische
Stärke, die den Feinden fehlt. England verrennt sich in das gefährlichste
Hasardspiel – die Japaner nach Indien – welcher Wahnsinn. Werden wir
wohl über den Kanal kommen? Drüben liegt doch der Anfang und das
Ende des Krieges – die Franzosen thun einem dagegen leid – ich glaub
daß es gelingen kann und denke an Sie wegen des Zeppelins. – Dann die
großen Geschütze die den Kanal absperren können – – –.

Rupprecht geführten Armee in Lothringen. Der groß angelegte Durchbruchsver-
such des französischen Generalissimus J. J. Joffre wurde damals vereitelt.

Trotz all dem verwildere ich nicht ganz und arbeite vormittags mit
guter Besonnenheit und Erfolg und vor dem Schlafen tauche ich noch in
Shakespeare unter ...
Bei Graf Pappenheim[118] erkundige ich mich immer wies dem kleinen
Prinzen Albrecht in Leutstetten geht. Hoffentlich wird es bald wieder gut
Wetter, daß er wieder fischen kann. Wenn ich nur wüßte, auf welche Weise
ich mich für ihn nützlich machen könnte. Sollten Kgl. Hoheit irgend etwas
wissen, verfügen Sie ganz über mich, es wäre mir eine Wohlthat. Die be-
sten Wünsche und herzlichsten Grüße Ew. Kgl. Hoheit treu ergebenster
Ad. v. Hildebrand
Meine Frau läßt herzlich grüßen.

Kronprinz Rupprecht von Bayern an A. v. H.   26. Oktober 1914

Mein lieber Herr Professor! Endlich finde ich einmal wieder die Zeit, Ihnen
zu schreiben und für Ihren letzten Brief zu danken. Albrecht teilte mir mit,
daß Sie ihn mit einer »Riesen«-Schildkröte beschenkten, auf deren Rücken
ein Inder gesessen habe, und daß Sie ihm eine große Freude bereiteten. –
Während ich schreibe, dröhnt draußen ab und zu ein Kanonenschuß. Man
ist jetzt schon so daran gewöhnt, daß man es kaum mehr beachtet. Jeden
Tag irgend ein Gefecht – oft wird um einen oder den anderen Ort sogar
tagelang gekämpft. So dringen wir langsam vorwärts: Schritt für Schritt
und heimsen nach und nach eine ganz stattliche Anzahl von Gefangenen
ein, Schwarzen, Braunen und Weißen und unter diesen besonders viele
Engländer, auf die unsere Mannschaften besonders scharf sind. – Schade
wie viel im Kriege nutzlos zu Grunde geht. Es ist oft wirklich ein Jammer,
wenn man schöne Bauten beschießen muß, aber was kann man machen,
wenn der Feind sich darin zur Verteidigung festsetzt oder von den Türmen
herab das Feuer seiner Batterien leitet und auf uns lenkt? –
Die Gegend, in der ich jetzt weile, ist sehr reizlos, fast völlig eben und
erinnert mit ihren Zuckerrübenfeldern an die Provinz Sachsen. Das Klima
ist sehr milde etwa wie bei uns Ende Septembers, auch sind noch die meisten Bäume belaubt. Zum Essen kommt man nur wenig und zur Kunstbe-
trachtung erst recht nicht. Meist sieht man nur flüchtig beim Vorüberfah-
ren diese oder jene gothische Kirche oder Rathausfassade. – Es ist hier ein
großes Industriegebiet, dessen Entwicklung die zahlreichen Kanäle sehr zu

[118] Damaliger Hofmarschall des Kronprinzen Rupprecht.

statten kommen. Die Häuser sind im allgemeinen sehr gleichförmig und langweilig, recht hübsch aber sind ihre Gärten. Die Franzosen verstehen sich darauf, selbst kleinen Gärten den Anschein zu verleihen als hätten sie eine große Tiefe. – Es grüßt Sie vielmals Ihr aufrichtig ergebener
Rupprecht Krpr. v. B.

A. v. H. an den Deutschen Bund Heimatschutz   München, 24. Januar 1915
Sehr geehrter Herr Doctor ... Die Sache, die Sie veranlaßt hat sich an mich zu wenden ist freilich ernst genug, denn die Furcht vor einer Überschwemmung mit unmöglichen Denkmälern und die Frage, wie läßt sich das drohende Unglück am besten verhüten, sind gewiß berechtigt[119].

Das Denkmal selbst und sein Anschluß und Zusammenhang mit der Situation sind in diesem Fall wohlgetrennt zu halten. Das erste ist eine spezielle Frage das zweite eine ganz allgemeine.

Worin der Zusammenhang mit der Situation beruht, habe ich am eingehendsten in einem Aufsatz: Beiträge zum Verständniß der künstlerischen Zusammenhänge architektonischer Situationen behandelt (Gesammelte Aufsätze von A. H., Heitz und Mündel, Straßburg).

Es ist aber das Wesen der Situation daß jede verschieden ist und daß es sich darum handelt sie zu verstehen d. h. richtig lesen zu können. Deshalb ist ein Aufstellen allgemeiner Regeln nur so allgemein möglich, daß sie in jedem Einzelfall mißverstanden werden kann. Man kann nur den Sinn wecken, Kenntnisse sind da nicht zu verbreiten. Also nach dieser Seite kann ich nicht mehr thun als ich in dem angegebenen Aufsatz versucht habe.

Was nun das Kriegsgrabmal selbst betrifft, so hielte ich es für das Anstrebenswertheste eine bestimmte Form dafür zu finden und festzuhalten, die als allgemeingiltiges und kenntliches Wahrzeichen für diesen Krieg überall wie eine geprägte Denkmünze gilt und nur in der Größe je nach der Situation und speziellen Bedeutung variirt. Damit wäre schon einer gewaltigen Masse von individuellem Unsinn die Thüre verschlossen. Diesen Formtypus für die Kriegsgräber zu finden, wäre jetzt eine

---

[119] Der Deutsche Bund Heimatschutz hatte sich an verschiedene namhafte Künstler, darunter auch an Hildebrand, um Stellungnahme zur Frage der Kriegergräber gewandt. Hildebrand machte einen Entwurf für ein Massengrab und einen für ein Einzelgrab. Die Entwürfe wurden publiziert, aber nicht verwirklicht.

Hauptaufgabe und Kriegsdenkmäler im großen sind dabei nicht berührt, kommen aber auch jetzt nicht in Frage. *Adolf v. Hildebrand*

A. v. H. an Carlo Sattler *Sonntag, 2. Mai 1915*

Lieber Carlo, hier schicke ich Dir einen Entwurf für ein Familiengrab, welches ich für Kiel, Prof. Martius machen soll. Er hat 2 Söhne verloren. Es wird ziemlich allein stehn an einem Weg, von Bäumen hinten verdeckt. Ich bin in meine Idee verliebt und verspreche mir viel davon, wenn es durchgebildet. 2 Reliefs über den Bänken als Schmuck. Die gewölbte Gruft innen spärlich von oben beleuchtet läßt sich vielleicht grottenartig behandeln. Gutes Material wie Pankraz ist möglich. Was sagst Du dazu?

Im Atelier wird die Rheinfigur diese Woche in wirklicher Größe fertig dastehn. Für den Hubertusbrunnen habe ich die Alte fertig, jetzt gehts an die Junge (4. Figur). 2 der Rheintöchter werden punktirt. Ich habe Akkerberg nach Florenz geschrieben ob er nicht herkommen will und dran arbeiten. Es soll dort für ihn höchst unangenehm werden, deshalb denke ich mir, daß er kommt. Sonst ist ja Alles im Feld. Mein Bruder Otto ist jetzt in Galizien, wo man was entscheidendes vorhat ...

Von der Herzogin[120] mache ich auch ein Portrait. Sonst ist das Leben still – ich habe aber mein Quartett alle Wochen ...

Herzlichen Gruß Dein Hildebrand

A. v. H. an Carlo Sattler *[Schlederloh] 25. August 1915*

Lieber Carlo, obschon Du hoffentlich bald herkommst, will ich Mamas Brief doch auch ein paar Worte zufügen. Daß ich hier außen Land gekauft habe, um ein Sommerhaus einmal drauf zu bauen, welches den vielen Enkelkindern eine Wonne sein kann, hast Du schon erfahren. Den Plan habe ich auch gemacht und ein Modellchen wird morgen gegossen nebst einem andern, welches der Architekt Mayr[121], unser Hausherr entworfen

---

[120] Herzogin Marie José in Bayern.
[121] Hildebrands verbrachten die Sommerfrische 1915, 1916 und 1917 im Hause des Architekten Franz Mayr in Schlederloh bei Icking im Isartal.

hat. Ich weiß nicht ob Du ihn kennst, ein sehr netter Mann, der ein Typus bayerischer künstlerischer Begabung ist. Einstweilen soll ein Holzhüttchen gemacht werden, damit wir, wenn wir von München hinaus fahren, einen geschlossenen Raum zum Thee machen haben. Es wird hoffentlich ein Ersatz mit der Zeit für Forte, das doch seine Schuldigkeit gethan hat und wenn möglich einmal verkauft werden muß. Die Aussicht auf das Thal und die Berge ist großartig und ich freue mich einmal eine gute Fotografie davon der Lisel schicken zu können, freilich erst nach dem Krieg, denn jetzt ists verboten. Es ähnelt dem Albaner und Sabinergebirg bei Rom in seiner Ausbreitung, großartig. – Doch in wenigen Wochen wirst Du's selber sehn. Leider ist das Wetter noch recht schwankend, sodaß nach der Regenzeit, die eine Woche lang gewesen, der Rest unseres hiesigen Aufenthalts noch zu wünschen übrig läßt, immerhin schreiben wir im Garten. Für Mama ist die Gegend ein Segen und läßt sie den Krieg besser vergessen ... *Herzlich Dein Hildebrand*

A. v. H. an das K. K. Kriegsministerium, Berlin   München, Dezember 1915

Auf Anlaß der neuen Verordnung bezüglich der Abnahme des Kupfers an Bauten, erlaubt sich der Unterzeichnete die Bitte, den schon von anderer Seite gemachten Vorschlag bezüglich der Einschmelzung von Bronzedenkmälern ernsthaft in Erwägung ziehen zu wollen.

Das Kunstwerk und der Bronzeguß darf nicht als identisch angesehen werden. Von den meisten Bronzestatuen besteht ein Originalmodell in Gips, das eigentliche Kunstwerk, von dem der Bronzeguß real genommen nur eine Kopie darstellt, die jederzeit auch wiederholt werden kann. Wo kein Gipsmodell besteht kann dieses nach der Bronze abgegossen werden, ebenso wo durch weitere Behandlung der Bronze das Kunstwerk erhöht wurde. Seltene Fälle, wo die Bronze sich durch schöne Patina oder besondere Gußart auszeichnet, könnten ja speziell berücksichtigt werden. Die große Masse der Denkmäler ist neueren Datums und ohne Sonderauszeichnungen des Gusses.

Werden also Bronzedenkmäler eingeschmolzen, so handelt es sich blos um eine zeitweise Einbuße, sobald es die Verhältnisse erlauben, kann die Statue wieder gegossen und aufgestellt werden. Es hängt dann ganz von dem freien Willen ab, auf welche Statue gerne verzichtet würde.

Aus diesen Gründen fallen alle moralischen und künstlerischen Bedenken gegen eine zeitliche Entfernung von Bronzedenkmälern weg. Es liegt weder eine Entehrung noch eine künstlerische Missethat dabei vor und es kommen nur die praktischen Fragen in Betracht.

Was speziell für die Einschmelzung von Bronzen spricht, ist der Umstand daß damit keine Schädigung bei den realen Werthen entsteht, wo das Kupfer als Material seinen Zweck zu erfüllen hat und durch die Beseitigung ein Schaden eintritt, dessen Folgen man gar nicht ganz übersehen kann und der nicht den Privatmann trifft.

Ferner daß die Einschmelzung der Statuen weit weniger Arbeit kostet als all die mannigfaltigen Dacheindeckungen.

Beim Einschmelzen der Bronzedenkmäler fällt jeder praktische Schaden fort und es bleibt Sache eines Abkommens zwischen Staat und Gemeinde. Es erscheint deshalb für wichtig, zunächst einen Überblick über die Masse der Bronzedenkmäler und des dabei enthaltenen Kupfers (9/10) zu bekommen, damit ein Vergleich mit dem Kupfer an Dächern möglich wäre und man feststellen könnte, wie weit das Bedürfnis an Kupfer durch Bronzedenkmäler zu befriedigen wäre.

Was von Bronzestatuen gesagt ist, trifft natürlich ebenso zu bei all dem ornamentalen Bronzeschmuck an Gebäuden heutiger Zeit.

Ergebenst A. v. Hildebrand

Kronprinz Rupprecht von Bayern an A. v. H.   *27. Dezember 1915*

Mein Lieber Herr Professor! Neulich hatte ich die Freude Herrn Georgii bei mir zu sehen, der mir viel von Ihnen erzählte, unter anderem auch, daß Sie sich bei der Modellierung der weiblichen Brunnenfigur überanstrengen. Warum so eilen? Ich fürchte, es werden magere Zeiten für die Kunst kommen und die Aufträge spärlicher fließen, denn die wenigsten Gemeinden und Privatleute werden nach dem Kriege überflüssiges Geld haben. – Sehr entzückte mich Ihr so klarer Aufsatz über Michel-Angelo[122], der gleich ins Volle trifft. Wie viel ist nicht über Michel-Angelo geschrieben worden und wie wenig im Grunde. Was in ganzen Büchern nicht zu finden ist, sprechen Sie mit wenigen Worten aus ... Vorgestern erhielt ich eine sehr schöne Radierung von Oskar Graf[123] zugeschickt: er ist meines Erachtens der talentierteste der auf dem Kriegsschauplatze beschäftigten

---

[122] A. Hildebrand: »Über Michelangelos spätere Plastik«, Süddeutsche Monatshefte, Mai 1916.
[123] Oskar Graf, 1873–1958, Graphiker und Maler.

Künstler. – Am 2. Weihnachtsfeiertage wurde das unmittelbar vor dem Kriege fertig gewordene Stadttheater mit Goethes Iphigenie eröffnet! Was sich unsere braven Soldaten wohl bei diesem Stücke gedacht haben mögen? – Abends hatten wir eine musikalische Unterhaltung, bei der der Bassist der Weimarer Oper prächtige Lieder zur Laute sang. Die besten Wünsche zum neuen Jahre Ihnen und den Ihren
Ihr aufrichtig ergebener Rupprecht Kronprinz von Bayern

A. v. H. an Kronprinz Rupprecht von Bayern   München, 20. Januar 1916

Liebe Königliche Hoheit, ... Ich habe mittlerweile mich mit Zeichnungen amüsirt für einen Saal in Sattlers Bau in Elmau[124]. Lebensgroße Figuren grau in grau als Gegensatz zu farbigen Städtebildern. Noch sind nicht alle beisammen. Ich schicke hier Fotografien davon zur Zerstreuung. Solch Improvisiren ist ein Heidenspaß. Leider hat man so selten solche Veranlassung. Unterdessen suche ich nach einem passenden Modell für meine plastische Figur, was ziemlich schwer ist. Die Plastik wird immer zu einem Körperproblem, was ohne Modell nicht zu lösen, wenn sie nicht blos dekorativ sein will ... Ew. Kgl. Hoheit treu ergebener
A. v. Hildebrand

Kronprinz Rupprecht von Bayern an A. v. H.   25. Februar 1916

Mein lieber Herr Professor! Ihren Gedanken die Besteuerung der Kunstwerke betreffend[125] finde ich ausgezeichnet. Das Einzige was man dagegen einwenden kann ist die Möglichkeit, daß dann vielleicht manche die in ihrem Besitz befindlichen Kunstwerke nicht versichern lassen, sie aber gelegentlich als Speculationsobjekt zu Geld machen. Ich bin sogar gegen eine Versteuerung der Kunstwerke zu dem augenblicklichen sehr oft wechselnden Marktwerte bei Erbanfällen, da hiedurch die Erben häufig zu ihrer Veräußerung gezwungen werden, wäre dafür aber für eine Ver-

---

[124] Schloß Elmau bei Mittenwald, von Carlo Sattler für seinen Schwager Johannes Müller erbaut. Hildebrand hat für den Teesaal des Schlosses 16 größere figürliche Zeichnungen angefertigt.
[125] Hildebrand hatte Vorschläge für die Besteuerung von Kunstwerken niedergeschrieben und Kronprinz Rupprecht zur Begutachtung geschickt.

kaufssteuer, die den Wert des Mehrerlöses von Kunstwerken gegenüber dem Ankaufspreise beträfe. (Die professionellen Kunsthändler, die ohnehin schon Gewerbesteuer zahlen, könnte man ja ausnehmen) ... Es grüßt Sie vielmals Ihr aufrichtig ergebener Rupprecht Krp. v. B.

A. v. H. an Kronprinz Rupprecht von Bayern   München, 10. März 1916

Liebe Königliche Hoheit, ... Um nochmal auf die Versicherungsbesteuerung zu kommen, so glaub ich nicht, daß die Versicherung dadurch beeinflußt wird ebensowenig als wenn Morgen die Versicherungsgesellschaften einen höheren Tarif verlangen. Nur müßte sie als indirecte Steuer bei den Versicherungen eingezogen werden. Ich finde daß die Behörden bei all diesen Fragen immer beim Gegenstand hängen bleiben sozusagen nicht von den Birnen und Äpfeln abkommen. So auch mit den Verordnungen bezüglich des Einschmelzens von Kupfer etc. Der gute Wille die Kunstwerke zu schonen ist da, aber man sondert die Gegenstände in Verbrauchsgegenstände und kunstgewerbliche, als wenn die Kunst erst mit dem Zierrath anfinge. Der einzig wichtige Punkt ist doch der der Möglichkeit der Wiederherstellung. Alles was heut zu Tage fabricirt wird und deshalb herstellbar ist, kann eingeschmolzen werden und bedeutet nur einen Geldverlust, keinen künstlerischen. Sobald wieder Geld vorhanden, kann man es wieder herstellen. Ein Anderes ist mit aller aus vergangener Zeit verschwundener künstlerischer Cultur und Technik. Das kann nicht wieder gemacht werden und sollte deshalb geschont bleiben ob Kirchengeräth oder Waschzuber. Schade um die schönen alten Sachen und lächerlich dagegen einen kunstgewerblichen modernen Aschenbecher zu schonen. Immer wieder derselbe Unsinn ...

Die junge Jägerin klärt sich auch. Ich habe jetzt auch eine Tochter meines Berliner Bruders im Atelier, sie modellirt und spielt vor allem Cello sodaß wir viel musiciren.

Von Bauen[126] kann noch keine Rede sein, denn erstens muß erst die Wasserleitung nach der Gegend geleitet werden und alle behördlichen Vorgänge gehen den Schneckengang – zweitens es fehlen alle Arbeiter. Leider war jetzt das Wetter immer schlecht sodaß wir schon lange nicht mehr draußen waren ...

---

[126] Des von Hildebrand geplanten Landhauses auf seinem neu erworbenen Grundstück bei Schlederloh im Isartal.

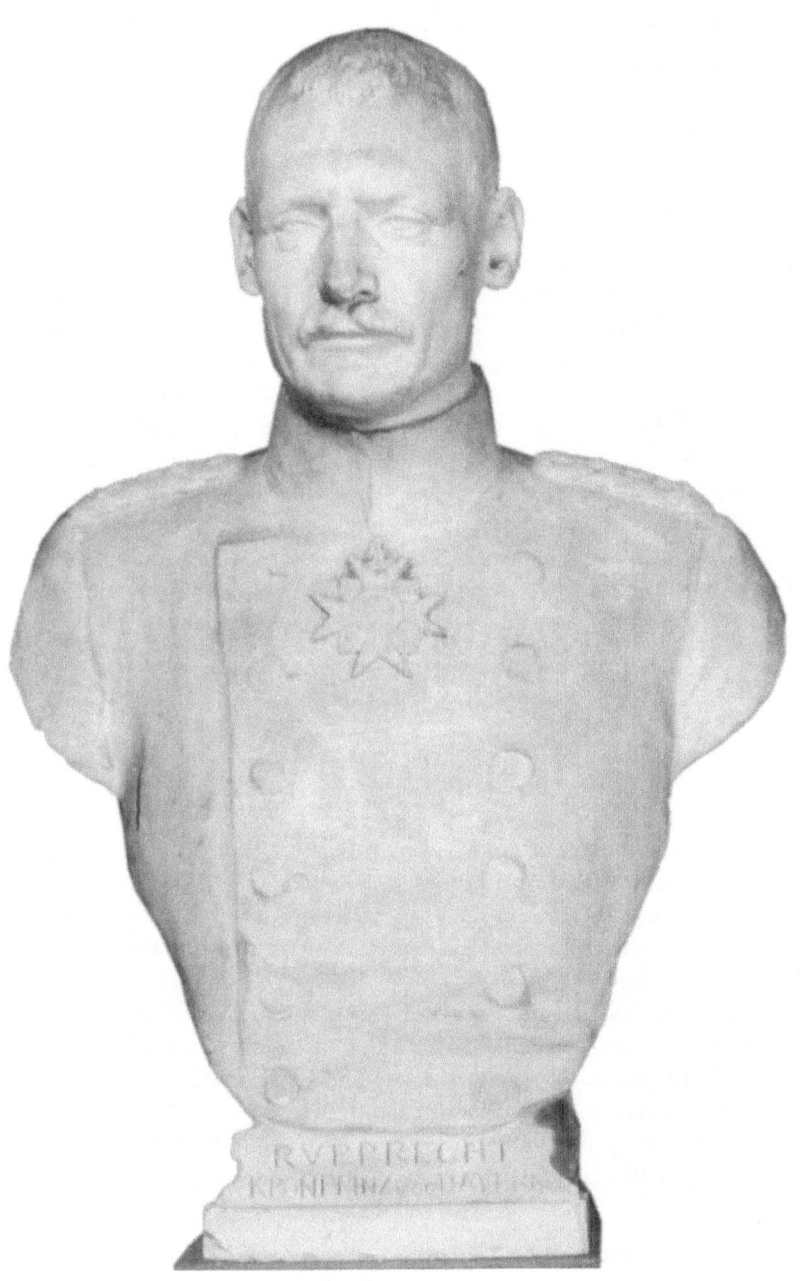

Gipsbüste von Kronprinz Rupprecht von Bayern, 1914

Mit herzlichen Grüßen, auch von Seiten meiner Frau Ew. Kgl. Hoheit
treu ergebenster					A. v. Hildebrand

A. v. H. an Kronprinz Rupprecht von Bayern   München, 30. April 1916

Liebe Königliche Hoheit, ... Es ist jetzt eine Ausstellung von den Arbeiten des gefallenen Weisgerber. Es ist ein sehr ernstes Ringen darin und einige der letzten Arbeiten von ganz besonderem Zauber. Weitaus das Beste, was sich seit Marées durchzuringen suchte. Unfertig, aber es handelt sich um ein Höchstes und [er war] auf dem besten Weg es ganz zu erreichen. Schade, daß Sie es nicht sehn können. Besonders ein Bild mit Pferden in einer Landschaft und einigen liegenden Figuren ist voller Geheimniß in Farbenwahrheit und Raumfülle. Es ist für 5000 Mark gekauft worden, ein lächerlicher Preis und gewiß noch durch Überbieten zu haben. Ich war schon ein paarmal drin, um dieses Bild wiederzusehn und ein anderes größeres mit Amazonen, was auch sehr schön und Neues verkündend ... Die herzlichsten Grüße, Ew. Kgl. Hoheit ganz ergebener

A. v. Hildebrand

München, 18. Juni 1916

Liebe Königliche Hoheit, ... ich war in Berlin einige Tage und habe die neue griechische Figur[127] mir angesehn. Sie hat einen großen stillen Zauber, der hauptsächlich vom Kopf ausgeht, dann aber auch dem frühen Stadium des plastischen Erwachens an sich angehört. Wie einfach kommt das Gute zu Stande – ein Zoll daneben und die Entgleisung ist schon da. Solche Gefahr gabs damals nicht und so ist solche Figur fast mehr das Naturprodukt einer unverdorbenen Zeit als der Ausdruck eines künstlerischen vollen Bewußtseins. Es steht sozusagen noch vor dem Sündenfall und der Zauber der davon ausgeht gilt mit dem künstlerischen Paradies, in das man hineinsieht. Auch einen unbekannten großen sehr schönen Tizian bekam ich im Museum zu sehn. Eine Venus und ein Orgelspieler daneben

---

[127] Thronende Göttin im Alten Museum in Berlin, damals neu erworbene griechische Marmorplastik aus dein 6. Jahrhundert v. Chr.
Venus und Orgelspieler von Tizian im Kaiser-Friedrich-Museum.

mit einem herrlichen Gewand. Es war in Südtyrol in Privatbesitz. Wie so was im Krieg herauskommt? Die Berliner haben Glück – es ist das fast ganz das Verdienst der reichen Juden, höre ich. Die schöne Seite der Berliner Medaille ...
Gestern Abend soll der Marienplatz voll Menschen gestanden haben, die nach Brod schrien. Die Leute reden sich zum Theil auch in eine Unzufriedenheit hinein, wogegen ein Soldat, der vom Feld kam, sehr richtig sagte: wenn man von dem zerstörten Frankreich heimkommt und Alles so blühend vor einem steht, da denkt man doch, wie gut wir's haben ...
Mit herzlichen Grüßen Ew. Kgl. Hoheit treu ergebenster

A. v. Hildebrand

Schlederloh, 5. August 1916

Liebe Königliche Hoheit, ... Vielen Dank für die freundlichen Zeilen. Mittlerweile hat es sich wieder im Osten verschlechtert und Hindenburg soll helfen. Hoffentlich gelingt das bald. Mehr und mehr merkt man hier die Kriegsdauer. Alles wird eingezogen und die Arbeitsmöglichkeit hört allmählich total auf. Letzthin war ich in den Ausstellungen und sah im Glaspalast eine mittelgroße weibliche Bronzefigur, die mich aufs höchste überraschte, etwas ganz ausgezeichnetes, voll Leben und Können, das Beste was ich seit langem sah. Ein Schwabe Namens Knecht[128], Schüler von Kurz in der Akademie hat sie gemacht – ist aber jetzt auch hinaus an die Front gekommen. Sieben seiner Mitschüler sind schon gefallen. Auch Gulbransson[129] vom Simplizissimus ist gestern nach Freising als gemeiner Infantrist eingezogen worden. In seiner Weise doch auch ein Unicum, könnte man solche Leute nicht als Schlachtenmaler verwenden? Das Schlimme ist daß die amtliche Stellung, der Titel allein berücksichtigt wird, da man bei der begreiflichen Unkenntniß keine andern Anhaltspunkte weiß. So werden eine Masse belangloser Würdenträger geschont und werthvolle Begabungen verschleudert, nur weil sie keinen officiellen Stempel haben. Könnte da nichts geschehen? Es wird einem bang um die geistige Zukunft und wenn's [sich] jetzt auch in erster Linie ums Kämpfen handelt, so schließt das eine das andere doch nicht aus. Verzeihen Kgl. Hoheit, daß ich das Alles zu Ihnen sage, wo ich

---

[128] Richard Knecht, geb. 1887, Bildhauer, Schüler von Hildebrand und Erwin Kurz.
[129] Olaf Gulbransson, 1873–1958, Graphiker.

doch weiß, daß Sie nicht anders denken – aber es heult von selber, wie der kleine Junge sagte. –
Wir hatten die letzte Zeit ganz herrliche Tage und es scheint sich noch zu halten, was ja zu brauchen ist. Ich las die Zeit mal wieder die Jugendgeschichte von Kügelgen[130], doch ein feines Buch – und jetzt eines von Hesse mit dem Titel Peter Camenzind, auch sehr gut und originell.

Daß Kgl. Hoheit mittlerweile Feldmarschall geworden, ist gewiß eine sehr große Sache, zu der ich wohl schüchtern herzlich gratuliren darf, wenn ich auch weiß, daß Kgl. Hoheit solche Dinge nicht in üblicher Weise einschätzen. Mit herzlichen Grüßen und weiteren Siegeswünschen Ew. Kgl. Hoheit treu ergebener *A. v. Hildebrand*

München, 5. Oktober 1916

Liebe Königliche Hoheit, ... An einem herrlichen Herbsttag war die Comission am Königssee. An der Felswand rechts, wo man ums Eck fährt und hinüber nach Bartholomä sieht, hatte Behn auf Leinwand den stehenden Löwen gemalt aufgehängt. Lebensgroß sah er aus, obschon 16 Meter lang. Die Stelle war nicht ganz richtig gewählt, der Löwe spielte aber keine große Rolle und hatte auf die Gesammtheit wenig Einfluß. Vorausgesetzt daß der Löwe großzügig einfach hineingehauen wäre, würde er künstlerisch in der Umgebung nicht nur möglich sein, sondern auch feierlich seine Wirkung thun beim Vorbeifahren. Um darüber aber eine ganz sichere Probe zu machen, wäre es nöthig den Löwen an sich besser und an richtiger Stelle und noch etwas größer in der Felsenfarbe gemalt haltbar aufzuhängen, damit diese Störungen wegfallen. Dann ließe sich erst sicher wissen, ob die Idee an sich stört. Es ist ja keine Frage, daß wenn man das großartige Naturbild erlebt, der Sinn in die weite Menschenferne schweift und nicht auf einen Punkt bestimmter menschlicher Ereignisse concentrirt werden will, wozu doch das Denkmal eigentlich gemacht würde. Von diesem Standpunkt aus, welcher jedenfalls der allgemeine sein wird, ist das Denkmal dort nicht am Platz. Ich für meine Person empfinde nicht so, weil ich solch Denkmal ohne alle weitere Association ansehe und nur seine directe künstlerische Wirkung empfinde, die dem Felsen sich poetisch einigt – aber das ist für's Volk nicht maaßgebend. Als Nationaldenkmal für den hoffentlichen Sieg soll es eben als Association für die Menschen wirken und dann gehört es nicht hin. Dazu

---

[130] Wilhelm von Kügelgen: »Jugenderinnerungen eines alten Mannes«.

kommt, daß es als solches ganz anders in Scene gesetzt werden muß da sich die ganze Nation betheiligen will und jedenfalls auch die Wahl des Künstlers eine erste Rolle spielen wird und Behn dann doch auch nicht allein in Frage kommt. Die wundervollen Löwen[131] von Bleeker am Polizeigebäude, die nur leider so falsche Postamente haben, würden dann doch mehr auf ihn weisen. Soll es aber nicht das Bayerische Nationaldenkmal sein, so liegt überhaupt kein Grund vor, die Sache zu machen, denn der Königssee braucht es nicht und die Idee ist ja keine so neue, da König Ludwig I. dasselbe schon in Nauplia gemacht hat für die gefallenen Bayern. Als Nationaldenkmal wollen es die Leute auch schwerlich so versteckt und vereinsamt haben. Es wird deshalb mit Recht wohl unterbleiben, wie es ja auch Kgl. Hoheit meinten. Nach Tisch kamen wir auch in das schöne Wäldchen, wo Ihr Häuschen steht und wir vor Jahren zusammen mit der Prinzessin unsern Thee tranken. Gar seltsam wie im Traum stand wieder Alles vor mir – wie unentwegt schauten die Bergwände über alles Menschenschicksal hin weiter. Herzlichste Grüße Ew. Königl. Hoheit treu ergebener *A. v. Hildebrand*

Kronprinz Rupprecht von Bayern an A. v. H. 12. *Oktober 1916*

Lieber Herr Professor! Für Ihre 2 Briefe vielen Dank! In der Frage des Denkmals am Königssee folgendes: Ich glaube ja wohl, daß sich schließlich jedes Denkmal bei entsprechendem Taktgefühle des Künstlers der Natur anpassen läßt, allein ist es nötig gerade am Königssee der Natur nachzuhelfen, die gerade dort so gewaltig in ihrer Wirkung und ist es sicher, daß der ausführende Künstler das entsprechende Taktgefühl besitzt, um sich den gegebenen Umständen anzupassen und nicht sie zu vergewaltigen? ... Wie gesagt, ich halte das geplante Denkmal gerade an der hiefür gewählten Stelle für unnötig und für ein gewagtes Experiment, aber vielleicht ließe es sich anderswo an einem Felsen anbringen, der mehr losgelöst von seiner Umgebung, ihm gewissermaßen als Rahmen dient, einem Punkte, der durch das Denkmal an eindrucksvoller Wirkung gewinnt und zu dem man nicht mit zurückgelegtem Halse emporblicken muß. – Da wir gerade von Denkmalen reden, komme ich mit einem Vorschlage. Wie Sie wissen, lag mir immer sehr viel daran, daß Ihr Hubertus-Tempel seinen bildnerischen Schmuck erhalten sollte. Ich wünschte, daß die Stadt dafür sorgen möchte und zwar schon aus dem

---

[131] Löwen in Stein von Bernhard Bleeker, auf den Pfeilern des Gittertores vor dem Polizeipräsidium an der Ettstraße in München.

Grunde weil sie dann nicht mehr in der Lage gewesen wäre, andere derartige plastische Mißgeburten ins Leben zu rufen, wie wir sie beispielsweise im Ausstellungsparke sehen. Nun wird aber die Stadt voraussichtlich auf viele Jahre hinaus nicht in der Lage sein für Kunstzwecke größere Aufwendungen zu machen und so erbiete ich mich als Abnehmer der Figuren, die so wie die Umstände es erlauben, gegossen werden können. Also ich betrachte mich als Besitzer der Figuren, wenn Sie hiemit einverstanden sind. –

Bildhauer Knecht ist mir, wie ich aus Ihrem Briefe entnehme nicht unterstellt, da er aber einem Schallmeßtrupp zugeteilt ist, ist er so gut wie geborgen, er müßte schon besonderes Unglück haben, wenn ihm etwas zustoßen sollte. –

Über die Residenz in Landshut gibt es eine Veröffentlichung von Dr. Bassermann[132]. Sie hat auch im Inneren schöne Räume und scheint mir unter mantuanischem Einflusse entstanden zu sein, ja sogar in einzelnen Teilen eine direkte Kopie des Palazzo Ducale in Mantua zu sein ... Es grüßt Sie Ihr aufrichtig ergebener   *Rupprecht Kronprinz v. Bayern*

A. v. H. an Kronprinz Rupprecht von Bayern   München, 21. Dezember 1916

Liebe Königliche Hoheit, Ihr Hiersein ist wie ein Sternschnuppen vorübergeblitzt. Wieviel hätte ich nicht zu sagen gehabt, was ich Alles im Moment versäumt habe. Hoffentlich kommt einmal wieder Ruhe in die Welt.

Meine Figur ging gut vorwärts und ist jetzt beim Gipsgießer[133]. Mittlerweile hat sich auch eine Idee bezüglich der Umgebung des Hubertusbrunnens eingestellt. Ursprünglich dachte ich mir ja, wie Kgl. Hoheit wissen, den Brunnen in den Englischen Garten in grüner Idylle und Bäumen. Da sich das nicht verwirklichen ließ, brachte ich ihn als Appendix des Regentendenkmals zum Dasein. Die Idylle hoffte ich in vermindertem Zustand noch erhalten zu können, wenigstens anzudeuten und so den Brunnen von der Straßenstimmung fernzuhalten. Das führte zu einer etwas halben Sache. Von vorne und hinten gelang es, von der Seite aber war der Brunnen halb sichtbar, halb verdeckt und deshalb nicht Fisch nicht Fleisch. Jetzt kam mir die Idee, die Treppe, die seitlich vor den Brunnen führt, hinunter zu rücken direct vor die Seitenfront des Brunnens, sodaß er dann ganz direct

---

[132] Ernst Bassermann-Jordan: »Die decorative Malerei der Renaissance am Bayerischen Hof«, München 1906, darin S. 10–48 über die Neue Residenz in Landshut.
[133] Junger Jäger für den Hubertusbrunnen.

von der Straße zugänglich und sichtbar wird wie bei der Hinterseite nur mit dem Unterschied, daß die Treppe viel näher an den Brunnen rückt. Wenn alsdann die Baum- und die Pappelgruppe wie nach hinten auch wieder nach vorne wo jetzt die Treppe aufsteigt, sich wiederholt, so sitzt am Ende der Brunnen noch mehr im Grünen als jetzt und ist zugleich von allen 4 Seiten deutlich zu sehn. Von vorne weil man da oben ist, von den drei andern Seiten durch directen Treppenzugang. Damit ist nun freilich die Trennung von der Straße ganz aufgegeben und der ersten Absicht nur durch die Baumgruppen an den 4 Ecken noch Ausdruck gegeben – aber es entspricht dann der wirklichen Situation. Die Umstellung der Treppenanlage kann nicht viel kosten, es wird ja wirklich nur eine Umstellung schon vorhandener Steine. Die Vasen nehme ich dann alle fort, da sie jetzt zu groß sind, nachdem der Brunnen da ist, was Seidl auch schwer berechnen konnte.

Leuchtet die Idee nicht ein? Jetzt werde ich mich wieder mit der jungen Jägerfigur beschäftigen, damit auch die noch zum Rechten kommt. Wie Graf Pappenheim wohl schon mitgetheilt hat, ist die Sache mit der Stadt jetzt nach Wunsch im Reinen und auch für die 4. Figur scheint gute Aussicht. Doch ich habe jetzt nur vom Brunnen geschwatzt – der ist jetzt freilich so ganz mit Ihnen verbunden, daß Sie es schon ertragen müssen ...
Ew. Königl. Hoheit treu ergebener   *A. v. Hildebrand*

München, 7. Januar 1917

Liebe Königliche Hoheit, ... Kürzlich war ich in der Neuen Pinakothek, wo Dörnhöffer[134] die Innenräume verbessert. In dem großen Eingangssaal oben möchte er die Statuen von Canova und Thorwaldsen etc., die jetzt in der Glyptothek sind in Nischen etc. unterbringen. Ein Versuch mit Gipsen wegen des Lichtes fiel gut aus und in dem großen Raum und so allein werden allerdings die Figuren ganz anders zur Wirkung kommen. Ich fand die Idee sehr glücklich, schon weil die Sachen neben der Antike zu sehr abfallen und als schwächliches Plagiat die Stimmung der antiken Welt stören. Alles Moderne soll dann aus der Glyptothek rauskommen.

Dörnhöffer möchte nur gerne wissen was Kgl. Hoheit dazu sagen, weil vielleicht die Pietät für Ludwig I. da mitredet. Jetzt würde dieser wohl sehr einverstanden sein, da sich die neue Möglichkeit einer besseren Aufstel-

---

[134] Friedrich Dörnhöffer, 1865–1934, Kunsthistoriker, von 1914 bis 1933 Generaldirektor der Bayerischen Staatsgemäldesammlungen.

lung bietet. Im Parterre direct darunter hat er auch einen ganz schönen Raum geschaffen, leider hat er kein directes Licht. Für die nächste Zeit ist das jedenfalls sehr vernünftig angeordnet, später hat es wohl keinen Bestand, das wird aber noch lange dauern bei der jetzigen Weltlage ...
    Das Bauen ist jetzt leider ganz unmöglich, weder Material noch Arbeiter giebts. San Francesco ist wohl kaum gefährdet. Von Graf Harrach hörte ich diese Tage, daß die kleinen Antiquitätenhändler alle eingegangen und ihre Sachen nach Amerika sind, man wird alles leer wiederfinden ... Ich will morgen Abend auf 8 Tage nach Berlin, um den Robert von Mendelssohn noch irgendwie zu fixiren, da er schwer leidend, wohl sich kaum mehr erholen wird ... Mit herzlichen Grüßen Ew. Kgl. Hoheit treu ergebener
A. v. Hildebrand

Leider tauchen jetzt Zeichnungen in die Öffentlichkeit als speziell deutsche Kunst – ein Heft von Volkmann und leider auch eins von Thoma, die arg schwächlich sind. Georgii hat eben ein ausgezeichnetes Profilrelief von mir gemacht.

München, 28. Januar 1917

Liebe Königliche Hoheit, ... Vielen Dank für Ihren Brief, der gerade eintraf als ich von Berlin zurückkam, beladen mit einem gehörigen Katarrh, den ich mir bei dem naßkalten Wetter noch zuletzt mitnahm. So brachte ich denn die letzte Zeit in der geistigen Nebelschicht zu, die einen so angenehm von der Außenwelt absondert.
    Ihre Mittheilungen für Dörnhöffer waren für ihn sehr beruhigend. Er meinte Wolters[135] Widerstand käme hauptsächlich daher, daß sein Plan, die Mitte des Hofes der Glyptothek zu überbauen durch die Räumung des einen Saals in Frage käme. Da das Bauen wohl überhaupt zur Zeit ausgeschlossen sein wird, wird er wohl so zufrieden sein.
    Die Wirthschaftsfragen machen sich mehr und mehr bemerkbar und mit Thränen hört man, daß so vielfach die Soldaten draußen in ihrer deutschen Koch-Unkenntniß den schönen Reis und Gries einfach wegwerfen, weil sie nicht wissen, was mit zu machen. Warum sind eigentlich die Marketenderinnen abgeschafft worden ohne Kochkurse einzurichten?

[135] Paul Wolters, 1858–1936, Archäologe, Professor an der Universität München, 1908–1929 Direktor der Glyptothek in München.

In Berlin fand ich Mendelssohn recht leidlich, auch konnte ich ein Relief machen. Er hält die Gedanken über die Vermeidung späterer Kriege für recht überflüssig, da die Technik einen solchen überhaupt unmöglich machen werde. – So weit sind wir jetzt noch nicht und man sprach viel von der kommenden feindlichen Offensive im Elsaß unten. Sehr wichtig, daß Georgii es scheints jetzt durchgesetzt hat, daß man in Colmar endlich beschlossen hat den Grünewald[136] fort zu schicken in Sicherheit und zwar hierher zum restauriren. Hoffentlich geschieht es bevor es zu spät ist. Man scheint übel mit ihm umgegangen zu sein und von hier aus wollte man nicht drängen, um den Verdacht zu vermeiden, ihn behalten zu wollen. Georgii scheint von sich aus es möglich gemacht zu haben und ich freue mich das merkwürdige Bild endlich hier sehn zu können. – In die Stadt bin ich noch gar nicht gekommen, ist aber auch nicht viel los außer der Mona Lisa[137], die ja ein trauriges Machwerk zu sein scheint ... Mit herzlichen Grüßen Ew. Kgl. Hoheit treu ergebener   *A. v. Hildebrand*

München, 7. März 1917

Liebe Königliche Hoheit, ... Ich glaubte es nicht abschlagen zu dürfen, die Vorstandschaft einer Künstler-Vereinigung anzunehmen die den Versuch machen will, die üblen Kunstbetriebe der Stadtgemeinde München zu bessern[138] Wie jetzt die einzelnen Rechtsanwälte der verschiedenen politischen Parteien sich künstlerisch selbständig bethätigen ist allerdings kaum glaublich und zeugt von der Selbsttäuschung und Ohnmacht des Oberbürgermeisters. Mich brauchte man wegen der parteilosen Stellung und ich glaube bei den einzelnen sachlichen Fragen, die wohl meist allgemeiner architektonischer Natur sind, nützlich sein zu können, so habe

[136] Der Isenheimer Altar wurde aus Sicherheitsgründen auf Betreiben von Theodor Georgii und Carlo Sattler 1917 von Colmar nach München verbracht, wo er restauriert wurde. Er kam dann wegen Fliegergefahr ins Depot der Alten Pinakothek. Ehe er 1919 an die Stadt Colmar wieder zurückgegeben werden mußte, wurde er längere Zeit in der Alten Pinakothek ausgestellt. Damals wurde das dem großen Publikum noch wenig bekannte Werk erst populär.
[137] »Mona Lisa«, Oper von Max von Schillings, 1868–1933, Komponist und Dirigent, seit 1908 Generalmusikdirektor in Stuttgart.
[138] Die »Vereinigung für künstlerische Fragen« war nur von kurzer Lebensdauer und kam infolge der Kriegsereignisse zu keiner bedeutungsvollen Tätigkeit. Nach der Revolution vom November 1918 löste sie sich auf; dafür entstand der »Künstlerrat«, in dem Hildebrand jedoch nicht mehr Vorsitzender war.

ich mich denn dazu hergegeben, ein mir so fremdes Kleid mal anzuziehn, in das ich so wenig passe. Wenn ich merke, daß andere Interessen hineinspielen, kann ich ja immer weg. –

Doch will ich lieber von der erfreulichen Thatsache sprechen, daß die Grünewalds aus Colmar hier sind. Die möchte ich mit Ihnen ansehn. Künstlerisch am höchsten stehn die zwei heiligen Einzelfiguren[139], auch die Madonna in der jubelnden Landschaft ist prachtvoll. Bei den anderen großartigen Empfindungsdarstellungen ist das erzählende Element noch oft zu hervortretend und wichtig im Einzelnen. Coloristisch unermüdlich reich.

Daß mein Schwiegersohn Georgii die Versendung hierher erreicht hat, ist wirklich ein großes Verdienst. Er muß es sehr klug angefangen haben.

Im Atelier habe ich bis jetzt mit der jungen Jägerin zu thun gehabt, um sie in Gips für die Bronze genügend fertig zu stellen, eine sehr langwierige Arbeit. Jetzt will ich mich dann noch mit dem jungen Jäger beschäftigen und sehn wie ich ihn noch weiter treibe ...

Hab ich eigentlich meine Freude ausgesprochen darüber, daß Kgl. Hoheit in die Residenz, ziehen werden? Das ist ein großer Gewinn. Lesen thue ich mal wieder lauter Shakespeare, den ewigen Gesundbrunnen ...

Mit herzlichen Grüßen Ew. Kgl. Hoheit treu ergebener

A. v. Hildebrand

München, 26. April 1917

Liebe Königliche Hoheit, ... den Entwurf der Balzac Statue von Rodin habe ich mir angesehen, er ist allerdings sehr fein charakteristisch und lebendig. Groß als Monument auf der Straße aber doch zu genrehaft in der Art der heutigen Italiener gedacht. Ganz besonders gut ist das kleine Steinrelief aus Colmar bei Dörnhöffer. Fabelhaft feine Arbeit.[140]

Hier lege ich Fotografien eines Portraits[141] bei, das ich kürzlich gemacht. Einen solch griechischen Kopf bei einer Regensburgerin zu finden, ist doch merkwürdig. Ich sah sie im Tram und bat sie zu sitzen. Sie entpuppte sich als eine Schneiderin, die wohl eine Rolle als Schönheit in

---

[139] Gemeint sind die beiden Seitenflügel vom Kreuzigungsbild des Isenheimer Altars, St. Antonius und St. Sebastian.
[140] Medaillon in Kehlheimer Stein von Hans Daucher aus Augsburg, 1522 entstanden. Es stellt Philipp, Pfalzgraf bei Rhein, Herzog von Pfalz-Neuburg, 1503–1548, dar.
[141] Überlebensgroße Bronzebüste einer jungen Frau, der Hildebrand den Namen »Bavaria« gab, im Besitz der Bayerischen Staatsgemäldesammlungen.

München gespielt hat und einen Balten zu heirathen hoffte, der jetzt aber in Rußland von ihr abgeschnitten ist. Ob solcher Typus in Niederbayern noch aus Römerzeiten stammt, wo am Ende wohl auch Griechen unter den Soldaten waren – denn römisch ist der Typ nicht.

Sobald ich eine Fotografie des Reliefs Ihrer M. der Königin[142] habe, schicke ich sie. Es ist mir wohl gut gelungen, die Gradflächigkeit des Gesichtes hat mich sehr interessirt, und die Ähnlichkeit von Kgl. Hoheit ist nicht zu verkennen.

Ob das Alles Sie jetzt bei den schweren Kämpfen interessiren kann, ist mir fraglich. Es muß ja schrecklich sein und daß die Leute es immer wieder aushalten, doch wunderbar. – Eine merkwürdige Luft weht von Russland herüber, ich glaub es wird Manchem in Berlin etwas schwül. Wie wird Alles enden? In Italien sollen durch Amerikas Eintritt die Gelder wieder ganz hoch stehn – das wird den Friedensdurst wieder zurückhalten. –

Mein junger Jäger ist wieder groß neu aufgebaut und kann jetzt losgehn ... Mit heißen Wünschen zu weiteren Siegen und herzlichen Grüßen Ew. Königl. Hoheit treu ergebener *A. v. Hildebrand*

München, 20. Mai 1917

Liebe Königliche Hoheit, ... ich kam gestern von Meiningen zurück, wo ich mir die Grabstätte des verstorbenen Herzogs[143] angesehn habe. Es ist eine Pracht, wie jetzt Alles frisch und üppig dasteht und deshalb nimmt man ruhig es hin, wenn die Züge einen immer sitzen lassen. Wie ist es eigentlich entstanden, daß der Bamberger Dom an beiden Seiten erhöhte Chöre hat, wodurch ein klares Richtungsgefühl verloren geht? Es war mir diesmal besonders unbehaglich. Kürzlich war mein Schwiegersohn Sattler einige Tage hier und hat viel Interessantes vom Elsaß erzählt. Die Einzelheiten muß er aufschreiben, mir entfallen sie wenigstens immer, aber die Wirtschaft scheint schon arg zu sein und sollte doch besser gekannt werden. Bei gutem Wein werden die preußischen Beamten durch liebenswürdige Manieren und Gänseleberpasteten von den französischen Finanzgrößen so schön eingewickelt, daß sie bei Allem nachgeben. Die französisch gesinnten zwei Bi-

---

[142] Königin Maria Theresia von Bayern, Gemahlin König Ludwig III., 1849–1919. Das Bronzerelief befindet sich im Besitz der Erben des Kronprinzen Rupprecht.
[143] Herzog Georg II. von Sachsen-Meiningen, für dessen Grab Hildebrand einen Engel mit Lyra modellierte. Die Steinausführung nach dem nicht mehr erhaltenen Gipsmodell Hildebrands hat Theodor Georgii gemacht.

schöfe regieren und der protestantische Gouverneur gilt wenig. Die Straßburger Universität verhindert daß die Elsässer nach Deutschland kommen und ist mehr ein unnöthiges Prunkstück. Auch soll das schwächliche Regiment was Preußen dort geführt, Frankreich nothwendig im Glauben und Hoffen verstärkt haben, Elsaß wieder zu gewinnen und somit schuld am Krieg sein. In somma Preußen versteht es kaum andere Länder zu regieren und sollte es aufgeben. – Man ist ja auch an der Arbeit ...

Mit meiner Figur hoffe ich bald zu Ende zu kommen – Modelle gibt es jetzt nicht – ein für und wider. In München ist's still, man genießt das herrliche Wetter. Hab mal wieder viel Lessing gelesen und manch Neues gefunden – doch ein famoser Kerl.

Hoffentlich bekommen Sie jetzt mehr Ruhe – freilich heißt das verlangsamte Entscheidung. Ob Amerika noch auf die Bühne kommt? Die ganze Entente kommt mir vor wie ein reicher großer Herr, der sein Vermögen verliert, aber sein Leben nicht ändern kann und in seiner Karosse weiter herumfährt um sich und den andern die Wahrheit nicht merken zu lassen.

Mit herzlichen Grüßen und alles Gute Euer Kgl. Hoheit treu ergebener
A. v. Hildebrand

München, 26. Juni 1917

Liebe Königliche Hoheit! Da ich immer nicht zum Schreiben kam, schickte ich wenigstens das Kernerbuch[144] zum Zeichen meiner Rückkehr aus Wien. Kennen Sie den van Meer in der Czerninschen Sammlung[145]? Das ist doch ein ganz herrliches Bild. Das möchte ich neben dem Giorgione[146] mal sehn. Beides letzte Worte ihrer Art. Auch ein schlafender Kinderkopf[147] ist ersten Rangs – von wem ist mir nicht aufgegangen. Und dann das schöne Schwarzenberg-Palais, das kleine Belvedere und die Hofbibliothek – der

---

[144] Theobald Kerner: »Das Kernerhaus und seine Gäste«, Stuttgart, Leipzig, Berlin, Wien, 1894. Das Haus des Dichters, Arztes und Okkultisten Justinus Kerner in Weinsheim bei Heilbronn in Württemberg, war eines der wichtigsten Häuser der deutschen Spätromantik. Irene Hildebrand hat als Kind sehr viel im Hause Justinus Kerners verkehrt, der ein naher Freund Gustav Schäuffelens, ihres Vaters, war.
[145] Jan Vermeer van Delft, 1632–1675, »Werkstatt des Künstlers«.
[146] Giorgione, 1476/77–1510, »Die drei Weisen«, im Kunsthistorischen Museum in Wien.
[147] Mit schlafendem Kinderkopf ist wahrscheinlich »Schlafendes Kind« von Bernardo Strozzi, 1581–1644, früher Murillo zugeschrieben, in der Sammlung Czernin gemeint.

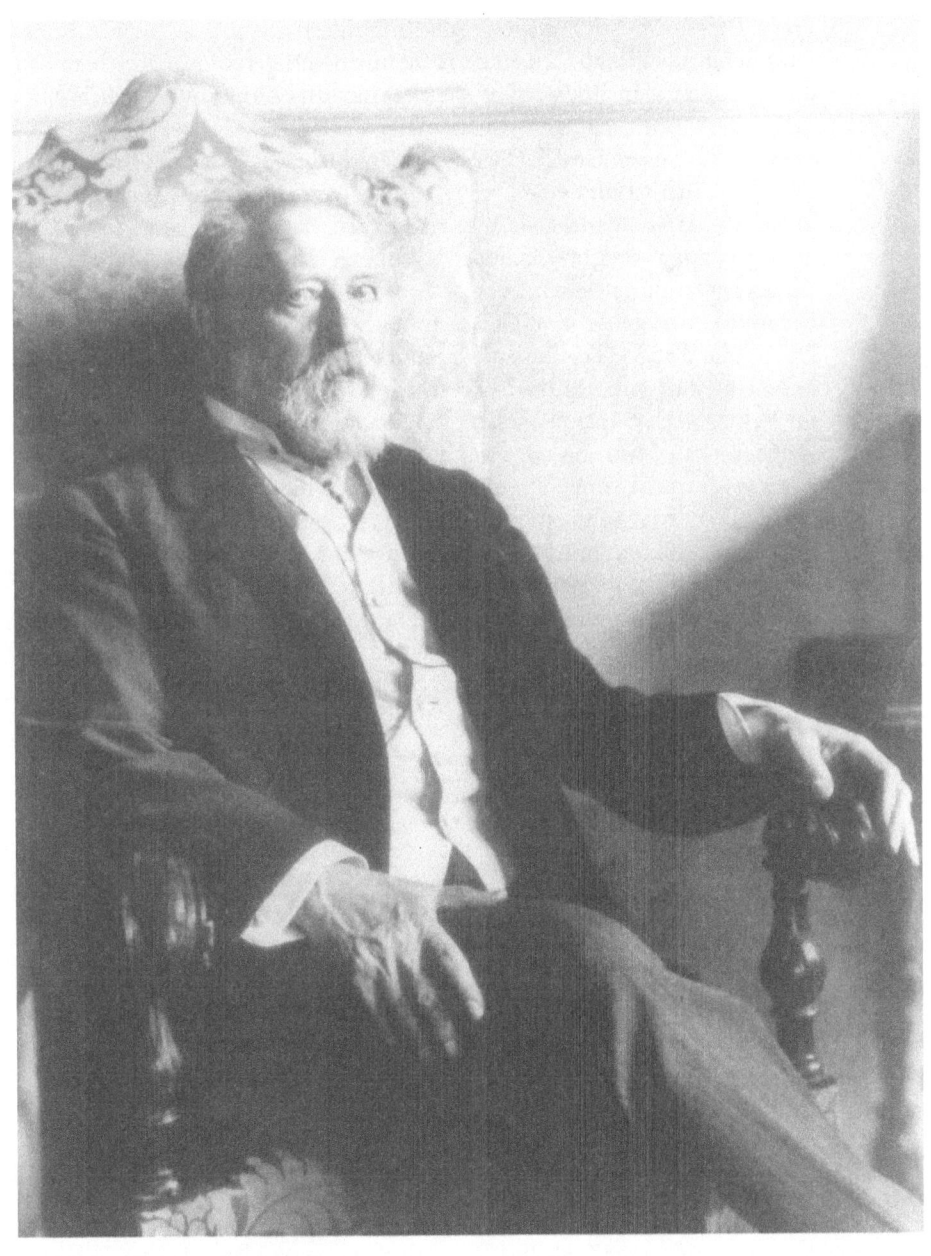

Adolf Hildebrand als Siebzigjähriger

Frans Hals[148] im Liechtenstein etc. Kurzum es gab viel zu sehn. In dem Graf Berchthold[149] fand ich einen recht kunstsinnigen Mann, überhaupt ist die Aristokratie in Wien voller Architektur- und Kunstsinn. Freilich Alles Leute, die schöne Schlösser haben, in denen sie aufgewachsen, aber wo findet man bei uns eine solche Gesellschaftsschicht. In der neuen Burg, wo es sich hauptsächlich um eine Decke handelte von einem großen neuen Saal, glaub ich die Sache gut gedeichselt zu haben. Sie war arg verkorkst, nachdem ein erster und guter Plan des Architekten nicht gemacht worden, den ich aber jetzt durchgesetzt habe. – In Wien sah es recht friedlich aus, nur bekam man nirgends eine Cigarette noch Cigarre. Man soll so viel nach Deutschland abgegeben haben. Der junge Kaiser[150] soll sehr populär sein.

Mit meiner Jägerfigur, die jetzt gegossen ist, werde ich in Gips bald im Reinen sein. Sonst plage ich mich noch mit einigen Portraits von Gefallenen nach Fotos. So wird denn bald der 15. Juli da sein, wo wir dann doch ins Isarthal können wie letztes Jahr, da die Wohnung uns geräumt wurde. Wir sind sehr froh. Dazu überraschte uns gestern Georgii, der Urlaub bekommen, um die Doppelmünze der Majestäten zu machen und außerdem Braunfels, der nun seinen Offizierskurs durchmacht also bis in den October im Inland ist. Er hat viel mitgemacht, seine Compagnie fiel kürzlich zum großen Theil einer Handgranate zum Opfer, sie erstickte; zufällig war er gerade nicht dabei. Sehr erfreut bin ich daß Kgl. Hoheit ans Herkommen denkt um Sie wiederzusehn und weil's mir ein gutes Zeichen scheint?? Hoffentlich gibt's nicht wieder eine so knappe Zeit. Entschuldigen Sie mein schlechtes Gekritzel und herzlichen Gruß von Euer Kgl. Hoheit treu ergebenem *A. v. Hildebrand*

Hugo v. Hofmannsthal an A. v. H. *Rodaun, 1. Juli [1917]*

Verehrter Herr Professor! Fürstin Taxis[151] hat mir, als ich für kurze Zeit hierher zurückkehrte, Ihren Brief gegeben, wir haben alles überlegt und

---

[148] Franz Hals, 1582–1666, »Porträt von Willem von Heythuysen, Bürger von Haarlem, in der Liechtensteingalerie in Wien.
[149] Graf Leopold von Berchtold, 1863–1942, österreichischer Staatsmann, damals Oberstkämmerer.
[150] Kaiser Karl von Österreich, 1887–1922, regierte von 1916 bis 1918.
[151] Marie, Fürstin von Thurn und Taxis, geb. Prinzessin von Hohenlohe-Waldenburg-Schillingsfürst, 1855–1934, Gönnerin und Freundin Rainer Maria Rilkes. Besitzerin des Schlosses Duino bei Triest.

ich soll die Antwort auf Ihre gütigen Gegenvorschläge und Erwägungen geben. Wenn ein so schöner Anlass bevorsteht, nicht nur für eine sondern für sämmtliche Kunstzeitschriften, Ihre Werke zu reproducieren, so wollen wir uns natürlich gern bis October bescheiden[152]. Desgleichen folgen wir Ihrem Gedanken, erst wenn ein Entwurf von Ihnen vorliegt, auf Gruppen von Menschen zu Gunsten dieses bestimmten Entwurfes wirken zu wollen, nicht schon vorher auf das vage Project hin.

Fürst Taxis mußte sich einer (nicht gefährlichen aber schmerzhaften) Operation unterziehen; dadurch verzögerte sich die Sendung von Plänen, Aufnahmen etc. Eigenthümer des fraglichen Platzes ist übrigens die Regierung. Es ergibt sich jetzt, dass fertige Entwürfe, auf diesem Platz ein solches Theater zu bauen, im Archiv des Oberhofmeisteramts liegen müssen (circa 15 Jahre alt); da sie von trockenen Routiniers herrühren, dürfte sich aus ihrer Existenz wenigstens die rein technische Möglichkeit ergeben, auf diesem Platz ein kleines Theater unterzubringen. Ein anderes wäre, wenn Ihnen die Lösung dieser complicierten stadtarchitektonischen Aufgabe (inclusive der Verkleidung der Feuermauer durch eine schöne Architectur, kurz Gestaltung des ganzen Platzes zu zwei kleinen Plätzen) individuell nicht reizvoll oder unmöglich erschiene. Dann wären wir in einer herabgesetzten Etage. Im Grünen ist nicht einmal der gewöhnliche triviale Platz frei oder ohne ungeheure Kosten frei zu machen. Dann noch dies: dieser alte Platz da so nahe der Kaiserlichen Burg ist nicht de jure aber gesellschaftlich leichter unter höfischein Einfluss zu erhalten, der uns der weitaus günstigere; geht man anderswohin, so fängt die Hetzjagd der städtischen, äusserst kleinbürgerlichen Interessen an, das Gespenst des Localpatriotismus erscheint etc. Auch hängen wir alle so an dem Gedanken, dieses Kunstwerk den edlen Resten der alten Stadt einzufügen. Doch darüber entscheiden ja nur Sie, und nicht einmal Ihr Wille, sondern eine noch höhere innere Gewalt.

Briefe gehen am sichersten immer an die Fürstin Taxis, Schloß Laučin bei Nimburg, Böhmen.

In großer Verehrung der Ihre   *Hofmannsthal*

---

[152] Anläßlich Hildebrands 70. Geburtstag am 6. Oktober 1917 brachten alle deutschen Kunstzeitschriften Aufsätze mit Abbildungen seiner Werke.
Hildebrand hatte ein Mozart-Theater für Wien entworfen. Graf Berchthold, Fürstin Taxis und Hugo von Hofmannsthal hatten Hildebrand dazu veranlaßt. Das Projekt kam wegen der schwierigen Platzfrage und infolge des Umsturzes in Wien nie zur Ausführung.

Kronprinz Rupprecht von Bayern an A. v. H. 5. *Juli 1917*

Mein lieber Herr Professor! ... Das Kernerbuch schicke ich mit bestem Danke zurück: eine behagliche Stimmung in dem Ganzen, dabei viele Wunderlichkeiten, Ausgeburten eines still träumenden romantischen Zeitalters. Das jetzige ist weniger behaglich und weit realer, bietet aber der Entfaltung der Einzelindividualität weniger Spielraum. Und dabei sind es doch einzelne, die die Geschichte machen, selbst in den demokratischsten Ländern, ich nenne nur Lloyd George, Wilson und Kerenski[153]. – Nun vielleicht kommt dieser letztere doch zum Sturze, wenn die neuerliche Offensive der Russen ins Stocken gerät und was ich hoffe mit einem Rückschlage endet. – Ihr Schwiegersohn Braunfels hatte Glück! Es war eine durch irgend eine Unvorsichtigkeit verursachte Explosionskatastrophe, die an 100 Leuten das Leben kostete. – Was für viele Leben blos durch Unvorsichtigkeit zu Grunde gehen! Die Leute werden im Kriege oft recht leichtsinnig oder gleichgiltig. –

Wenn man in der Heimat statt der Glocken die vielen häßlichen Monumente einschmelzen wollte! Es wäre dies geradezu eine Erlösung und eine kommende Künstlergeneration hätte wieder Gelegenheit nach dem Kriege sich schöpferisch zu betätigen und Verdienst zu finden. – Heute Nachmittag will ich in ein benachbartes Städtchen, in welchem sich einige gute alte Bilder unter anderen von Rubens befinden sollen. Ich bin etwas skeptisch. –

Es grüßt Sie vielmals und wünscht Ihnen und den Ihren schöne Tage in dem Isartal. Ihr aufrichtig ergebener *Rupprecht Krp. v. B.*

A. H. an Kronprinz Rupprecht von Bayern München, 6. *Juli 1917*

Liebe Königliche Hoheit, nach 5 Wochen bin ich mit meiner Frau endlich aus der Schweiz zurückgekommen. Durch eine Bronchitis, die ich in Bern bekam, wurde der Aufenthalt gestört und verlängert, dennoch war es sehr erfreulich und für uns wichtig. Wir fanden allerlei Freunde aus Florenz und erfuhren so Directes über Brewsters etc. San Francesco ist ein

---

[153] David Lloyd-George, 1863–1945, englischer Staatsmann, Premierminister 1916–1922.
Woodrow Wilson, 1856–1924, 1912–1920 Präsident der Vereinigten Staaten von Nordamerika.
Alexander Kerenskij, geb. 1881, russischer Staatsmann; 1917 war er revolutionärer Ministerpräsident, floh dann vor den Boschewiken nach England.

Erholungsheim für Soldaten, wofür Miethe bezahlt wird und in freundlichster Weise vorgegangen wird. Über das Fortehaus, welches behördlich abgeschlossen und deshalb nicht vermiethbar wurde, ist noch nichts bestimmt. Der neue Schweizer Gesandte in Rom ist nicht deutschfreundlich und hat bisher nichts dafür gethan, was auf meine Beantragungen[154] in Bern sich hoffentlich ändert. Immerhin bleibt ja den Italienern die Wahl frei zwischen tedesco e svizzero.

In Zürich waren wir mit Dohrns zusammen, dem ist jetzt das Haus in Ischia auch confiscirt worden. Seiner russischen Frau sitzen die Bolschewikis auf ihrem väterlichen Gut. Überall trifft man vermögende Leute, die nicht wissen ob sie noch etwas haben. – Man lebt noch recht gut in der Schweiz, wenn auch mit Karten wie hier, – Weißbrot giebt es aber nicht. – Die einheitliche alte Stadt Bern hat mich wieder sehr entzückt. Der Typ des architektonischen Gesammtaufbaus der Häuser ist so gesund und ausdrucksvoll und eine kleine Fleischhalle ein Juwel. Dann die herrlichen Baumalleen! Und schön in der Schweiz ist, daß man gar keine Armuth sieht. – Ich las dort die Rede Balfours[155], in der er offen sagte, daß es ein Wirthschaftskrieg sei. Mir schien dies Eingeständniß sehr wichtig und ich vermißte bei der Rede Kühlmanns[156], daß er daran nicht anknüpfte. Er hätte doch sagen können, daß England und Frankreich ihre wirthschaftliche Blüthezeit und Jugend gehabt hatten und jetzt als ältere, reiche Herren einem jungen Deutschland auch diese Entwicklungszeit gönnen müßten, die ja die ganz natürlichen Forderungen eines kräftigen Jungen sind. Es sei kurzsichtig, die Natur da mit Gewaltmitteln unterdrücken zu wollen. Eine freie Entwicklung nach der wirthschaftlichen Seite hin wäre ja das sicherste Gegenmittel gegen die gefürchteten Eroberungsgelüste Deutschlands in Europa. Wenn wir wohl Talent zum Erobern, so haben wir doch gar keines zum Regieren und deshalb ist es falsch, wenn Deutschland nach dieser Seite getrieben wird oder dahin strebt. – Doch genug Politik – hoffentlich ist etwas Wahres an den Friedensversuchen.

Leider habe ich gestern erfahren, daß die Pinakothek für die Büste von Böhler[157] zu spät gekommen ist. Dörnhöffer war eben zu lässig. Ich bedaure

---

[154] Hildebrand, der das schweizerische Bürgerrecht besaß, war nach Bern gereist, um seine italienischen Besitzungen zu retten.
[155] Arthur James Balfour, 1848–1930, englischer Staatsmann, Bruder von Hildebrands Freund Gerald Balfour, 1853–1945, Philosoph, später englischer Staatsmann, der einige Jahre in Florenz lebte.
[156] Richard von Kühlmann, 1873–1948, deutscher Diplomat, 1917–1918 Staatssekretär des Auswärtigen, schloß den Frieden von Brest-Litowsk.
[157] Alte Büste in der Kunsthandlung J. Böhler in München (Näheres war über die Büste nicht mehr zu ermitteln).

es sehr, die Büste hätte man kaufen sollen für die Pinakothek mit ihrem Oberlicht. Die Ergänzungen beziehen sich auf unwesentliche Stellen. Ich werde mich beim Kriegsminister nächstens erkundigen und danke sehr für Ihre lebhaften Interessen an meinem Entwurf[158]. Das Armeemuseum hat freilich die Situation gründlich ruinirt – doch muß man sehn, was noch zu retten. Mit herzlichsten Grüßen auch von Seiten meiner Frau Ew. Kgl. Hoheit treu ergebener   *A. v. Hildebrand*

Kronprinz Rupprecht von Bayern an   *A. v. H. 29. Juli 1917*

Lieber Herr Professor! ... Neulich sah ich in einem Parke Meuniers[159] Sämann eine prachtvolle Gestalt und Rodins Gruppe der Bürger von Calais. Einzeln betrachtet ist jede der Rodinschen Figuren vorzüglich aber als Ganzes ermangelt die Gruppe der Wirkung. Von keiner Seite gibt sich ein Gesammtbild. Mich erinnerte die Gruppe an zusammengestellte Krippenfiguren. – Mir wurde vor einiger Zeit ein Entwurf des Bildhauers Römer für eine Ausgestaltung des Königsplatzes zugeschickt. Der Entwurf ist nicht übel, aber die kommenden Jahre werden magere werden und es werden die Mittel mangeln, um zu bauen. Überhaupt werden alle nicht vordringlichen Bedürfnisse zurückgestellt werden müssen, sehr zum Nachteile der Entfaltung von Kunst und Wissenschaft ... Ihr aufrichtig ergebener   *Rupprecht Krp. v. B.*

A. v. H. an Kronprinz Rupprecht von Bayern Schlederloh, 7. August 1917

Liebe Königliche Hoheit, das waren ja schreckliche heldenreiche Tage in Flandern seit Ihrem letzten Brief. Trotzdem will ich von andern Dingen schreiben. Ich war diese Tage in München, war wieder eine Sitzung im Deutschen Museum. Ich habe rechte Angst für den Prunktheil des Neubaus. E. Seidl[160] ist voller Einzelmotive und farbiger Liebhabereien,

---

[158] Für ein Ausstellungsgebäude neben dem Armeemuseum in München. Der Bau sollte im rechten Winkel zum Museum an dessen Südseite zu stehen kommen. Das Projekt wurde nicht ausgeführt.
[159] Constantin Meunier, 1831–1905, belgischer Bildhauer und Maler.
[160] Emanuel von Seidl, 1856–1919, Architekt, jüngerer Bruder Gabriel von Seidls, Erbauer des Deutschen Museums in München. Hildebrand war Mitglied des Bauausschusses für das Museum.

glaubt durch Anhäufen zu gestalten und geht immer auf eine Gaudi hinaus. Architektonische Würde und einfache Einheit kennt er nicht. Das System von Miller[161] durch mehrere verschiedene Stimmen zu einem sicheren Resultat zu kommen, ist natürlich ohne Erfolg. So entstehn aber keine Kunstwerke und ein kastrirter Seidl wär ja noch schlimmer – geht ja auch nicht – man zieht sich besser zurück, denn Verantwortung kann man nicht übernehmen. Für die Aufstellung der vielen Portrait-Büsten und Bilder, die sich stets vermehren, ist ein Ehrensaal ein Mißgriff – die gehören in einen Wandelgang, wo man sie nur nacheinander sehn kann wie zum Beispiel im Gang der Uffizien und wo ihre Aufstellung keinen wesentlichen Einfluß auf die Raumwirkung hat, wie bei einem Rundsaal. Der jetzige Compromiß führt zu nichts Rechtem. So viel Talent und Geschmack, ist doch der künstlerische Verstand ein so unentwickelter und oberflächlicher – daß eine Verständigung ausgeschlossen. Wo der Verstand aufhört tritt der Ellbogen als Ersatz ein – siehe auch Lloyd George.

Die Menschen denken meist nur mit gestempelten Schlagworten, das verbindet sie geistig und deshalb ist das Einsiedlerleben das einzig Mögliche für mich. Der Versuch mit der Vereinigung für künstlerische Fragen wird wohl dasselbe bestätigen.

Der Plan für den Königsplatz, von dem Kgl. Hoheit mir schreiben, ist wohl der von Architekt Zügel[162]? er heißt ungefähr so. Ich kenne ihn. Gewiß ist die Gesammtabsicht gut, doch glaub ich, könnte es einfacher gelöst sein und anstatt der Halle, blos eine Mauer mit großen Reliefs ein besserer Gegensatz zu den Bauten sein. Hallen sind leer öd, geben aber schlechtes Licht für Statuen etc. Die schönen Wagengespanne der Centenarfeier[163] waren ein großartiges Motiv für Reliefs, gar nicht schöner zu denken. Ich wollte immer die Sache mal aufzeichnen, vielleicht komme ich dazu. – Was Sie übrigens über die Zeit nach dem Krieg und die Geldnoth sagen, ist wohl noch gar nicht recht zum Bewußtsein gekommen. Ich hoffe nur, daß bis zu der Zeit, wo Kgl. Hoheit in die Lage kommen, Ihren eigentlichen inneren Beruf auszuleben, sich Deutschland wieder gekräftigt hat. Es war das sonst eine besonders tragische Nachwirkung dieses wahnsinnigen Krieges, an die ich gar nicht denken kann und die wohl

---

[161] Miller: Oskar von Miller, 1855–1934, Ingenieur, Begründer des Deutschen Museums.
[162] Es handelt sich wahrscheinlich um Pläne, die der Bildhauer Georg Römer zusammen mit einem Architekten aus eigener Initiative entworfen hat. Der Name des Architekten war nicht zu ermitteln. Die Pläne sind verschollen.
[163] Zentenarfeier für König Ludwig I. von Bayern. Die zum 100. Geburtstag Ludwigs I. im Jahre 1886 angesetzte Feier wurde wegen des Todes König Ludwigs II. auf 1888 verschoben.

auch Sie schon recht beschäftigt haben mag ... Mit herzlichsten Grüßen
Ew. Kgl. Hoheit treu ergebener　　　　　*A. v. Hildebrand*

A. v. H. an Heinrich Wölfflin　　　　München, 16. September 1917

Sehr geehrter Herr Geheimrat, Sie waren so freundlich mir Ihren Aufsatz[164] zur Ansicht zuschicken zu lassen. Ich nehme an, daß Sie mir damit Gelegenheit geben wollen, berichtigen zu können, wo ein Irrthum vorgekommen sein sollte.

Vor Allem möchte ich Ihnen meinen aufrichtigsten Dank für Ihr verständnisvolles Eingehn auf mein Schaffen und Wollen ausdrücken. Ihre ganze Auffassung hat mich sehr erfreut.

Nur zwei Punkte möchte ich berichtigen:

Ich bewundere nämlich Rodin sehr als speziellen Bildhauer, wenn ich ihn auch keinen Künstler im eigentlichen Sinn nennen kann. Wo er ein Ganzes schaffen will ist er ahnungslos.

Organisch lebensvoll aber den Körper erfassen, hat er wie wenige verstanden, ein gewaltiger Spezialist.

Der andere Punkt bezieht sich auf Konnerths vortreffliche Schrift[165], die ich erst vor einigen Wochen in die Hand bekam. Sie gehen noch weiter als er, wenn Sie sagen, daß mein Problem der Form ohne Fiedler nicht entstanden wäre.

Es ist mir ganz verständlich, daß man bei einem Künstler für die Denkdisziplin und die Fragestellung meines Buches nach einer Erklärung sucht und diese in dem nahen Verhältniß zu Fiedler zu erkennen meint. Die Wahrheit liegt aber nicht so. Man vergißt, daß ich aus einer Familie abstamme, bei der Philosophie und scharfes Denken sozusagen Spezialität war. Mein älterer Bruder der Grazer Nationalökonom hat dasselbe in seinem Gebiet.

Daß diese Seite eine besonders reiche Beziehung zwischen Fiedler und mir zur Folge hatte ist verständlich. Dennoch wäre es falsch zu sagen, daß Fiedlers philosophische Anschauung auf mich eingewirkt hätte und in causalem Zusammenhang zu meinem Buch stünde.

Wir haben auf ganz verschiedenen Punkten gebohrt, hatten ganz verschiedene Probleme und gerade das schöne und spezielle unserer geistigen Be-

[164]　Heinrich Wölfflin: »Adolf Hildebrand zu seinem siebzigsten Geburtstag«, Kunst und Künstler, Berlin 1917, Jahrg. XVI, Heft 11.
[165]　Hermann Konnerth : »Die Kunsttheorie Conrad Fiedlers«, München und Leipzig 1909.

ziehung war diese gegenseitige Unabhängigkeit. Jeder verstand den Andern, hatte aber seine eigene innere Quelle.

Das unterschied auch unser Verhältniß zu Marées. Mehr Poet als Philosoph kam Alles aphoristisch bei ihm heraus, der logische strenge Zusammenhang war nicht seine Sache. Ganz ähnlich wie Goethe zu Schiller, stand Marées mir da gegenüber. Die Versuche, die Marées einmal machte[166], mißlangen durchaus und blieben ein frommer Wunsch und wären es auch immer geblieben.

Ich lasse mich Ihnen gegenüber hier so breit aus, weil man die zwei ganz getrennt liegenden Fähigkeiten bei mir schon so oft falsch gedeutet und ausgelegt hat und weil ein schriftliches Wort von so maßgebender Seite eine dauernde irrthümliche Auffassung zur Folge hätte. Ich hätte das Problem der Form unter allen Umständen geschrieben.

Mit besten Grüßen und nochmaligem vielen Dank Ihr ergebener

A. v. Hildebrand

A. v. H. an Kronprinz Rupprecht von Bayern
München, 24. September 1918

Liebe Königliche Hoheit, ... Bezüglich der Einschmelzung der Statuen erfuhr ich im Ministerium, daß zunächst nur die der Stadt gehörigen Bronzen begutachtet würden. Die Feldherrnhalle steht z. B. der Civilliste unter und da soll erst verhandelt werden, es scheint da Widerstand geleistet zu werden. Da Ministerialrath Hendschel[167] noch im Urlaub habe ich wegen des Hirsches noch nicht sprechen können. Es ist freilich widersinnig einen nothwendigen Theil eines Ganzen einzuschmelzen, wenn die neuen Herstellungskosten nicht gesichert sind und als Eigenthum der Stadt ist darauf ja gar nicht zu rechnen. Unter die Denkmäler gehört ja der Hirsch gar nicht. Ich will deshalb sehn ob ich die Sache nicht rückgängig machen kann. Der große Fehler im Ganzen war, daß man die Sachen nicht an Ort und Stelle alle beurtheilt hat – das hab ich versäumt anzuregen weil ich die Wiederherstellung als sicher annahm, während sie ja wohl eine Sache der Illusion sein wird und deshalb die Einschmelzung ernst zu nehmen ist, die

---

[166] Marées Absicht, seine kunsttheoretischen Ideen niederzuschreiben.
[167] Richard Hendschel, 1868–1946, Ministerialdirektor, Kunstreferent im Bayerischen Innenministerium und Kultusministerium von 1914 bis 1933. Hildebrand war besorgt, daß sein Bronzehirsch im Inneren des Hubertusbrunnens auch unter die einzuschmelzenden Denkmäler gerechnet werden könnte. Es kam aber nicht mehr zu der Einschmelzung der Denkmäler.

große Bavaria wäre ja viel ausgiebiger, ist aber noch gerade vor 1850 errichtet worden. Seltsam wie so was wörtlich genommen werden muß ...
Hoffentlich hüllt sich der düstere Kriegshimmel wieder bald für uns auf, sodaß das Schlimmste gewesen ist – so lebt man von Tag zu Tag in doppeltem Sinn des Wortes – in's Blaue. Meine Frau und ich grüßen herzlichst und senden die wärmsten Wünsche zu dem baldigen neuen Leben. Euer Kgl. Hoheit treu ergebener *A. v. Hildebrand*

München, 11. Oktober 1918

Liebe Königliche Hoheit, vielen Dank für Ihre letzten Zeilen, seit denen sich gar Manches geändert hat. Wenn es wahr ist daß S. M. abdanken wollte aber vom Prinz Max[168] abgehalten worden ist, so ist das wohl zu beklagen. Als Sühne für all die Fehler wäre es wohl das Natürliche und dazu wohl die beste Sicherung eines anständigen Friedens. Kommt es später, verliert es den Effect. Wenn Deutschland von der Militärherrschaft frei wird und all dem alldeutschen Größenwahn, so scheint mir das ein riesiger Gewinn, der vielleicht so hoch bezahlt werden mußte, um überhaupt möglich zu werden – das wäre wenigstens ein Trost – oder glauben Kgl. Hoheit nicht einmal an diese Wendung?

Ob jetzt noch Stifter für Bauten zu finden sind? Freilich – bei Gott ist Alles möglich – so sagte die Frau, die sich nach ihrem Gewinn erkundigte, ohne ein Loos besessen zu haben. Jedenfalls ist der Vorstand des Armeemuseums Hausladen[169] auf Suche jetzt gegangen, oder Hamstern, wies jetzt heißt.

Hier ist's Wetter trüb, wie Alles jetzt und ich kann nur denken, mit welch innerem Zorn Kgl. Hoheit hat Alles kommen sehn. Mit herzlichsten Grüßen Ew. Königlichen Hoheit treu ergebener *A. v. Hildebrand*

A. v. H. an seinen Bruder *München, 11. Oktober 1918*

Lieber Otto, Du wirst Dich am Telefon gewundert haben über meine hoffnungsvolle Stimmung trotz der politischen Lage. Es ist der Zusammen-

---

[168] Prinz Max von Baden, badischer Thronfolger, 1867–1929, 1918 kurz Reichskanzler.
[169] Armin Hausladen, 1888–1958, Kunsthistoriker, Konservator am Armeemuseum und später am Residenzmuseum in München.

bruch der Alldeutschen und der Militärpartei, den ich so begrüße, die Leute haben uns betrogen. Wenn es wahr ist, daß Prinz Max S. M. abgehalten hat abzutreten, so halte ich das für einen großen Fehler, denn S. M. sein Gefühl war sehr richtig, die einzige Sühne der falschen Politik und dabei die beste Vorbedingung für einen guten Frieden für sein Volk, dem der Krieg von Seiten Amerikas und Englands jedenfalls nicht gilt. Kommt das später, so macht es keinen Effekt mehr. Wie wird das Alles werden? ... *Dein Adolf*

Kronprinz Rupprecht von Bayern an A. v. H. [Kreuth] 26. Dezember 1918

Meine liebe Excellenz![170] Vielen, wärmsten Dank für Ihre Zeilen! Was hat sich nicht Alles ereignet, seitdem wir uns das letzte Mal sahen! Es ist wie wenn seit mehr denn 4 Jahren die Vernunft die Herrschaft verloren und eine Wahnsinnsepidemie sich über die Welt ausgebreitet hätte. – Im August konnte ich Sie nur wenige Augenblicke sprechen, ich hatte damals verschiedene sehr wichtige Unterredungen, in denen ich verschiedenen Persönlichkeiten gegenüber betonte, daß es allerhöchste Zeit sei, diesen unseligen Krieg zu beenden, und sei es auch zu für uns sehr schmerzlichen Bedingungen. Ich hatte das Gleiche schon früher betont, namentlich vor der Frühjahrsoffensive vor deren Ausführung wir wahrscheinlich noch zu günstigeren Bedingungen einen Frieden hätten erhalten können. – Ganz aussichtslos war diese Offensive freilich nicht, aber die Chancen eines entscheidenden Erfolgs waren doch nur sehr gering. Ende März waren wir gegen mein Erwarten nahe daran wirklich einen bedeutenden Erfolg zu erfechten, da wurde plötzlich der ursprüngliche Angriffsplan mitten in seiner Ausführung geändert und Alles kam ins Stocken. Ich werde diesen verhängnisvollen Tag, den 27.3. nie vergessen! – Man hätte, nachdem diese erste Offensive des Jahres 18 keinen entscheidenden Erfolg brachte unbedingt Schluß machen sollen, denn sie war einem Pyrrhussiege vergleichbar, aber leider ließ man sich durch die große Zahl der erbeuteten Geschütze, circa 2000 und die erhebliche Zahl der eingebrachten Gefangenen täuschen und hoffte mit weiteren Schlägen den Gegner völlig erschüttern zu können, bedachte aber hiebei zu wenig die eigenen Verluste und daß wir bei jeder neuen Offensive immer schwächer wurden, während unsere Gegner ihre Verluste immer

---

[170] Hildebrand hatte im Sommer 1917 von König Ludwig III. von Bayern den Titel Wirklicher Geheimer Rat mit dem Prädikat Exzellenz erhalten.

noch ersetzen konnten, was an den leitenden Stellen unglücklicherweise gänzlich verkannt wurde. –

Wenn jetzt wenigstens im Inneren geordnete Verhältnisse wiederkehren wollten, denn wir gehen in wirtschaftlicher Beziehung äußerst trüben Zeiten entgegen! – Mit dem wirtschaftlichen Rückschritt wird auch ein kultureller Hand in Hand gehen und für die Betätigung von Wissenschaft und Kunst wird wenig mehr übrig bleiben. – In der Hoffnung auf baldiges Wiedersehen Ihr aufrichtig ergebener   *Rupprecht Krpr. von Bayern*

Aus Bernhard Sattlers Erinnerungen an A. v. H.

Im Frühjahr 1908 rief der Erzgießer Miller Hildebrand an und sagte ihm, das Prinzregentendenkmal sei gegossen. Hildebrand ging mit Georgii gleich zur Erzgießerei. Nun wollte Hildebrand den Prinzregenten in der zukünftigen Höhe, wie er aufgestellt werden sollte, sehen. Das war aus technischen Gründen nicht zu machen. Da ließ er einen Laufgraben ausheben, in den er dann mit Georgii und Ferdinand von Miller hinabstieg, um das Denkmal so in der richtigen Höhe sehen zu können. Hildebrand betrachtete eine Minute die Reiterfigur, drehte sich zu Georgii und sagte: »Du hast doch recht gehabt. Das Denkmal muß eingeschmolzen werden.« Miller machte auf die Kosten aufmerksam, der Guß koste 24000 Mark. Hildebrand aber sagte: »Das ist ganz gleich, was schlecht ist, muß weg.« Er machte dann ein neues Modell, bei dem die kleinen Fehler des ersten Modells behoben wurden.

Im gleichen Jahr erhielt Hildebrand den Auftrag, eine Büste Kaiser Wilhelms II. für das neue Gebäude der preußischen Gesandtschaft in München anzufertigen[171]. Er fand aber den Kopf mit dem hochgestellten Schnurrbart für eine Rundplastik nicht geeignet und machte ein Relief. Als er sich beim Kaiser zur Portraitsitzung meldete, fand er dort den ungarischen Portraitmaler Laszlo[172] an der Arbeit und wollte sich daraufhin mit der Begründung, er müsse mit seinem Modell alleine sein, wenn er etwas Rechtes machen solle, zurückziehen. Da sagte der Kaiser: »Na Professorchen, nehmen Sie das nicht so tragisch, ich hatte mir gedacht, zwei Fliegen mit einem Schlag zu tippen.« Darauf Hildebrand lachend: »Majestät, ich fühle mich

---

[171]   Reliefporträt Kaiser Wilhelms II. in Bronze, im Treppenhaus des Deutschen Museums in München und in der Eingangshalle der Schackgalerie in München.
[172]   Philipp Laszlo, 1869–1937, ungarischer Porträtmaler.

aber nicht als Fliege.« Der Kaiser: »Na Laszlochen, nun müssen Sie halt das Feld räumen.« In den wenigen darauffolgenden Sitzungen hat sich der Kaiser angelegentlich mit Hildebrand unterhalten und soll zu seiner Umgebung gesagt haben: »Das ist doch ein famoser Kerl und gescheit ist er auch, ich bedauere, ihn nicht eher näher kennen gelernt zu haben.« Es gab aber dann doch keine weiteren Zusammenkünfte und Hildebrand blieb nach wie vor von den großen Aufgaben in Berlin ausgeschlossen.

Hildebrand besuchte gerne Konzerte, dabei war er manchmal so begeistert daß er sich umdrehte und zu ganz fremden Menschen über die gehörte Musik sprach, die darüber höchst erstaunt waren.

Selten aber habe ich meinen Großvater so enthusiastisch gesehen wie bei zwei Ausflügen, die er mit meiner Großmutter, meinem Bruder und mir nach Landshut und nach Augsburg unternahm. Er wollte uns Buben alte Städte zeigen, was er ungemein gerne tat.

Hildebrand, der alles rasch erfaßte, pflegte bei solchen Anlässen sehr schnell zu gehen, man kam oft gar nicht recht mit. Es war dann vor Begeisterung ganz erregt und das wirkte mitreißend auf seine ganze Umgebung. So war es nicht nur höchst lehrreich, sondern auch sehr reizvoll, mit ihm alte Architektur anzusehn. Er übersah nichts, machte einen sowohl auf das Städtebauliche aufmerksam, wie auf die architektonischen Einzelheiten, Portale, Fenster, Ornamente schmiedeeiserne Gitter u.s.w. Er erlebte Baukunst so stark, daß man jedesmals, wenn man ein Gebäude oder eine Stadt mit ihm betrachtete, das Gefühl hatte, er sähe sie zum erstenmal. Er bewahrte sich bis an sein Lebensende eine erstaunliche Frische und Erlebnisfähigkeit, blasierte Überlegenheit des Kenners lag ihm gänzlich fern.

Deutlich sehe ich noch das Bild vor mir, wie wir mit ihm auf der Maximiliansstraße in Augsburg standen und er hingerissen war von der Linienführung dieser großartigen Platzstraße, oder wie er den majestätischen Turm von St. Martin in Landshut in seiner Stellung zur Hauptstraße bestaunte.

Als 1917 wegen der damals auftauchenden Fliegergefahr die wertvollsten Bilder der Alten Pinakothek in Sicherheit gebracht wurden, bat Hildebrand den damaligen Generaldirektor Dörnhöffer, die Marées-Bilder einmal zwischen alten Meistern sehen zu dürfen. Bald nach dem er mit Dörnhöffer dieses »Experiment«, wie er es nannte, gemacht hatte, kam ich in sein Arbeitszimmer, wo ich ihn an Plänen zeichnend fand. Er berichtete mir sogleich ganz erregt, wie die Wirkung gewesen sei: »Es ist ganz erstaunlich,

wie sich die Marées gehalten haben, wie frei und kühn sie wirkten, ich war ganz überrascht und hatte mir das gar nicht so erwartet.«
Nicht lange darauf ging ich einmal mit ihm in die Alte Pinakothek. Raschen Schrittes, wie das auch in Museen so seine Art war, eilte er durch die Säle. Er war ganz erstaunt und beunruhigt über den Eindruck der Leere und Langeweile, nachdem alle wirklich bedeutenden Bilder fort waren. Es war für ihn, der alles Künstlerische unmittelbar und naiv erlebte, ein Ereignis, feststellen zu müssen, wie auch die alte Malerei langweilig und bedeutungslos wird, wenn man von ihren großen Werken absieht. Der Eindruck schien etwas ganz Neues für ihn zu sein und er sprach auf dem ganzen Heimweg eifrig darüber, sein Vertrauen zu der Zeit der alten Meister schien einen Stoß erhalten zu haben.

Ich entsinne mich noch genau, wie ich an einem milden Novembernachmittag am offenen Fenster saß und Schulaufgaben machte. Da hörte ich von ferne ein seltsames Geräusch, das der Föhn deutlich herübertrug: wie eine unheimliche Brandung klang es und schien allmählich näher zu kommen und sich zu verdichten. Ich erkannte schließlich, daß es das Geschrei unzähliger Stimmen war. Später als es dann dunkel geworden war und wieder stille, rief ich bei meinen Großeltern an, um zu fragen, was geschehen sei. Mein Großvater kam selbst ans Telefon und sagte mir, es sei Revolution ausgebrochen, ich solle mich aber nicht beunruhigen. Als ich dann am nächsten Tag – die Schule fiel natürlich aus – zu meinen Großeltern kam, da war Hildebrand vor allem darüber betrübt, daß das Königshaus, an dem er so sehr hing, gestürzt worden sei, fügte aber gleich getröstet hinzu, der König und seine Familie habe noch rechtzeitig München verlassen können und befände sich in Sicherheit.

Eine Szene wird mir unvergeßlich bleiben: es muß in den schweren Monaten unmittelbar nach Kriegsende gewesen sein. Das Wetter war mild und es lag kein Schnee. Ich befand mich mit meinen Großeltern im großen Salon, wir hatten Schach gespielt, es war später Nachmittag geworden, ein erregter Wind bewegte draußen die schwarzen Äste der kahlen Bäume der Isaranlagen, die sich vor einem glühenden Abendhimmel abzeichneten. Ein echter Münchner Föhnsonnenuntergang! Wir traten alle Drei auf meines Großvaters Aufforderung an eines der großen Bogenfenster, um die Beleuchtung zu betrachten. Meine Großeltern blickten beide lange stumm und ergriffen hinaus, dann kamen sie auf die Sehnsucht nach Italien zu sprechen, unter der sie die ganzen langen Kriegsjahre gelitten hatten und die ich ihnen so nachfühlen konnte. Die bange Frage wurde aufgeworfen, ob man das geliebte Land noch einmal wiedersehe. Der geheimnisvoll prächtige Abendhimmel hatte Erinnerungen an Italien wachgerufen. Glutrot ging nun die Sonne zwischen zerrissenem Gewölk unter. Das Gespräch kam auf den Tod, ich glaube meine Großmutter hat es darauf gebracht und nun wurde es so dämmrig und feierlich um uns. Die Marées-Bilder blickten noch fragender und ernster von den Wänden als sonst. Mein Blick fiel auf die pathetische Gruppe der Grablegung auf der großen alten Raffael-Kopie über dem Sofa. Unverwandt blickte mein Großvater noch immer zum Fenster hinaus. Er sprach nichts, aber in seinen Augen sah ich Tränen. Meine Großmutter, die neben ihm stand, sagte: »Wir werden San Francisco nicht wiedersehen«. Und sie behielt recht.

A. v. H. an Kronprinz Rupprecht von Bayern   München, 19. Januar 1919

Liebe Kgl. Hoheit, tausend Dank für Ihre lieben Zeilen, auf die ich längst antworten wollte doch kam immer wieder etwas dazwischen. Auch läßt sich so Manches sprechen, was schriftlich ein anderes Gesicht erhält und sich deshalb zu einem Hinderniß beim Schreiben zusammenballt. Auch wurde ich mit vielen Sitzungen beim sogenannten Künstlerrat geplagt. Allerlei Fragen sollen da beantwortet werden, von denen nur die Umgestaltung der Akademie ein Intresse hat. Es wird sich da hauptsächlich um eine Beschränkung auf technische und handwerkliche Übungen handeln. Zu höheren Gesichtspunkten kommt der Lehrer zu sehr in Frage und außerdem ist es wohl ein allgemeiner deutscher Fehler die Schule an sich als Ziel wichtiger zu nehmen als das Leben und dessen directe Kräfte. Für die Begabten spielt die Schule überhaupt keine Rolle und es handelt sich für die Mittelmäßigen um ziemlich einfache Dinge und vor allem um die Verhütung des Schädlichen. So reduzirt sich die Aufgabe ziemlich und ist trotzdem schwierig zu organisiren. Ein vielköpfiges Vereinswesen ist an sich was schreckliches und die Macht der bloßen Worte und der lauten Stimme spielt eine erstaunliche Rolle. Für mich ist es eine Komödie, die mich als Novität theils amüsirt, theils in Abgründe sehen läßt, die ich mir doch nicht so toll vorstellte. Zu der öffentlichen Versammlung am Freitag hatte ich mich nicht entschließen können hinzugehn. Es soll ein tolles Chaos gewesen sein. Anstatt an seiner eigenen Entwicklung zu arbeiten, glaubt Jeder etwas zu thun, wenn er sich um den Andern kümmert, das heißt dann sich fürs Allgemeine aufzuopfern. Ein heilloser Wust! – Übrigens arbeite ich an dem Hofgartenbau immer weiter. Die Möglichkeit des Realisirens hat ja mit dem künstlerischen Problem nichts zu thun – Gott sei Dank – nur die Berücksichtigung der realen Forderungen. Das trennt den Künstler vom Politiker.

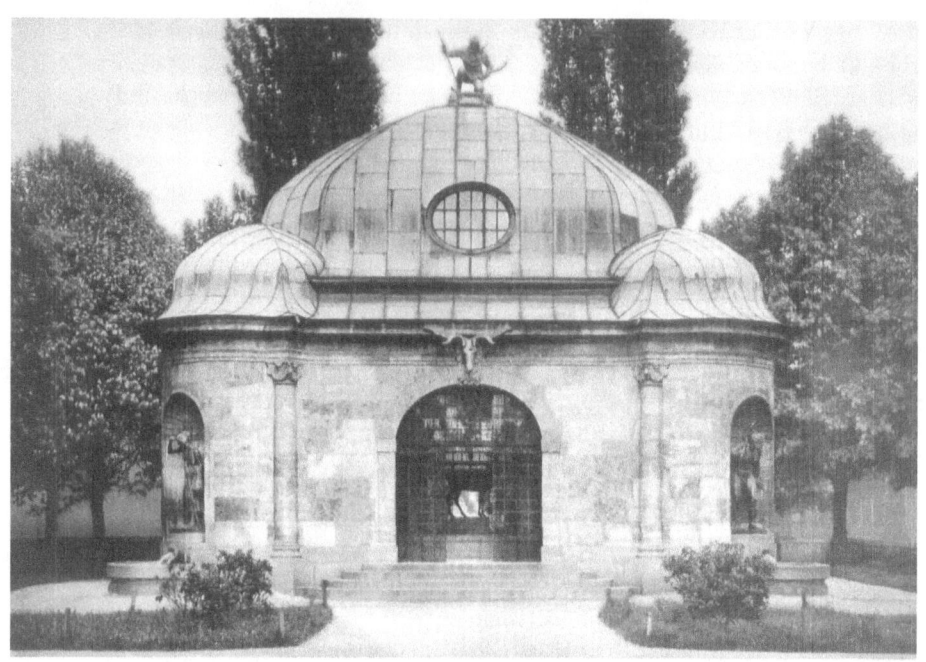

Der Hubertustempel (entstanden 1895–1919) auf der Terrasse vor dem Bayerischen Nationalmuseum

Meine sonstigen Arbeiten wie der Kölner Brunnen und der Grabengel ruhen, da die Steine nicht geliefert werden, weshalb ich mich jetzt mit der Fertigstellung der 4. Figur für den Hubertusbrunnen beschäftigen werde. Auf die Weiterentwicklung des Verhältnisses zu Italien bin ich sehr gespannt. Ich glaube daß es sich am ehesten wieder freundlich gestaltet, auch sehe ich in Wilson unsere beste Hoffnung. – Eben kommt Georgii und theilt mir Ihr Schreiben mit. Das Kommen von Kgl. Hoheit nach München wäre ja ein schönes Ereigniß. 2 Zimmer bei uns im Parterre stehen zur Verfügung, wenn so etwas anzubieten überhaupt möglich ist, worüber Sie nur entscheiden können. Uns wäre es natürlich die größte Freude. Auf die Essays[173] warte ich mit Spannung. Mit herzlichen Grüßen von uns Allen, auch an die Frau Herzogin Ew. Kgl. Hoheit treu ergebener *A. v. Hildebrand*
Soll ich Bücher schicken?

---

[173] Kronprinz Rupprecht hatte Essays über Kunst geschrieben, die jedoch nicht veröffentlicht worden sind.

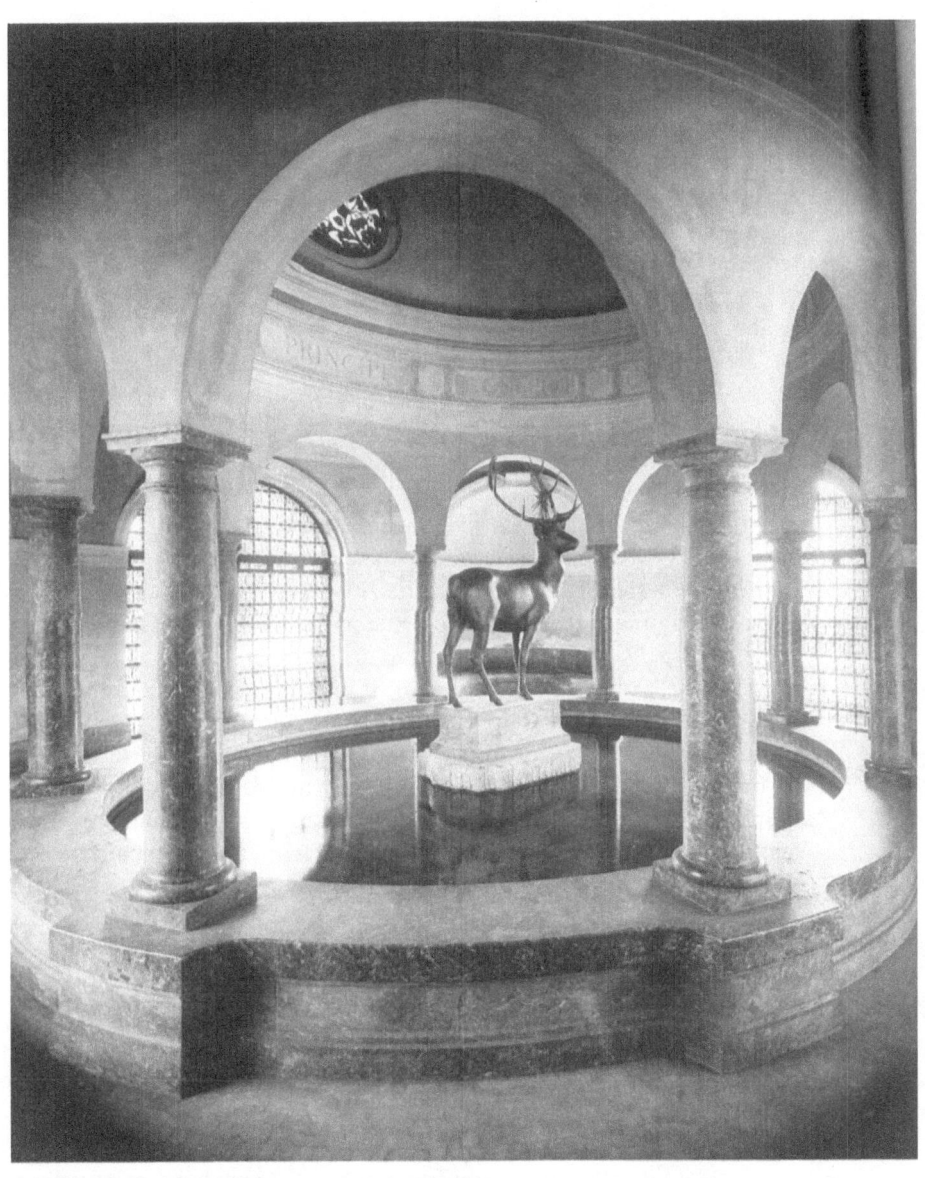

Das Innere des Hubertusbrunnens nach der Fertigstellung

Kronprinz Rupprecht von Bayern an A. v. H. [Kreuth] 5. Februar 1919

Meine liebe Exzellenz! Schon lange bin ich Ihnen eine Antwort auf Ihren letzten Brief schuldig. Abgesehen von anderen Sorgen hatte ich in der letzten Zeit auch jene um die Gesundheit meiner Mutter, die sich leider als nur allzu begründet erwies. Glücklicherweise erfolgte das Hinscheiden ruhig und schmerzlos. Wäre es ein paar Monate früher eingetreten, wäre meiner Mutter so Manches Traurige erspart geblieben. – Mit Büchern bin ich gut versorgt. – Von den Aufzeichnungen, von denen ich sprach, werden Ihnen die ersten Bögen zugehen, sowie die Abschrift fertig gestellt ist. die Fortsetzung wird gelegentlich folgen. Das nächste Kapitel behandelt die Einwirkung des Klimas auf die Entwickelung der Kunst, später werden sich Betrachtungen über das Sehen an sich und das künstlerische Sehen anreihen, über Einflüsse socialer und litterarischer Art und so weiter, falls ich die Sache überhaupt weiterführe. – Ihr Hubertusbrunnen scheint ja trotz allem gesichert, daß Sie aber auch an dem Entwurfe für den Anbau an das Armee-Museum fortarbeiten, erstaunt mich, denn für dessen Verwirklichung bestehen jetzt doch keine Aussichten mehr und wenn auch die Beschäftigung mit diesem Probleme an sich künstlerisch sehr anregend sein mag, ist es doch eigentlich ein unfruchtbares Beginnen. Es kommen gewiß schlechte Zeiten für die Kunst und Aufträge für monumentale Werke werden wohl auf Jahre hinaus ausbleiben. – Warum verwenden Sie unter diesen Umständen nicht Ihre schöpferische Kraft auf die Herstellung von Broncestatuetten? Es gibt so wenig Gutes in diesem Kunstzweige und an Bronce dürfte es doch in einigen Monaten nicht mehr mangeln. – Ihre Ansichten über Kunstakademien teile ich völlig: sie sind nicht nur das Geld nicht wert, das sie kosten, sondern sie wirken obendrein verderblich. Massenbetrieb und Kunst schließen einander aus. – Viele Grüße den Ihren. – Es grüßt Sie herzlich Ihr aufrichtig ergebener

Rupprecht Krp. v. B.

A. v. H. an Kronprinz Rupprecht von Bayern [München, Februar 1919]

Liebe Kgl. Hoheit, mit wärmster Theilnahme habe ich bei dem traurigen Tod Ihrer Majestät, Ihrer Königlichen Mutter an Sie gedacht. Es ist noch gar nicht lange her, daß ich bei einem Besuch des kranken Prinzen[174] die

---

[174] Herzog Albrecht von Bayern, zweiter Sohn des Kronprinzen Rupprecht, geb. 1905.

Freude hatte die Königin wohlauf zu sprechen und mir ihr einfaches, rein menschliches Wesen wieder so stark auffiel. Ich hatte immer den Eindruck als hätten Sie viel mütterlicherseits geerbt. Meine Frau und Kinder drücken mit mir ihr wärmstes Beileid Ihnen aus.

Letzthin erinnerte ich mich an die Szene, wo der Bürgermeister das Zimmer kehrte und der Polizeidiener kommandirte, was Sie so amüsirt hatte und da fiel mir ein, daß in dieser militärisch veränderten Rangordnungswelt und ihrer Schulung der natürliche Respect und die natürliche Unterordnung der Masse gegenüber dem Gebildeten systematisch untergraben wurde, so daß zu der Übertragung ins Politische gar kein großer Sprung mehr war. Das einzige Land, wo die Qualität des Individuums Alles bedeutet, ist eben doch England und darin liegt sein enormer Vortheil.

Kgl. Hoheit wundern sich über mein Weiterarbeiten an dem Bauplan. Dazu möchte ich aber erwähnen, daß trotz allem Wechsel der Verhältnisse die wirkliche Situation bestehen bleibt und ihre Bebauung unter allen Verhältnissen mit am Nächsten liegt und deshalb auch in Gefahr steht. Als Ausstellungs- oder Sammlungsgebäude giebt es keinen besseren Platz und es könnte zu solchem Zweck einmal ein Gebäude hinkommen, das noch rücksichtsloser mit dem Hofgarten umgeht als das Armeemuseum. Deshalb kann es nicht schaden, wenn ein Project zeigt, daß es noch möglich ist die Situation zu retten und solches veröffentlicht wird. So kann ich das Weiterarbeiten rechtfertigen, wenn bei mir auch nichts der Grund ist, als das Interesse an dem Fertigdenken des Problems an sich, wie es ja bei aller Kunst der Fall ist und bleibt. Da man dabei nicht ans Licht gebunden ist, so nimmt es von meiner Arbeitszeit kaum etwas weg. Auf Ihr Manuscript freue ich mich sehr, schöner noch, es brächte Kgl. Hoheit gleich mit. Georgii ist seelig über seinen kleinen Landbesitz, von dem er gestern ein Stück Thonerde mitgebracht hatte, welches als Terracotta zu verwenden ihn eben sehr begeistert. Herzlichste Grüße Ew. Kgl. Hoheit treu ergebener *A. v. Hildebrand*

A. v. H. an Kronprinz. Rupprecht von Bayern [Lugano, Frühjahr 1919]

Liebe Königliche Hoheit, die Münchner bösen Wochen haben uns so lange von Allem abgeschnitten, was einem am nächsten, daß man sich selbst wie ein Gefangener hier vorkam, im Dunklen eingesperrt trotz der schönen Sonne. Wies dann endlich Licht wurde und ein Brief von den Kindern kam, welche Erlösung. Ich that wohl recht, Kgl. Hoheit mir in Kreuth zu denken fern vom Lärm, dann aber sah ich Sie wieder pflicht-

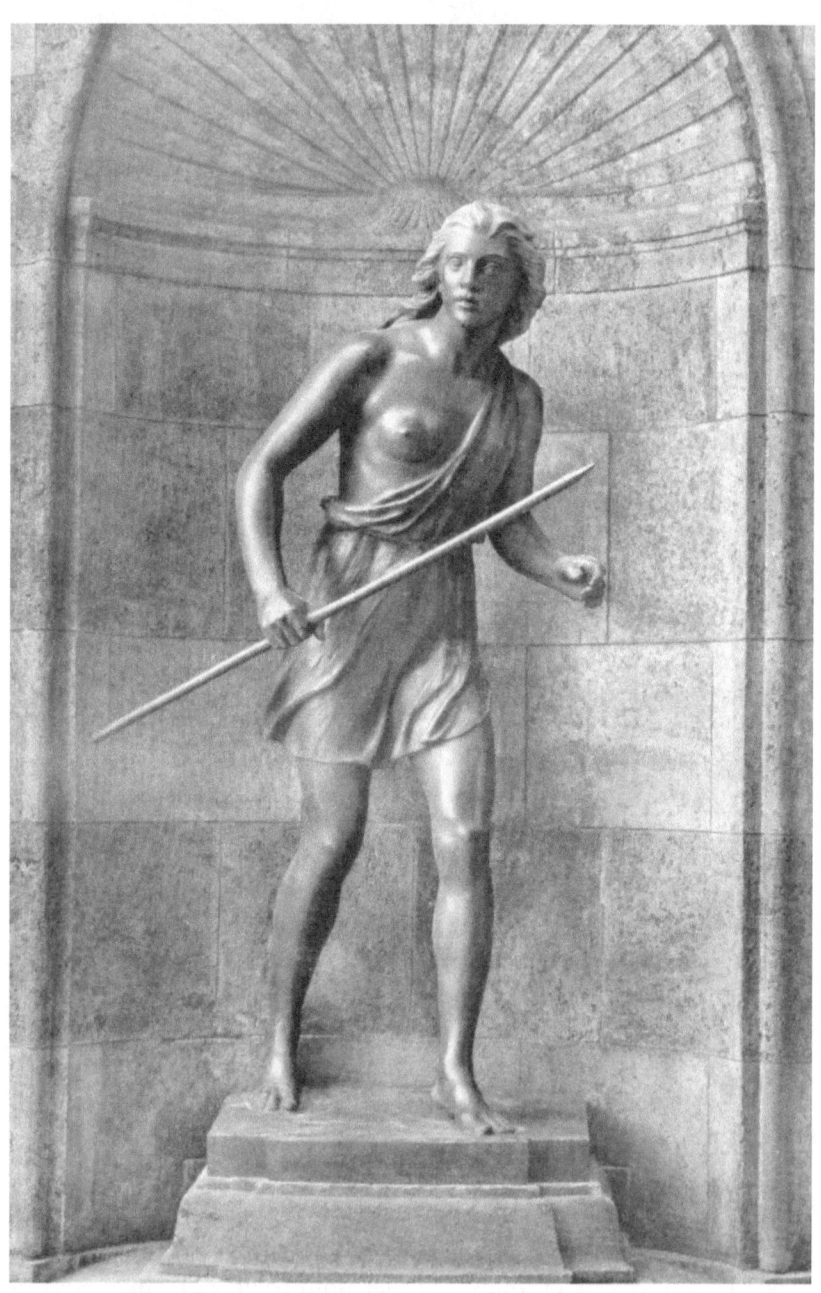

Nischenfigur am Hubertusbrunnen

eifrig nach dem Lazarett eilen und sorgte mich. Hoffentlich war es nicht berechtigt und ist nichts Schlimmes passiert.

Die trostlosen Weltverhältnisse bilden einen traurigen Untergrund zu der hier so friedlichen Existenz und dem schönen Wetter und zu einer inneren Sammlung und Arbeit ist schwer zu kommen.

Ich hab immer Angst, daß wir zu viel aus dem Gefühl die Politik treiben, wo ja leider nur Klugheit sprechen darf. Da der Sommer naht, werden all die Schwarzen[175] brauchbar und so muß man mit ihrer Verwerthung wohl rechnen. Was dann? Das Elend läßt sich ja gar nicht voraussehen. Doch über all das läßt sich besser reden als schreiben.

Zunächst bleiben wir noch hier bis die Hitze einen höher treibt. Lockt Sie der blaue Himmel nicht? Meiner Frau geht es leidlich und sie schließt sich meinen herzlichen Grüßen ergebenst an.

Alles Liebe Euer Kgl. Hoheit treu ergebener *A. H.*

Irene v. Hildebrand an Helene Raff Lugano, 24. Mai 1919

Liebe Helene, was habt Ihr in München durchgemacht unter der schauderhaften Räteregierung, ich dachte mir Dich in sicherer Hut in Tutzing. Ein grenzenloses Glück, daß wir noch gerade fortgekommen sind. Wir wollten eigentlich immer nicht reisen, aber die Schwiegersöhne, Schweres ahnend, schoben uns förmlich fort. Liebe Helene der bloße Gedanke, Adolf als Geisel fortgeführt zu sehen, macht mich schaudern, wenn ich es wirklich hätte erleben müssen, es wäre mein Tod gewesen. Wie wird es werden, haben die Menschen vom Erlebten etwas gelernt? Wir bleiben noch wenigstens bis zum Juli in der Schweiz, trotz meiner Sehnsucht nach Kindern, Enkeln und Freunden. Erst wenn die Verhältnisse ganz gefestigt sein werden, kann man es wagen. Du kannst Dir vorstellen mit welchem Entsetzen wir in *allen* Zeitungen lasen, Stuck[176] sei erschossen worden. Schreibe mir doch liebe Helene, welche Führer gefangen worden sind ... Auf Reisen sparen zu müssen ist recht erschwerend. Die schreckliche Valuta zwingt einen ja zur äußersten Sparsamkeit. Eine Orange kostet 25 Cent also 63 Pfennige. So ist es mit Allem, man kann nichts kaufen. In einer Villa hoffen wir billiger zu leben als im Gasthof. Wir ziehen mit Reinhard Dohrn und Frau zusammen, so habe ich keine Haushaltssorgen. Ich fürchte mich nach Deutschland zu

---

[175] Schwarze Besatzung in Deutschland.
[176] Franz von Stuck, 1863–1928, Maler, Professor an der Kunstakademie München.

gehen, man weiß ja nie, ob die Spartakisten nicht wieder die Oberhand gewinnen, dann wäre Adolf äußerst gefährdet. Sagt man doch, wie wir hier hörten, Adolf sei der politische Berather von Rupprecht, Adolf, der sich nie um Politik kümmert, aber es braucht eine Sache nur recht dumm zu sein, dann findet sie gläubige Menschen. Schön wäre es hier schon, aber man ist ja stumpf, das entsetzliche Schicksal Deutschlands, die Gemeinheit und Habsucht der Entente zerdrückt mir das Herz. Was soll werden? Wie soll es werden? Es ist wohl erst der Anfang des Weltuntergangs oder wenigstens des Untergangs von Europa. Man möchte fliehen, aber wo hin, da man trotz, der Fliegerei nicht auf einen Stern fliehen kann. Der Stern auf den man flüchtet, ist die Kunst. Was wäre das Leben ohne sie?! – Ach ginge doch ein Strom von Liebe über die Welt, der den armen Menschen zeigte, wieviel Glück die Liebe erzeugt und wieviel Unglück der Haß. Christus ist ganz vergessen in der Welt ... Jeder muß ja trauern über Deutschlands Untergang ...

Allerherzlichst grüßt Dich Deine *Irene*

A. v. H. an Kronprinz Rupprecht von Bayern   München, 30. Oktober 1919

Liebe Königliche Hoheit, gestern erhielt ich Ihren lieben Brief ans Mendrisio, der mir große Freude machte. Anstatt schriftlich zu antworten führe ich lieber hinaus nach Kreuth, wie ich es mit der Frau Herzogin schon ausgemacht hatte. Das üble Wetter hat mich bis jetzt immer abgehalten, da ich nicht ganz beisammen war. Hoffentlich kommt es jetzt noch dazu und ich wäre dankbar für eine telefonische Nachricht, wann es draußen paßt. In Mendrisio brachten wir mit Dohrns aus Neapel den Sommer in einer einsamen Villa zu in herrlicher Gegend fern von allen Fremden. Ein Abstecher nach Como brachte uns mit unserer Tochter Lisel zusammen freilich in der heißesten Zeit – aber nach fünfjähriger Trennung doch sehr erfreulich. Nach all der arbeitslosen Zeit war ich froh in Lugano eine Büste[177] modellieren zu können, die mich sehr interessirte und die glaub ich, gut geworden ist. Mit Schreiben habe ich mich gar nicht befaßt obschon Zeit vorhanden gewesen wäre. Architektonisches habe ich Einiges sehr Interessantes gesehen, besonders eine Mailänder Villa in unserer Nähe bei Coldrerio, in der jetzt ein geistliches Seminar seinen Sommeraufent-

---

[177] Des italienischen Fliegergenerals Mario Moris, 1860–1944. Die Büste wurde später in Bronze gegossen und befindet sich in Rom.

halt hat und dann eine äußerst intressante Grabkirche, deren Fotografie
ich mitbringen werde. Merkwürdig, wie da der norditalienische Barock
ins Antike hineinwächst.

In Lugano sah ich viel die aus Italien vertriebenen deutschen Gesandten,
wie Mühlberg und Ritter, doch das ist besser alles mündlich zu berichten.

Hier sieht es jetzt trübe aus und es wird einem nicht leicht, sich wieder
einzugewöhnen. Von Italien erwarte ich das Beste, aber frei sind die Besitzungen noch nicht und bis man wieder hinein kann, wird es noch lange
dauern, denn wo Soldaten gewesen sind, sieht es immer übel aus.

Die Zerstörung des Straßburger Brunnens[178] ist einfach dumm, daß
sie die Figur entfernt haben, ist noch zu verstehen, aber die ganze Anlage
mitsammt dem Bassin ist sinnlos. An der lag mir mehr als an der Figur
und die Idee von Kgl. Hoheit verblüfft mich zunächst. Doch darüber ist
auch besser zu reden. Die Möglichkeit Sie bald sehen zu können macht
mich fürs schreiben immer ungeduldiger und ich will lieber gleich telefonisch anfragen. Die Freude ist groß Sie wiederzusehn nach so langer
Zeit. Mit herzlichstem Gruß von meiner Frau und Ew. Kgl. Hoheit treu
ergebenem   *A. v. Hildebrand*

Kronprinz Rupprecht von Bayern an Carlo Sattler
München, 30. Januar 1921

Mein lieber Herr Professor! Heute war ich im Hause Hildebrand. Welch
schmerzliche Gefühle mich bewegten, als in den bekannten Räumen all
die Erinnerungen an den dahingeschiedenen von mir so verehrten Meister
und Mann wieder lebendig wurden, brauche ich Ihnen nicht zu schildern.
Nicht allein seine Angehörigen haben an ihm viel, sehr viel verloren, ich
insbesondere verliere an ihm einen wahrhaft väterlichen Freund, dem ich
viel Dank schulde. Unter anderem werde ich es ihm nie vergessen, daß
er mich einmal in Stunden tiefsten Schmerzes wieder aufrichtete durch
seinen Zuspruch.

[178] Kronprinz Rupprecht hatte Hildebrand am 17. Oktober 1919 geschrieben, daß er
selbst als Käufer für die Bronzefigur des Vater Rhein vom Straßburger Vater-
Rhein-Brunnen in Frage käme, der 1919 von Franzosen entfernt wurde. 1930 in
München auf der Isarinsel gegenüber dem Deutschen Museum provisorisch wiederaufgestellt. Conrad Siegmund Reinhard, 1846–1879, Jugendfreund Adolf Hildebrands, später Rechtanwalt in Straßburg, stiftete den Vater-Rhein-Brunnen in
Straßburg, dessen Ausführung durch Hildebrand er testamentarisch festlegte.

Ich kann das seinen Angehörigen nur danken, indem ich nun Sie meines innigsten Beileides versichere: Der Name des Verstorbenen wird weiterleben und jeder, der das Glück hatte, ihm näher zu treten, niemals über dem großen Künstler, den großen Menschen vergessen. – Ihr aufrichtig ergebener *Rupprecht Kronprinz von Bayern*

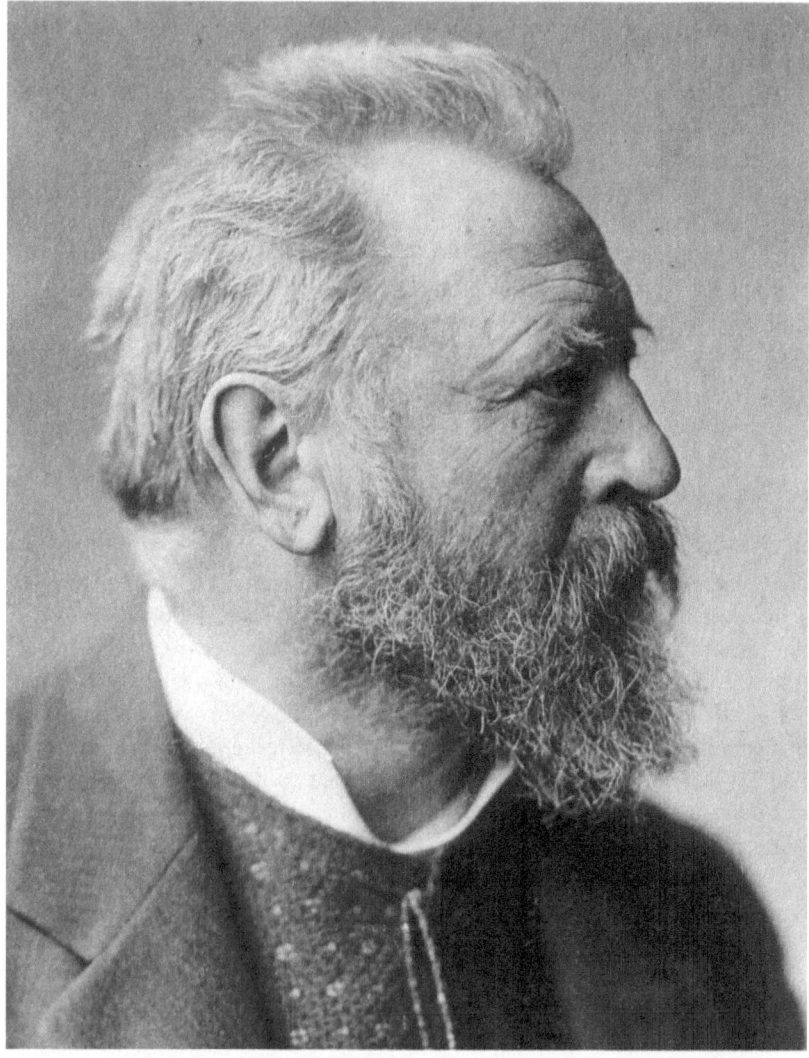

Adolf von Hildebrand als Siebzigjähriger

Anhang

Florian Sattler
Nachwort

Wer herausfinden will, wer der Bildhauer Adolf von Hildebrand (1847–1921) gewesen ist, muß sich dessen über viele Museen, private Sammlungen, Parkanlagen, Gärten und Plätze verstreute Skulpturen vor Augen führen, seine Brunnen, Denkmäler, Reliefs, Portraitbüsten, Grabmäler, aber auch seine Bilder und Bauten.

Es gibt freilich noch einen zweiten Weg, sich einen Begriff von dieser ungewöhnlichen Künstlerpersönlichkeit zu machen: die Lektüre seiner Briefe und Erinnerungen. Eine repräsentative Auswahl von ihnen enthält dieses Buch.

Im Urteil seiner Zeit waren es neben dem Wittelsbacher Brunnen am Münchner Lenbachplatz vor allem 250 Büsten prominenter Frauen und Männer, die seinen Ruf begründeten. Hildebrands Briefen kann man entnehmen, wie intensiv er mit Freunden kommunizierte. So manche Freundschaft hat sich dabei erst in den Stunden angebahnt, da man dem Meister im Atelier oder an anderem Ort Modell saß. Bei solchen Gelegenheiten entfaltete er im Gespräch seinen ganzen Charme, stellte ungeniert Fragen, war um kein Urteil über Kunst, Politik, Wissenschaft und Philosophie verlegen. Oft hatte es den Anschein, als wäre den Abzubildenden der dialogreiche Entstehungsprozeß mindestens so wichtig wie das am Ende vor ihnen stehende Kunstwerk.

Vor allem in den zwei Jahrzehnten von 1890 bis 1910 zählte Hildebrand zu den Großen seiner Zeit, und so entsteht aus der Beschäftigung mit seinem künstlerischen Werdegang auch ein Portrait einer Epoche, die dadurch charakterisiert war, daß sie ihre wichtigen Künstler hofierte. Und dabei ist man eben wegen der Briefe nicht allein an einen so schwärmerischen Text wie den biografischen Roman »Der Meister von San Francesco« (1931) von Isolde Kurz angewiesen.

Dafür, wie beständig die öffentliche Wertschätzung eines Künstlers anhält, gibt es keine Spielregeln. Angesichts seines verblassten Ruhmes ist man im Falle Hildebrands allerdings versucht zu fragen, ob diese Wirkungsgeschichte eben genau damit zusammenhängt, daß für uns Heutige die klassische Kühle seiner Skulpturen nicht mehr wie damals durch das Feuer seines geistsprühenden Temperaments aufgewogen wird.

Auf seine Kinder und noch auf die älteren Enkel wirkte er so prägend, daß ihnen die eigene Gegenwart fremd wurde. Das 20. Jahrhundert konnte vor Hildebrands Maßstäben nicht gut bestehen. Zwar hat er für einen Mr. Pullmann, dem er auf Reisen begegnete, flugs einen dann tatsächlich in Amerika in Serie gebauten Eisenbahnwaggon entworfen. Im Ganzen aber war er eine Gestalt aus Stefan Zweigs »Welt von gestern«: europäisch, glanzvoll, exklusiv. Diese Welt ist 1914 mit dem Ersten Weltkrieg jäh und unwiederbringlich untergegangen. Hildebrand hat diesen Krieg nicht zufällig nur kurz überlebt, um zwei Jahre, in denen er sich entweder in der Schweiz aufhielt oder krank danieder lag.

Wohl am stärksten war diese seine Wirkung bei seinem ältesten Enkel, dem Maler Bernhard Sattler (1903–1990), zu bemerken. Er hat die mühevolle Arbeit des Sammelns von Briefwechseln und Erinnerungstexten auch deshalb so gut geleistet, weil »Adolf von Hildebrand und seine Welt« (1962 herausgegeben von der Bayerischen Akademie der Schönen Künste, Callwey Verlag, auf ihm fußt dieses Buch) in hohem Umfang auch seine Welt geblieben war. Über zwei Ausflüge mit seinem Großvater nach Landshut und Augsburg schreibt er:

»Er übersah nichts, machte einen sowohl auf das Städtebauliche aufmerksam, wie auf die architektonischen Einzelheiten, Portale, Fenster, Ornamente, schmiedeeisernen Gitter u.s.w. Er erlebte Baukunst so stark, daß man jedes Mal, wenn man ein Gebäude oder eine Stadt mit ihm betrachtete, das Gefühl hatte, er sähe sie zum Ersten Mal.« (S. 690 f.)

Auch Bernhards Bruder Dieter Sattler (1906–1968), der 1932 bei Theodor Fischer an der Technischen Universität München über »Adolf von Hildebrand und die Architektur« promoviert hat, war lebenslang von seinem Großvater fasziniert. 1931 schrieb er in einem Brief: »Hildebrand und Furtwängler sind eindeutig die stärksten künstlerischen Begabungen, denen ich bisher von nah begegnet bin.«

Ich erinnere mich einer Unterhaltung mit der englischen Tante Cloclo Peploe, Elisabeth Brewsters Tochter, im Mai 1981 in Florenz:

»Stell' dir vor, sie wollen die Figuren von der Piazza della Signoria runterholen, ins Museum verfrachten und sie dann durch Kunststoffkopien ersetzen. What a shame!«

»Wegen der Schadstoffe in der Luft?«

»Ja, und kein Mensch denkt an die Kinder, die dann kein Original mehr zu Gesicht bekommen.«

»Was willst du da machen?«

»Uno scandalo! Ich habe unter meinen Freunden schon Protestunterschriften gesammelt. Però siamo in pocchi e quasi tutti inglesi!«

Ein Konflikt ganz und gar aus dem Blickwinkel ihres Großvaters Adolf von Hildebrand, der sich 1874 in Florenz mit einem Darlehen seines Vaters das ehemalige Kloster San Franceso da Paola gekauft und für seine Zwecke als Atelier- und Familiensitz ausgebaut hatte. Im Ersten Weltkrieg wurde es vom Königreich Italien als feindlicher Besitz enteignet und konnte danach nur von den englischen und belgischen Nachkommen zurückerworben werden.

Hildebrands Selbsteinschätzung war durchaus selbstkritisch. So meinte er mit dem Blick auf eine im Kunsthandel aufgetauchte romanische Christus-Johannes-Gruppe aus dem Jahr 1290 in seinen älteren Tagen: »Hätte ich diese Art der Kunst früh gekannt oder in dieser Art selber etwas gemacht, so wäre ich ein großer Bildhauer geworden.«

Die bildende Kunst war Hildebrand nicht in die Wiege gelegt. Sein Vater Bruno Hildebrand (1812–1878) war Nationalökonom und einer der Begründer der historischen Schule dieses neuen Faches in Deutschland. Er lehrte an den Universitäten Marburg – hier wurde Adolf als fünftes von sechs Kindern geboren – und Jena. Als Abgeordneter der Frankfurter Paulskirche und Oppositioneller im Hessischen Landtag mußte er in den Jahren 1850 bis 1861 ins Schweizer Exil gehen, wo er an den Universitäten Zürich und Bern lehrte. Auch nach seiner Heimkehr war er politisch bis hin zum norddeutschen Reichstag und als Eisenbahnunternehmer aktiv. Die Mutter Clementine, geborene Guttentag, entstammte einer jüdischen Arztfamilie aus Breslau.

Wie die Künstler früherer Jahrhunderte, man denke an Albrecht Dürer, Peter Paul Rubens oder Diego de Velázquez, aber auch auf den Spuren Goethes unternimmt Hildebrand als junger Künstler eine Bildungsreise nach Italien. Und es bleibt nicht bei der Reise. 1867 zieht er mit dem in München schon etablierten Bildhauer Caspar von Zumbusch (1830–1915) nach Italien, trennt sich aber in Rom von diesem und bleibt bei einem neu gewonnenen Lehrmeister und Freund, dem Maler Hans von Marées (1837–1887). Aus den beiden Künstlern und dem sächsischen Sammler, Mäzen und Kunstwissenschaftler Conrad Fiedler (1841–1895) wurde ein durch intensiven Briefwechsel verbundenes Dreigespann.

Ohne die Aufträge und Ankäufe Fiedlers hätten der junge Hildebrand und der zehn Jahre ältere Marées nicht existieren können. Er versuchte nach einem Zerwürfnis zwischen den beiden Künstlern im Jahre 1875 zu vermitteln und es ist anzunehmen, daß das hohe begriffliche Niveau von Hildebrands Bildhauerlehre »Das Problem der Form in der bildenden

Kunst« (1893) ohne den ständigen Gedankenaustausch mit Fiedler, der eine Reihe von ästhetischen Schriften im Geiste Kants verfaßt hat, kaum gehalten worden wäre. Von einer kurzen Ausbildungszeit an der Nürnberger Kunstgewerbeschule abgesehen, war Hildebrand Autodidakt. War das der Grund, weshalb die Begegnung mit dem älteren Marées in Rom und die Auseinandersetzung mit Renaissance-Größen wie Donatello, Verrocchio und Michelangelo in Florenz so nachhaltige Spuren in seinem künstlerischen Bewußtsein hinterlassen haben?

Dem großen, von der Stadt München den Wittelsbachern gewidmeten Münchner Brunnen, er stellt die wohltätige und die zerstörerische Gewalt des Wassers dar, sind die römischen Ursprünge – Fontana di Trevi, die Brunnen der Piazza Navona, die Barcaccia auf der Piazza Spagna – deutlich anzumerken; ja, die ganze Idee eines Brunnens zur Feier der Fertigstellung einer heiß ersehnten neuen Trinkwasserleitung könnte aus der Stadt mit den antiken Aquädukten, der Aqua Claudia und der Aqua Iulia stammen.

Wohl auch um sich dem Einfluß des Freundes Marées etwas zu entziehen und gedrängt von seinen Eltern, kehrte Hildebrand 1868 nach Deutschland zurück und machte einen vergeblichen Versuch, im Atelier Reinhold Begas in Berlin unterzukommen. Dort lebten eine Schwester seiner Mutter und andere Verwandte. Dort stand auch das Denkmal des Großen Kurfürsten von Andreas Schlüter, das Hildebrand an Gianlorenzo Bernini erinnerte.

Aber die in Italien gemachten Erfahrungen und angeknüpften Verbindungen erwiesen sich als stärker. Nicht einmal drei Jahre später zog es Hildebrand nach einem Zwischenaufenthalt in Venedig im Herbst 1872 wieder nach Florenz. Der Abschied von Berlin sollte folgenreich sein. Kaiser Wilhelm II. der sich für Monumente in den Residenzstädten Berlin und Potsdam einen Stichentscheid vorbehalten hatte, kippte mehrere erfolgreiche Entwürfe Hildebrands aus Wettbewerben. Und auf den Vorhalt, in Berlin gäbe es bedauerlicherweise keine prägenden Denkmäler von diesem bedeutenden Künstler antwortete er: »Der wohnt in Florenz und München, den kann ich nicht kontrollieren.«

Florenz muß man sich in den siebziger Jahren des 19. Jahrhunderts, obwohl es den Verlust der Rolle der Hauptstadt des Königreichs Italien (1865–1870) zu verkraften hatte, nicht als toskanische Provinzstadt vorstellen und auch nicht nur als Museum der eigenen gloriosen künstlerischen Vergangenheit. Aus aller Herren Länder hatten sich Künstler, Schriftsteller und Kunstfreunde eingefunden, die in der Arnostadt ein kosmopolitisches, geselliges Leben führten.

Hier wirkte sich die Tradition der Medici, aber auch die der platonischen Akademie des Giovanni Pico della Mirandola aus. Hildebrand werkte rastlos in seinem Kunstkloster und ließ sich dabei gerne von durchreisenden Italienbesuchern aufsuchen, um nicht zu sagen aufstören. Die Kunst hob den Gegensatz zwischen öffentlicher und privater Existenz auf. San Francesco wurde zum Musenhof. Ein späterer Schwiegersohn beschwerte sich darüber, daß er schon beim ersten Besuch die Rolle des eifersüchtigen Liebhabers in einem von den Töchtern im Stile Shakespeares verfassten Theaterstücks übernehmen mußte.

Ab 1898 war auch die Villa am Bogenhauser Isarhochufer in München organisiert wie San Francesco. Es wurde unentwegt musiziert, gemalt und modelliert. Und, als stünde dahinter ein Plan: Es wurden solche Schwiegersöhne auserwählt, die unterschiedliche Disziplinen ins Haus brachten. Da war der Mitarbeiter und Architekt Carlo Sattler (Eva), der anglo-amerikanische Lebenskünstler Christopher Brewster (Liesel), sodann der deutsch-russische Bildhauer Theodor Georgii (Irene), der belgisch-wallonische Maler Georges Baltus (Sylvie) und schließlich der Komponist und Pianist Walter Braunfels (Berta).

Die bezwingende Atmosphäre von Florenz war der Hintergrund für das ungewöhnliche Talent zur Freundschaft, das Hildebrand, seine Frau Irene und die ganze Familie schon früh ausbildeten. Dort und in der Sommerfrische von Forte dei Marmi entstanden, längst ehe sich die Leistungen des Künstlers herumgesprochen hatten, lebenslange Beziehungen, die später wiederholt Aufträge für den Bildhauer einbrachten.

Viele Kontakte ergaben sich durch den in Florenz residierenden Essayisten Karl Hillenbrand; oder die Bekanntschaft mit dem Diplomaten Bodo von Stockhausen, Hannoveraner Gesandter in Paris, dessen Tochter Elisabeth den Komponisten Heinrich von Herzogenberg heiratete, während ihre Schwester Julia die Frau Henry Brewsters wurde; beide lebten lange in der Nachbarschaft von San Francesco. Herzogenbergs stellten die Verbindung zu Clara Schumann, Johannes Brahms und Josef Joachim her, aber auch zu Richard und Cosima Wagner und Franz Liszt. Manchmal spielte der Zufall eine Rolle, etwa als Conrad Fiedlers Witwe Mary nach dessen tragischem Fenstersturz den Münchner Generalmusikdirektor Hermann Levy heiratete.

Die spannende Geschichte, wie aus dem Juror des Wettbewerbs für den Wittelsbacher Brunnen 1990 schließlich dessen Bildhauer wurde, kann hier nicht aufgetischt werden. Mit ihren publizistischen Begleiterscheinungen war sie jedenfalls geeignet, Hildebrand in München und darüber hinaus zu einer bekannten künstlerischen Instanz zu machen. Ohne diesen Start wäre er in München nicht Akademie-Professor, Mitglied der »Alotria«, der Monumentalbaukommission oder des literarischen Zensurbeirates der Münchner Polizei geworden.

Und es blieb ja nicht bei diesem einen Brunnen. Es kam das Reiterstandbild des Prinzregenten dazu und der Hubertusbrunnen, aus Verkehrsgründen in den dreißiger Jahren aus dem Zusammenhang vor dem Bayerischen Nationalmuseum des Gabriel von Seidl gerissen. Er bildet heute den Abschluß des Nymphenburger Kanals, vornehmlich von Bäumen umstanden, wo er doch erkennbar für eine steinerne architektonische Umgebung gedacht war.

Es passt in die ausgehende Münchner Prinzregentenzeit, daß ab 1901 Adolf von Hildebrand, der Künstlerfürst, und Kronprinz Rupprecht, im Ersten Weltkrieg Generalfeldmarschall an der Westfront, zu engen Freunden wurden. Ihr Briefwechsel spiegelt den langen Weg von der ursprünglich gemeinsamen Kriegsbegeisterung nach dem ersten August 1914 – wie die meisten seiner Gesellschaftsklasse zeichnete Hildebrand fleißig Kriegsanleihen – bis zur Forderung nach Friedensverhandlungen ab Sommer 1917.

Damals mußte Rupprecht die bittere Erfahrung machen, daß auch ein deutscher Kronprinz im Marschallsrang nichts gegen die faktische Militärdiktatur der Hindenburg und Ludendorff ausrichten konnte.

Der Bildhauer tröstete den 1913 zum Witwer Gewordenen und verwies ihn auf die Beschäftigung mit der Kunst, in den bitteren Momenten, als nach der Revolution vom 7. November 1918 dessen militärische und dynastische Rolle auf einen Schlag ausgespielt war. Prompt machte sich Rupprecht an so komplexe Themen wie den Zusammenhang zwischen Kunst und Klima; der Essay darüber blieb allerdings ein Torso, obwohl Hildebrand 1919 einen Entwurf zu lesen bekam.

Hält man sich an die großen Ausstellungen, so währte Hildebrands Glanzzeit von 1884 (Gurlitt in Berlin) und 1891 (Fiedler im Münchner Kunstverein), über die Deutsche Kunstausstellung in Dresden und die Secession in München, beide 1899, bis zu einer Ausstellung über Grabmäler in Wiesbaden im Jahr 1906. Posthum folgten dann noch zwei Retrospektiven auf Hildebrands Werk im Münchner Glaspalast in den Jahren 1922 und 1927.

Seither ist es ruhig geworden um ihn. Weder die Herausgabe des Briefwechsels mit Conrad Fiedler von Günther Jachmann (Dresden, 1927), noch des weit umfassenderen von Bernhard Sattler (1962), aber auch nicht die verdienstvolle Untersuchung über seine plastischen Portraits von Angela Hass (Prestel, München 1984) oder die ausgezeichnete und reichhaltig bebilderte Monografie von Sigrid Esche-Braunfels (Deutscher Kunstverlag, Berlin, 1993) konnten daran etwas ändern.

Achtzig Jahre nach dem Glaspalast wäre es an der Zeit, daß sich die beiden wichtigsten Ausstellungsorte, die Nationalgalerie in Berlin und die Neue Pinakothek in München, auf das gemeinsame Projekt einer großen Hildebrand-Ausstellung einigten.

Vielleicht ist die Vielstimmigkeit heutiger Kunstproduktion geeigneter, die Neugier auf diese mal strengen, mal heiteren Bildwerke zu richten, als die Jahrzehnte, in denen so mancher strenge Kunstrichter nichts als Abstraktion zulassen wollte, niemals aber Figürliches oder der Natur Nachempfundenes.

Hildebrands Werk scheint unendlich fern von den Taten der Berühmtheiten des Jahrhundertanfangs von Picasso bis Kandinsky. Sie bilden den schroffsten Gegensatz zu Hildebrand. Er bewegte sich ohne Scheu, für epigonal gehalten zu werden, in den von der Renaissance vorgezeichneten Bahnen. Für sie war die revolutionäre Abkehr vom Bisherigen, sei es klassizistisch, romantisch oder Historienmalerei, dagegen ein zentrales Motiv. Aber ist es wirklich in ihrem Sinn, wenn man ihre Leistungen als Schirme begreift, hinter denen die Kunst aller Vorläufer versteckt und vergessen werden muß?

Hildebrand, der Rom nach anderthalb Jahren verließ, weil die Antike so wenig plastische Originale hinterlassen hat, begab sich nach einem Berliner Zwischenspiel nach Florenz. Hier konnte er sich an den Skulpturen der Renaissance kaum satt sehen. Diesen wollte er nacheifern, und er sah in dieser Bemühung keine Imitation, sondern ein zeitloses Unterfangen. Die Nachwelt erblickte darin eher ein hermetisches Verfahren, das diese Kunst allzu klassisch und ruhig erscheinen ließ, gar zu unbeeindruckt von den Brüchen und Krisen der Gegenwart.

Es bedeutete sicher eine Beschränkung seiner Wirkung, daß sich Paris gerade in Hildebrands Florentiner Jahren zur »Hauptstadt des neunzehnten Jahrhunderts« (Walter Benjamin) aufgeschwungen hatte; so wie es für die Geltung des Zeitgenossen Auguste Rodin (1840–1917) ein Vorteil war. Seine wirkungsvollen Distributeure haben ihn in fast allen wichtigen Museen der Welt untergebracht.

Ähnliches gilt für die Entscheidung, die bayerische Haupt- und Residenzstadt München zum Wohnsitz zu erheben und sich um Berlin und das angemaßte negative Urteil Wilhelms II. nicht groß zu kümmern. Die Wittelsbacher waren der angenehmere Umgang, aber sie verfügten eben nicht über die Zentrale des gründerzeitlich aufblühenden Deutschlands.

Auch zu in München populären Kunstrichtungen wie der Historienmalerei eines Karl von Piloty oder des Jugendstils eines Franz von Stuck findet Hildebrand kein Verhältnis, das ihm öffentlichen Applaus hätte eintragen können. Nicht nur wegen seiner dortigen Behausung und der regelmäßigen Aufenthalte blieb er immer der Florentiner und ein bisschen fremd.

Die auf ihn zurückgehende »Münchner Schule« (Erwin Kurz, Bernhard Bleeker) hatte mit seiner nicht eben langen Lehrtätigkeit an der Akademie (1906–1910) zu tun. Sie hat, was ihre Fortgeltung angeht, unbestreitbar unter dem Zivilisationsbruch des »Dritten Reiches« zu leiden gehabt. Viele waren nach 1945 schlicht nicht bereit, den qualitativen Unterschied zwischen der Kunst Hildebrands und dem mal faden, mal bombastischen Klassizismus (Thorak) der Hitlerzeit zu erkennen und anzuerkennen.

Hildebrands Stellung in einer Epoche, in der Öffentlichkeit und Kunst aufs Engste miteinander verwoben waren, muß ganz sicher der gerade in München glanzvollen Gesellschaft vor dem Ersten Weltkrieg zugeordnet werden.

Ich halte es gleichwohl nicht für erwiesen, daß seine Werke, um zu wirken, auf die »Welt«, also die Gesellschaft angewiesen sind, in der sie – in hohem Umfang als Auftragsarbeiten – entstanden sind. Diese Welt ist spätestens 1918 untergegangen, aber Hildebrands Brunnen und Portraitbüsten üben eine eigenständige Faszination aus, die auch einem heutigen Publikum erschlossen werden könnte.

Vom Charme seiner Person und der Eigenart seines Denkens und Fühlens geben die vorliegenden Briefe einen Begriff. Er war seinen Freundinnen und Freunden im Wortsinn ein Freund. Seine Gefühle blieben nicht unerwidert. Davon zeugen auch die tröstenden Worte Heinrich Wölfflins, des Münchner Kunstgeschichtsordinarius (1864–1945), der Hildebrands Witwe Irene am Tag seines Todes, dem 21. Januar 1921, kondolierte:

»Jedes Mal empfand ich die Klarheit der geistigen Atmosphäre, in der er lebte, als eine unvergängliche Wohltat und die bloße Erinnerung muß dauernd als Trost und Ansporn weiterwirken.«

Korrespondentenverzeichnis

BALTUS GEORGES M., 1874–1967, belgischer Maler, Freund Hildebrands und seiner Familie, seit 1904 mit Hildebrands vierter Tochter Silvia verheiratet. Seine Erinnerungen an Hildebrand sind nicht veröffentlicht.

BALTUS SILVIA, 1994–1926, vierte Tochter A. Hildebrands, heiratete 1904 den belgischen Maler Georges M. Baltus.

BISMARCK OTTO FÜRST V., 1815–1898, 1871–1890 Reichskanzler. Das Schreiben Bismarcks an Hildeband ist nicht erhalten. Das Mißverständnis scheint jedoch behoben worden zu sein, ehe Hildebrand seine Antwort an Bismarck abgesandt hatte, denn auf dem Briefentwurf steht vermerkt »nicht abgeschickt«. Er wurde dennoch hier abgedruckt, da er für Hildebrands Geistesart sehr bezeichnend ist.

BODE WILHELM V., 1845–1929, Kunsthistoriker, langjähriger Generaldirektor der Berliner Museen.

BORSCHT WILHELM V., 1857–1943, 1893–1919, Erster Bürgermeister von München.

BRAHMS JOHANNES, 1833–1897, Komponist.

BRAUNFELS BERTA, geb. 1886, fünfte Tochter A. Hildebrands, heiratete 1909 Walter Braunfels.

BRAUNFELS WALTER, 1882–1954, Komponist und Pianist, Direktor der Musikhochschule in Köln.

BREWSTER ELISABETH, 1878–1956, zweite Tochter A. Hildebrands, Malerin, heiratete 1902 Christopher Brewster.

CARL ALEXANDER GROSSHERZOG VON SACHSEN-WEIMAR, 1818–1901, regierte von 1853–1901. Enkel von Goethes Herzog Karl August.

DOHRN ANTON, 1840–1890, Zoologe, Begründer und langjähriger Leiter der Zoologischen Station in Neapel. Er stammte aus einer dem Stettiner Fabrikantenpatriziat angehörenden Familie. 1866 kam er nach Jena und habilitierte sich an der Universität als Privatdozent für Zoologie. Er verkehrte viel im Hause Bruno Hildebrands und kam in freundschaftliche Beziehurg zu A. Hildebrand und seinen Schwestern. Auch mit dem Philosophen Ernst Häckel und dem Zoologen Nikolaus Kleinenberg kam er in Jena in nähere Berührung. Ebenso befreundete er sich mit Charles Grant, den er dann später für einige Jahre nach Neapel einlud. Darwin hatte großen Einfluß auf den jungen Dohrn. Schon 1870 faßte Dohrn den Plan zur Gründung einer zoologischen Station, den er aber wegen des Krieges 1870/71 erst 1872 in Neapel nach Überwindung großer Schwierigkeiten realisieren konnte. 1874 heiratete er Marie von Baranowska. Anton Dohrns Haus in Neapel wurde nicht nur der Mittelpunkt der dortigen deutschen Kolonie, sondern ein europäisches geistiges Zentrum.

DOHRN MARIA, geb. v. Baranowska, 1856–1918, Tochter eines russischen Aristokraten und einer polnischen Adligen. Mehr noch als ihr Mann war sie in ihren späteren Jahren mit A. Hildebrand und seiner Frau befreundet. Sie baute sich in Forte dei

Marmi ein Haus. 1918 wurde sie auf ihrem Gut Wydranka in Rußland von den Bolschewisten ermordet.

DOHRN WOLF, 1878–1914, zweiter Sohn Anton und Marie Dohrns. Er stand dem Politiker Friedrich Naumann nahe und war eine Zeitlang dessen Sekretär. Er war Mitbegründer und Organisator des »Deutschen Werkbundes« und gründete später die »Bildungsanstalt« in Hellerau bei Dresden, für die er den Musikpädagogen Jaques-Dalcroze (s. Anm. 109) als Leiter gewann. Wolf Dohrn verunglückte tödlich beim Schifahren in der Schweiz im Winter 1914. Er war mit Johanna Sattler, der zweiten Tochter des Malers J. E. Sattler verheiratet.

FIEDLER CONRAD, 1841–1895, stammte aus einer sächsischen Industriellenfamilie. Die Vorfahren Fiedlers waren Spinner und Weber, erst Fiedlers Großvater hat sich aus dem Handwerkerstand emporgearbeitet, bedeutende Spinnereien und Webereien gegründet und war zu großem Wohlstand gelangt. Fiedlers Vater hatte viel Natursinn und war ein leidenschaftlicher Jäger. Schon früh zog er sich von seinen Geschäften zurück und überließ diese einem Compagnon. Er kaufte 1846 das Rittergut Crostewitz in der Nähe von Leipzig, wohin er 1848 aus dem Städtchen Öderan im Erzgebirge, wo die Familie Manufakturen besaß, übersiedelte. Er war nervenleidend und verbrachte seine letzten Lebensjahre in einer Heilanstalt, wo er 1854 mit 43 Jahren starb. Diese Tatsache legte (nach Hans Marbach) den Grund zu dem tiefen Ernst und dem Hang zur Melancholie im Charakter Conrad Fiedlers, der auch viel unter der Vorstellung gelitten haben soll, er könne wie sein Vater geisteskrank werden. Fiedler hatte wie seine Freunde Marées und Hildebrand mütterlicherseits jüdisches Blut. Seine Mutter, die sehr gesellig war, führte auf ihrem Rittergut ein großes Haus. Sie liebte diesen Besitz und war bestrebt, ihn auch landwirtschaftlich in die Höhe zu bringen. Ihre Kinder genossen eine ausgezeichnete Erziehung. Zunächst wurden sie im Hause privat unterrichtet. Von 1856–1861 besuchte Conrad Fiedler die Fürstenschule in Meißen. Er hatte noch einen älteren Bruder Philipp (1840–1919), der in seiner Kindheit und Jugend zu großen Hoffnungen Anlaß gab, die sich aber nicht erfüllten. Nach Absolvierung des Gymnasiums studierte Conrad Fiedler in Lausanne, Heidelberg, Berlin und Leipzig Jurisprudenz, promovierte und machte 1865 das Staatsexamen. Das juristische Studium hat er wohl auf Wunsch seiner Familie gewählt. Schon mit 22 Jahren verfügte er über ein bedeutendes Vermögen, das bald durch eine Erbschaft, die ihm von seiten eines unverheirateten Onkels zufiel, vermehrt wurde. Durch Marbach wurde er schon früh mit der Philosophie Schopenhauers vertraut. Die Philosophie Kants wurde für ihn der Ausgangspunkt seiner eigenen Kunstphilosophie. Nach bestandenem Staatsexamen trat Fiedler in ein Rechtanwaltsbüro in Leipzig ein. Nach einem Jahr hatte er jedoch die Juristerei satt und beschloß auf Reisen zu gehen. Aus Briefen und Tagebuchaufzeichnungen des jungen Fiedlers geht hervor, daß er schon seit seiner Kindheit ein lebhaftes Interesse für die Kunst besaß. Dieses wurde nicht erst, wie Meier-Graefe meint, durch seine Bekanntschaft mit Marées entwickelt. Auch spricht aus diesen Tagebüchern eine erstaunliche Frühreife. In seinen Universitätsjahren hatte Fiedler geschichtliche, kunstgeschichtliche und philosophische Vorlesungen gehört. Er bereiste Europa, war in Ägypten und Kleinasien und machte die entscheidenden Bekanntschaften für sein Leben. Während seines ersten römischen Winters 1866/67 lernte er A. Feuerbach und Marées kennen, während seines zweiten 1867/68, Irene Koppel und Ä. Hildebrand. Mit Irene Koppel verband ihn bald eine nahe Freundschaft, während sich seine Beziehung zu Hildebrand langsamer entwickelt. Er heiratet 1876 Mary Meyer und ließ sich zunächst in Berlin nieder, zog aber 1880 nach München. Als Kunstphilosoph arbeitete Fiedler langsam und schwer und war alles andere als ein Vielschreiber. Gesellschaftliche Verpflichtungen nahmen ihn zudem viel in Anspruch. Die Sommer verbrachte das Ehepaar Fiedler auf dem Familiengut Crostewitz. Von 1880 an weilte es fast alljährlich im Frühling in Florenz, wo es sich ein kleines, in Hildebrands Sitz gelegenes Haus, das »Villino«, gemietet und eingerichtet hatte.

Fiedlers geselliges Haus war ein geistiger Mittelpunkt, insbesondere in seiner Münchner Zeit. Durch die Freundschaft mit Hermann Levi, dem damaligen Hofkapellmeister in München, und durch die Beziehung zum Hause Wahnfried in Bayreuth, waren Fiedlers stets in Berührung mit dem Musikleben. Fiedlers kunstphilosophische Schriften fanden zu seinen Lebzeiten wenig Verbreitung, sein Einfluß blieb auf einen Kreis von Freunden und Verehrern beschränkt. Erst etwa 15 Jahre nach seinem Tode begann man allgemein die Bedeutung seiner Schriften zu erkennen und sich mit ihnen auseinanderzusetzen. Fiedler war auch Kunstsammler und Mäzen. Seine Sammlung kam später in die Berliner Museen. Die Biographie dieses als Persönlichkeit wie als Kunsttheoretiker so bedeutenden Menschen ist bis heute nicht geschrieben.

FIEDLER MARY, 1854–1919, war die Tochter des bekannten Kunsthistorikers Julius Meyer, der von 1872–1980 Direktor der Berliner Gemäldegalerie war. Ihre Mutter war Münchnerin. In München lernte die junge Mary den bayerischen Hofkapellmeister Hermann Levi kennen, der ihre große Liebe wurde. Levi aber hat diese Liebe nicht erwidert. Er hatte eine lungenleidende Braut und blieb, als diese bald starb, Junggeselle. Mary gab Conrad Fiedler, als er im Winter 1876 um sie anhielt, ihr Jawort. Welche die eigentlichen Motive zu dieser Verbindung waren, ist nicht klar, sicherlich aber haben die gesellschaftliche Stellung Fiedlers und sein großes Vermögen eine Rolle gespielt. Mary bestärkte in Conrad die Anlage zum Gesellschaftlichen und hinderte ihn daran, länger in der Nähe seines besten Freundes A. Hildebrand in Italien zu leben; denn sie wollte von Levi fern sein. Die Ehe blieb kinderlos.

Von Jugend an war Mary eine glühende Wagnerianerin; als sie dann als Fiedlers Frau über die nötigen Mittel verfügte, gehörte sie auch zu den materiellen Förderern des Bayreuther Unternehmens. Gesellschaftlich gewandt, jung, hübsch und elegant, gebildet und vielseitig interessiert, verstand sie es, eine Rolle neben ihrem stillen und bescheidenen Manne zu spielen. Nach dem jähen Tode Fiedlers im Jahre 1895 heiratete Mary im Spätherbst 1896 den inzwischen alt und kränklich gewordenen und von seinem Amt als Generalmusikdirektor zurückgetretenen Hermann Levi, den sie mit hingebender Liebe pflegte. Mit Fiedlers Geld baute sich das Ehepaar die schloßartige Villa Riedberg in Partenkirchen, zu der Hildebrand die Entwürfe machte. Mit Cosima Wagner verband Mary eine zu mit den Jahren wachsende Freundschaft. Oft weilte Frau Cosima auf Schloß Riedberg, Mary im Hause Wahnfried zu Besuch. Dort muß sie auch den Kapellmeister Balling kennengelernt haben, den sie nach Levis Tod zum Erstaunen der Münchner Gesellschaft heiratete. In den darauffolgenden Jahren begleitete sie Balling auf seinen häufigen Konzertreisen und setzte sich für die Karriere ihres Mannes ein. Der Weltkrieg setzt diesen sehr erfolgreichen Gastspielreisen Ballings ein jähes Ende. Mary lebte mit ihrem Manne bis zu ihrem Tode zurückgezogen auf Schloß Riedberg.

FÜSSLI WILHELM, 1830–1916, vielbeschäftigter Schweizer Porträtmaler, der längere Zeit in Florenz lebte. Hildebrand hat eine Bronzebüste von ihm gemacht (im Kunsthaus in Zürich).

FURTWÄNGLER WILHELM, 1886–1954, Dirigent und Komponist, Sohn des mit Hildebrands befreundeten Archäologen Adolf Furtwängler, 1853–1907 Professor an der Universität München.

GEORG II. HERZOG VON SACHSEN-MEININGEN, 1826–1914, regierte von 1866–1914. Als eine den Künsten zugewandte Natur hat er von Jugend an viel mit Künstlern verkehrt. Die Musik erschloß sich ihm, als er 1846/47 in Leipzig, dem damaligen Musikzentrum Deutschlands, als Kronprinz studierte. Er wohnte dort im gleichen Hause mit Felix Mendelssohn-Bartholdy und verkehrte viel mit ihm. Auf den Thron gelangt, unterhielt er an seiner kleinen Residenz in Meiningen ein ausgezeichnetes Theater und ein ebenso gutes Orchester, dessen Leiter von 1880–1885 Hans von Bülow, später einige Jahre lang Max Reger war. Von 1874 an schickte der Herzog das von ihm reorganisierte Theaterensemble auf Gastspielreisen, durch welche die »Meininger« berühmt wurden. Der Herzog leitete, im Parkett sitzend, oft selbst die Proben. Doch war er auch der bildenden Kunst und der Wissenschaft zugetan. Die Freundschaft mit der Familie Hildebrand wurde bald sehr herzlich. Hildebrand war der einzige lebende Bildhauer, dessen Kunst der Herzog liebte, und er hat ihm wiederholt Aufträge erteilt.

HERZOGENBERG ELISABETH FREIFRAU V., 1847–1892, als drittes und letztes Kind des Freiherrn Bodo v. Stockhausen (1810–1885) in Paris geboren, wo der Vater Gesandter Hannovers war. 1853 wurde Stockhausen nach Wien versetzt. Er war musikalisch, in Paris mit Chopin befreundet und hatte bei ihm Klavierunterricht genommen. Auch Elisabeth, musikalisch außerordentlich begabt, spielte sehr gut Klavier. Später galt sie als eine der musikalischsten Frauen Deutschlands. Brahms überwachte eine Zeitlang ihre musikalische Ausbildung. Doch die große Freundschaft des Ehepaars Herzogenberg mit Brahms, von der der bekannte Briefwechsel Zeugnis ablegt, begann erst in den siebziger Jahren. Elisabeth, eine bezaubernde Natur, war sowohl mit Adolf wie mir Richard Hildebrand sehr befreundet. Hildebrand hat sie mehrmals porträtiert. Ihre Ehe blieb kinderlos.

HERZOGENBERG HEINRICH FREIHERR V., 1843–1900, Komponist, Professor an der Musikhochschule Berlin. Er entstammte einem alten französischen Adelsgeschlecht, das nach Österreich ausgewandert war. 1862 kam Johannes Brahms nach Wien und wurde das Ideal des jungen Herzogenberg, der dort Musik studierte. Als Komponist war er ganz der Brahmsschen Richtung verschrieben. 1868 heiratete er Elisabeth Freiin v. Stockhausen. Das junge Ehepaar zog zuerst nach Graz, wo es mit Richard Hildebrand Freundschaft schloß. 1872 siedelte es nach Leipzig über. Dort gründete Herzogenberg den Bach-Verein und setzte sich in dem äußerst regen Musikleben Leipzigs für Brahms ein. 1874 kam dieser nach längerer Pause wieder nach Leipzig. Es wurde der Beginn der Freundschaft des Ehepaars Herzogenberg. Ende der achtziger Jahre ging Herzogenberg als Professor an die Musikhochschule Berlin, deren Direktor sein Freund Joseph Joachim war. Ende der neunziger Jahre gab er aus Gesundheitsgründen die Professur auf und zog nach Wiesbaden, wo er bald starb.

HILDEBRAND ADOLF V., geb. 6.10.1847 in Marburg a. d. L., gest. 18.1.1921 in München.
(Hier sind nur einige ergänzende Lebensdaten aufgeführt, die aus den Texten nicht klar hervorgehen):
Von Ende 1870 bis Sommer 1871 war Hildebrand schwer an Diphtherie erkrankt, in deren Folge Gelenkrheumatismus auftrat. Lange schwebte er zwischen Leben und Tod. Eine Ferse blieb infolge dieser Erkrankung steif.

1898 bezieht Hildebrand im Herbst sein neuerbautes Haus in München und lebt von da an hauptsächlich dort.

1904 verlieh Prinzregent Luitpold von Bayern Hildebrand den persönlichen Adel. 1913 wird Hildebrands Reiterdenkmal des Prinzregenten Luitpold von Bayern enthüllt. König Ludwig III. von Bayern verleiht Hildebrand den erblichen Adel.

In den letzten Tagen des Jahres 1919 erkrankte Hildebrand an Lungenentzündung und erlitt anschließend einen Schlaganfall, in dessen Folge Lähmungserscheinungen und Sprachstörungen auftraten. Der Künstler konnte nicht mehr arbeiten, der so heitere Hildebrand versank mehr und mehr in Melancholie, sein lebendiger, strahlender Geist erlosch. Durch eine Anzahl weiterer Schlaganfalle verschlimmerte sich der körperliche und seelische Zustand, bis ihn der Tod in der Nacht vom 17. auf 18. Januar 1921 erlöste.

Hildebrand wollte auf dem kleinen Kirchhof von Bogenhausen begraben werden, die damalige Münchner Stadtverwaltung verweigerte ihm jedoch diesen Wunsch, da der Friedhof für Neuerrichtung von Grabstätten gesperrt war und man auch für ihn von dieser Bestimmung keine Ausnahme machen wollte. Er fand dann seine letzte Ruhestätte auf dem Dorffriedhof von Oberföhring bei München. Adolf und Irene v. Hildebrand hatten sechs Kinder: Eva (»Nini«), Elisabeth (»Liesel«), Irene (»Zusi«), Silvia (»Wiwi«), Berta (»Bertele«) und Dietrich (»Gogo«).

HILDEBRAND BERTHA, 1844–1875, Adolf Hildebrands Lieblingsschwester. Wegen ihrer sonnigen, mütterlichen Natur, ihrem Humor und Temperament, ihren geistigen und künstlerischen Interessen war sie der Mittelpunkt und Liebling der Familie. 1870 heiratete sie Johannes Conrad, einen Schüler ihres Vaters. Sie starb im Wochenbett nach der Geburt ihrer dritten Tochter.

HILDEBRAND BRUNO, 1812–1878, Nationalökonom und Politiker, Vater Adolf Hildebrands. Er war der Sohn eines Landgerichtskanzlisten in Naumburg. Ein jüngerer Bruder Brunos, Cäsar, wanderte nach Amerika aus. Eine Schwester heiratete den Juristen Kindler und lebte später in Rußland.

Bruno Hildebrand war schon als Knabe außergewöhnlich selbständig: ohne Vorwissen der Eltern erreichte der kaum Vierzehnjährige, daß er eine Freistelle im Gymnasium von Schulpforta erhielt, auf die er sich ohne fremde Hilfe vorbereitete.

Er bezog die Universität Leipzig und studierte zunächst auf Wunsch seiner Eltern, ohne eigene Neigung, Theologie. Doch schon im zweiten Semester wandte er sich der Philosophie, Geschichte und Philologie zu. Schon damals beteiligte er sich an den politischen Vorgängen und nahm eine führende Stellung innerhalb der Leipziger Burschenschaft ein. Im dritten Semester ging er nach Breslau, wo er auch seine Militärpflicht absolvierte. Wegen seiner Aktivität in der Leipziger Burschenschaft saß er längere Zeit in Untersuchungshaft. 1836 promovierte er zum Dr. phil. und wurde auf Grund seiner Dissertation Privatdozent. Um zu verdienen, unterrichtete der Mittellose am Realgymnasium in Breslau Deutsch und Geschichte; später war er Angestellter der Universitätsbibliothek, 1839 wurde er außerordentlicher Professor für Alte Geschichte an der Breslauer Universität und heiratete Clementine Guttentag.

1841 erhielt Hildebrand einen Ruf als Ordinarius für Staatswissenschaften an die Universität Marburg, nachdem er sich schon in seinen letzten Breslauern Semestern der Nationalökonomie zugewandt hatte. Die kleine Universität Marburg erlebte gerade in jenen Jahren eine Blütezeit. In Hildebrands Marburger Zeit fällt auch sein wissenschaftliches Hauptwerk »Die Nationalökonomie der Gegenwart und Zukunft«. 1845 war Hildebrand Rektor der Universität. Er trat energisch für die Rechte der Universität ein und war Führer der liberalen Partei. Bald erkannte die kurhessische Regierung in ihm ihren bedeutendsten und gefährlichsten Gegner. 1846 wurde in seinem Hause eine polizeiliche Haussuchung vorgenommen, ein Jahr darauf wurde er wegen angeblicher Beleidigung des Kurfürsten in ein Strafgericht verwickelt, das eineinhalb Jahre dauerte, und seines Amtes enthoben. Im März 1848 erfolgte Hildebrands Freisprechung und Rehabilitierung durch den liberalen Märzminister. Gleich darauf wurde er von der demokratischen Partei ins Frankfurter Parlament gewählt. Er war Republikaner und schloß sich der »Fraktion Westenhall« an. Auch im volkswirtschaftlichen Ausschuß des Parlaments saß er. 1849 stimmte er trotz seiner republikanischen Gesinnung für ein deutsches Erbkaisertum. Er ging den Leidensweg der Hundert Abgeordneten, dann kehrte er in sein Lehramt nach Marburg zurück und wurde in den kurhessischen Landtag gewählt. Dort setzte er sich sehr für den Eisenbahnbau ein. Er gehörte zu den schärfsten Gegnern von Hassenpflug, der Anfang 1850 wieder mit der Leitung der Regierungsgeschäfte beauftragt wurde. Hassenpflug verfolgte Hildebrand, im Sommer 1850 wurde der kurhessische Landtag aufgelöst wegen Hildebrands Antrag, dem Minister das Budget zu verweigern. Nach dem endgültigen Sieg der Reaktion wurde auf Betreiben Hassenpflugs ein Hochverratsprozeß gegen Hildebrand eingeleitet und Haftbefehl gegen ihn erlassen, dem er sich aber rechtzeitig durch die Flucht entziehen konnte. So hat er seine Stellung in Marburg seiner politischen Überzeugung geopfert. Bald darauf erhielt er eine außerordentliche Professur für Staatswissenschaften an der Universität Zürich. Zu seinen Freunden in Zürich gehörten auch Heinrich Simon und Georg Herwegh. Hier gründete Hildebrand mit dem Züricher Erziehungsdirektor die Nordostbahn, deren erfolgreicher Direktor er einige Jahre war. Er wurde Ehrenbürger von Zürich und erhielt damit die Schweizer Staatsbürgerschaft. 1856 erhielt er einen Ruf als Ordinarius für Staatswissenschaften an die Universität Bern, wo er bis 1861 lehrte. Auch in Bern betätigte er sich wieder an einem Eisenbahn-Unternehmen und gründete eine Spar- und Leihkasse. Undankbarkeit und Verdächtigungen gegen seine Uneigennützigkeit verbitterten ihm jedoch sein Leben in der Schweiz. So ging er, nachdem er amnestiert worden war, nach Deutschland zurück und erwarb bei Badenweiler ein kleines Landgut. Doch das idyllische Leben dort dauerte nicht lange, denn noch im gleichen Jahre erhielt Hildebrand einen Ruf als Ordinarius für Staatswissenschaften an die Universität Jena. Dort gründete er 1862 die »Jahrbücher für Nationalökonomie und Statistik«, die bald die führende deutsche Fachzeitschrift wurden. 1864 gründete er das Statistische Büro der Vereinigten Thüringischen Staaten in Jena und leitete es lange Zeit. Hildebrand besaß Lehrfreudigkeit und Lehrbegabung. Obgleich er kein guter Redner war, waren seine Vorlesungen stets gut besucht, und er übte eine eigentümliche Macht über seine Hörer aus. Fern allem professoralem Dünkel, forderte er zur Kritik auf. Von Hildebrands Schülern wurden einige später bedeutende Volkswirtschaftler. Seine Abhandlung »Die gegenwärtige Aufgabe der Wissenschaft der Nationalökonomie« erregte Aufsehen, doch trat, besonders in seinen späteren Jahren, seine wissenschaftliche Tätigkeit gegenüber der Lehrtätigkeit und dem praktischen Wirken in den Hintergrund. Er war ein »Organisationsgenie«, das nie ruhen konnte und immer wieder Institutionen für das öffentliche Wohl ins Leben rufen mußte. 1872 wurde Jena als letzte deutsche Universitätsstadt auf Betreiben Hildebrands an das Eisenbahnnetz angeschlossen. Die Gründung dieser »Saale-Eisenbahn« war mit Schwierigkeiten verbunden. Hildebrand war der Direktor des Unternehmens und legte dieses Amt erst wenige Monate vor seinem Tode nieder. Im Landtag von Weimar vertrat er Jena. Er unternahm viele Reisen, so war er mehrmals zu längeren Studienaufenthalten in England und kannte die englische Wirtschaft genau.

Bruno und Clementine Hildebrand hatten acht Kinder: Richard, Marie (die mit neun Jahren starb), Bertha, Sophie, Adolf, Emmi, Bruno und Otto (auch »Fridolin« genannt).

HILDEBRAND CLEMENTINE, 1817–1879, die älteste der drei Töchter des Geheimen Sanitätsrats Dr. Samuel Guttentag, der aus einer jüdischen Bankierfamilie stammte. Seine Eltern wünschten, daß er in ihre Bank einträte, er studierte jedoch Medizin, wodurch es zu Entfernung mit seiner Familie kam. Samuel Guttentag war in Breslau ein angesehener Arzt. Er nahm sich besonders auch der armen Kranken an, und es wurde erzählt, daß er in seinem Coupé stets einige Flaschen Rotwein für unbemittelte Patienten bereithielt.

Auch seine Frau Sophie, deren Mädchenname Panowka auf polnischer Abstammung deutet, war vermutlich Jüdin. Sie starb früh. Guttentag ließ seinen Töchtern eine gründliche Bildung zuteil werden. Der junge Bruno Hildebrand gab den drei erwachsenen Mädchen Privatunterricht in Deutsch und Geschichte. Er heiratete bald Clemetine, während sei ebenfalls als Privatlehrer im Hause Guttentag tätiger Freund Friedrich Ritschl Sophie zur Frau nahm. Agnes, die jüngste, heiratet ihren Vetter, den Berliner Verlagsbuchhändler Emanuel Guttentag.

Clementine Guttentag erbte von ihrem Vater, der 1850 starb, ein kleines Vermögen. Sie war musikalisch und spielte Klavier.

HILDEBRAND DIETRICH V., 1889–1977, einziger Sohn Adolf Hildebrands, Philosoph, Universitätsprofessor in München, Wien, Toulouse und New York.

HILDEBRAND EVA, älteste Tochter Hildebrands, 1876–1962, heiratete 1902 den Architekten Carlo Sattler.

HILDEBRAND IRENE V., geb. Schäuffelen (1846–1921, war die jüngste Tochter aus zweiter Ehe des Erfinders, Technikers und Industriellen Schäuffelen (1798–1848). Die Schäuffelen waren durch neun Generationen Küfnermeister. Gustav Schäuffelen wurde in Heilbronn als Sohn des dortigen herzoglich-württembergischen Kellerei- und Kastenverwalters geboren. Nach dem frühen Tode ihres Mannes heiratete Gustavs Mutter den Besitzer einer kleinen Papiermühle, in der der junge Gustav handwerksmäßig die Papierfabrikation erlernte. Schon mit fünfzehn Jahren mußte er den ganzen Betrieb seines Stiefvaters leiten, der krank geworden war und bald starb. Aus kleinsten Anfängen brachte er es in kurzer Zeit zu einem der bedeutendsten Papierfabrikanten in Deutschland. Später stellte er auch Papiererzeugungsmaschinen eigener Erfindung her und gründete verschiedene Unternehmen in Heilbronn, wo er zu großem Wohlstand gelangte. Erst fünfzigjährig, wurde er durch den Tod mitten aus seiner vielseitigen und rastlosen Tätigkeit gerissen.

Irenes Mutter Auguste Schäuffelen, geb. Syffer, 1812–1888, stammte aus einer alten schwäbischen Akademikerfamilie. Ihr Vater war Arzt in Heilbronn. In seiner Jugend war er einige Zeit in Wien tätig, wo er auch Beethoven behandelt hat. Irene hatte neben einer Anzahl Stiefgeschwister noch eine um drei Jahre ältere Schwester Hedwig und einen um ein Jahr älteren Bruder Alfred. Hedwig, ein schönes, religiös veranlagtes und begabtes Mädchen, erlag schon mit fünfzehn Jahren einem Herzleiden. Irenes Mutter verließ daraufhin Heilbronn und übersiedelte nach Dresden. Dort begann die junge, reizvolle und wohlhabende Irene bald eine Rolle in der Gesellschaft zu spielen. Erst neunzehnjährig, heiratete sie den Schriftsteller Franz Koppel-Ellfeld. Es war eine romantische Idee, die das junge Mädchen zu diesem Schritt veranlaßte: sie wollte dem armen, jungen Schriftsteller, den sie für begabt hielt, ein gesichertes Leben ermöglichen. Außerdem war Irene von einem Drang nach Selbständigkeit und Freiheit erfüllt, den auszuüben nach damaligen Begriffen nur verheirateten Frauen möglich war. Schon in ihrer Brautzeit aber hatte Irene oft Zweifel, ob Koppel der Richtige für sie sei; aber dieser, leidenschaftlich in Irene verliebt, drohte mit Selbstmord, falls die Braut ihn verließe. So willigte Irene in die Ehe ein, stellte aber ihrem Manne die Bedingung, sie jederzeit wieder freizugeben, falls sie dies wolle. Irene ging dann mit ihrem Mann viel auf Reisen, besuchte Skandinavien, England, Frankreich, die Schweiz, Spanien und vor allem öfters das geliebte Italien, das sie schon mit sechzehn Jahren mit ihrer Mutter kennengelernt hatte.

1867 lernte sie in Rom auf einer Weihnachtsfeier der deutschen Kolonie Hans von Marées und Conrad Fiedler kennen, mit denen sie Freundschaft schloß. Besonders ihre Freundschaft mit Fiedler wurde bald sehr eng. Fiedler verehrte Irene. Irene hatte Fiedler geistig viel zu verdanken, die schöne Freundschaft zwischen den beiden dauerte bis zu Fiedlers Tod. Als Irene Koppel Ende 1873 Adolf Hildebrand in Florenz endlich kennen lernte, nachdem sie schon viel von ihm durch die gemeinsamen Freunde Marées und Fiedler gehört hatte, entwickelte sich sehr rasch eine leidenschaftliche Liebe zwischen den beiden. Irene wollte sich von ihrem Manne scheiden lassen, nachdem sie schon oft getrennt von ihm gelebt hatte und ihre Ehe als unglücklich empfand. Franz Koppel, der nach Florenz gereist kam, erklärte sich zwar bereit, Irene freizugeben, stellte aber die Bedingung, daß Hildebrand sie heiraten müsse. Hildebrand fühlte sich aber zu diesem entscheidenden Schritt noch zu jung. Irene, darüber enttäuscht, ließ sich von ihrem Freund Fiedler bestimmen, nochmals die Ehe mit Franz Koppel zu versuchen. Der Briefwechsel zwischen Irene und Hildebrand vom Frühjahr 1874 bis zum Herbst 1875 ist nicht erhalten. Als sich Hildebrand und Irene Koppel im Frühjahr 1875 am Genfer See trafen, flammte die Liebe in beiden wieder auf, und sie beschlossen, nach Auflösung der Ehe Irenes mit Koppel zu heiraten. –

Irene von Hildebrand starb nur wenige Monate nach ihrem Mann am 9. September 1921.

KURZ ERWIN, 1857–1951, Bildhauer. Studierte zuerst an der Kunstakademie in München, kam 1879 nach Florenz und wurde Hildebrands erster Schüler und langjähriger Mitarbeiter. Später zog Kurz nach München, blieb aber Hildebrands Mitarbeiter. Als Hildebrand 1906 an der Kunstakademie in München die Steinbildhauerklasse des gerade verstorbenen Wilhelm Rümann übernahm, wurde Kurz sein Vertreter und Assistent. Hildebrand gab jedoch seine Professur bald wieder auf und Kurz wurde sein Nachfolger.

KURZ ISOLDE, 1853–1944, Dichterin, Tochter des schwäbischen Dichters Hermann Kurz (1815–1873). Sie zog mit ihrer Mutter im Herbst 1877 ihrem älteren Bruder Edgar Kurz (1853–1904) nach, der sich in Florenz als deutscher Arzt niedergelassen hatte. Später übersiedelte sie mit ihrer Mutter nach München, hielt sich aber noch sehr oft in Italien auf, wo sie sich in Forte dei Marmi ein Häuschen gebaut hatte. Ihre letzten Lebensjahre verbrachte sie in Tübingen.

LEVI HERRMANN, 1839–1900, in Gießen als Sohn eines Rabbiners geboren, zeigte sehr früh musikalische Begabung, genoß seinen ersten Unterricht 1852–1855 bei Vinzenz Lachner in Mannheim und vollendete seine Ausbildung am Konservatorium in Leipzig. Von 1859 bis 1862 war er Musikdirektor in Saarbrücken, 1862–1864 erster Kapellmeister der Deutschen Oper in Rotterdam, 1864–1872 Hofkapellmeister in Karlsruhe und 1872–1896 Hofkapellmeister, zuletzt Generalmusikdirektor in München. Zuerst Anhänger von Brahms, schwenkte er dann in das Lager Wagners über und wurde 1882 der Dirigent der Uraufführung des »Parsifal« in Bayreuth. Levi, ein hochintelligenter, kultivierter Mann, Goethe-Verehrer und -Kenner, spielte im geistigen und gesellschaftlichen Leben Münchens eine bedeutende Rolle. Berühmt waren seine Mozart-Opernaufführungen mit den von ihm wieder eingeführten Secco-Rezitativen (siehe auch Mary Fiedler).

LISZT FRANZ V., 1811–1886, Komponist und Pianist.
Die Übersetzung seines Briefes an die Fürstin Carolyne zu Sayn-Wittgenstein (auf S. 46) lautet:
... Gestern frühstückte und aß ich zu Abend mit Madame Hillebrand, quasi tête à tête – weil nur zwei Gesellschaftsdamen dabei waren, die bei ihr wohnen. Seit langen Jahren hege ich die schönsten und treuesten Gefühle der Freundschaft und Hochschätzung für Frau Hillebrand, sie ist ein nobler Charakter und hat einen sehr kultivierten Verstand. Auf eine Einladung hin, die vor meiner Ankunft erging – von der ich nicht den Zeitpunkt wußte – kamen verschiedene Leute am Abend zu Besuch, zuerst der junge, aber schon berühmte Bildhauer Hildebrand. Die kürzliche Ausstellung seiner Werke in Berlin hat einen wirklichen Erfolg gehabt und fand zahlreiche Bewunderer. Er arbeitet jetzt am Grabmal des quasi gleichnamigen Hillebrand, von dem er schon eine großartige Büste gemacht hat, welche die Kronprinzessin gekauft hat...

MARÉES HANS V., 1837–1887, Maler. Drei Elemente sind für die Herkunft des Künstlers bestimmend: der alte, aus dem französischen Flandern stammende protestantische Adel, das Preußentum und die jüdische Mutter. Der Vater Adolf von Marées war einer jener für das 19. Jahrhundert typischen Männer, die tüchtige Staatsbeamte und dabei begabte Privatgelehrte waren. Er war ein bedeutender Jurist, zugleich Sprachforscher und Dichter. Die Mutter, von hoher Bildung und sprachbegabt, war eine gütige Frau, die die väterliche Strenge auszugleichen versuchte. Sie war es auch, die den Widerstand des Vaters gegen den Künstlerberuf des Sohnes überwand.

Hans von Marées wurde in Elberfeld geboren, wo der Vater am Landgericht tätig war. Dieser unterstützte einen Buchhändler und verlor dadurch einen großen Teil seines Vermögens, so daß die Familie von seinem schmalen Richtergehalt leben mußte. Es war daher eine große Erleichterung, als Adolf von Marées 1847 zum Kammerpräsidenten in Koblenz ernannt wurde. Er gewann in Koblenz gewichtigen Einfluß auf die politischen Kreise des Rheinlandes und war als Jurist angesehen.

Früh zeigte sich bei Hans von Marées die zeichnerische Begabung. 1855 absolvierte er das Gymnasium und kam nach Berlin, wo er bei einem unverheirateten Bruder des Vaters Unterkommen fand. Nachdem er ein Jahr die Vorbereitungsklasse der Kunstakademie besucht hatte, war er 1854/55 Schüler des bekannten Militärmalers Steffeck. 1855/56 leistete Marées in Koblenz seinen Militärdienst. 1857 kam er nach München, wo er zeitweise in Not geriet. 1863 arbeitete er für den Russen Swertschikoff im Schloß Schleißheim bei München. 1864 verlor er seine Mutter. Baron Schack erwarb Marées »Pferdeschwemme«. Im Herbst des gleichen Jahres reiste Marées mit Lenbach im Auftrage Schacks nach Italien, um dort Kopien alter Meister für ihn anzufertigen. In Rom lernte er Böcklin und Feuerbach kennen, 1866 Fiedler und ein Jahr später Hildebrand. Die nun folgenden acht Jahre der Freundschaft Marées mit Hildebrand können hier übergangen werden, da sie in den Texten dargestellt werden.

Der Bruch zwischen Marées und Hildebrand blieb ein tragisches Ereignis im Leben der beiden Künstler. Obwohl sie sich 1884 in Wiesbaden wieder trafen und aussöhnten und trotz Hildebrands Besuch im Januar 1885 in Marées Atelier in Rom, war die alte Beziehung nicht wieder herzustellen. Auch zu einem Briefwechsel zwischen den Künstlern kam es nicht mehr, Marées kam auch nicht mehr zu Hildebrand nach Florenz.

Um 1878 nahm Marées einen neuen Aufschwung und entwickelte seinen Spätstil. Von da an bis zu seinem Tode entfaltete er eine erstaunliche Produktivität. 1880 betätigte er sich vorübergehend auch als Plastiker.

Um Marées bildete sich in seinen letzten Lebensjahren ein Kreis von begeisterten Schülern, darunter die Maler Carl v. Pidoll und Victor zur Helle, die Bildhauer Arthur Volkmann und Peter Bruckmann.

RUPPRECHT VON WITTELSBACH, 1869–1955, seit der Thronbesteigung seines Vaters, König Ludwig III. im Jahre 1913, Kronprinz von Bayern. Generalfeldmarschall des ersten Weltkriegs.

SATTLER BERNHARD, 1903–1990, Maler, Sohn Carlo und Eva Sattlers, ältester Enkel Adolf v. Hildebrands. Er war viel mit seinen Großeltern während ihrer letzten Lebensjahre zusammen. Von Adolf v. Hildebrand erhielt er in künstlerischen Dingen die ersten Unterweisungen. Seit 1953 hat er die Betreuung und Bearbeitung des künstlerischen und schriftlichen Nachlasses seines Großvaters übernommen.

Seine »Erinnerungen an meinen Großvater Adolf von Hildebrand« sind in der Zeitschrift »Der Zwiebelturm«, Regensburg 1950, veröffentlicht worden.

SATTLER CARLO, 1877–1966, Architekt, Sohn des Malers J. E. Sattler, studierte an der Technischen Hochschule Dresden, kam 1898 als architektonischer Mitarbeiter zu Hildebrand und heiratete 1902 dessen älteste Tochter Eva.

SATTLER JOHANN ERNST, 1840–1923, Vater Carlo Sattlers, Maler, stammte aus einer Schweinfurter Fabrikantenfamilie. Sein Vater Johann Christian Sattler, der die Sattlersche Farbfabrik leitete, war ein leidenschaftlicher »Achtundvierziger«. Als er Freiwillige sammelte, um den badischen Aufständischen zu Hilfe zu eilen, wurde er gefangen genommen und in einem Turm bei Haßfurt ein Jahr in Haft gehalten. 1850 wurde er des Landes verwiesen und wanderte mit seinen beiden Söhnen nach Amerika aus. Seine Frau, die holländisches Blut hatte, zog mit den drei Töchtern nach Zürich. Nach acht Jahren kehrte der inzwischen amnestierte Johann Christian Sattler aus den Vereinigten Staaten mit seinen Söhnen in die Heimat zurück. Er schickte den jüngeren, Johann Ernst, zur Ausbildung als Chemiker auf das Polytechnikum nach Nürnberg und später nach Zürich. Er sollte wie sein älterer Bruder Wilhelm in die väterliche Fabrik eintreten. J. E. Sattler, eine Künstlernatur, hatte aber schon lange den Wunsch Maler zu werden. Erst 1864 erreichte er von seinem Vater, daß er sich ganz der Malerei widmen durfte, und ging 1865 auf die Kunstakademie in Karlsruhe, wo er bei Wilhelm Schirmer studierte. Dort lernte er Hans Thoma kennen und schloß Freundschaft mit ihm. 1867/68 in Italien, 1868 setzte er seine Studien in München bei Piloty fort, wo er zu Wilhelm Leibl und seinem Kreis in Beziehung trat. 1872 heiratete J. E. Sattler Elisbeth Hurzig, die Tochter eines Fabrikanten aus Hannover.

Auch als Familienvater setzte er sein Wanderleben fort. In Florenz suchte er die Nähe seines Freundes Hildebrand. Nach Frankfurt zog es ihn zu Hans Thoma. In Dresden (Loschwitz) erwarb er ein altes Weinberghaus in einem großen Garten. Hier blieb er verhältnismäßig lange, zog aber dann zum zweiten Male nach Florenz, um schließlich nach Deutschland zurückzukehren, wo seine drei Töchter verheiratet waren. In Brannenburg am Inn ließ er sich von seinem Sohn Carlo ein Haus bauen.

J. E. Sattler hat vor allem Seestücke gemalt, aber auch Landschaften aus seiner fränkischen Heimat, aus Italien, Holland usw. Kritisch gegen seine Produktion, übermalte er häufig seine Bilder, zerstörte sie oder machte technische Experimente, die der Haltbarkeit abträglich waren. Auch hatte er Scheu vor der Öffentlichkeit und stellte in seinen späteren Lebensjahren nicht aus.

Adolf Hildebrand, der J. E. Sattler als Mensch und Künstler sehr schätzte, schreibt über ihn unter anderem: »Seine Kunst hatte nie etwas Handwerkmäßiges oder Berufliches. Zu hochsinnig, um sich am bloßen Wiederholen zu genügen, war er ganz ein Mensch der Gelegenheit und der äußeren Veranlassung. War diese da, so machte er, was sie forderte, sei es ein Bild, ein Möbel, eine Architektur oder was sonst, wenn es sich nur um Kunst handelte. Mit sich selber ging er immer verschwenderisch um. So trat seine Person auch nie an die Oberfläche und blieb weiteren Schichten unbekannt.«

SEITZ RUDOLF V., 1842–1910, Maler, Schüler Pilotys, aus einer bekannten Künstlerfamilie. Mit Gabriel v. Seidl ist er der Schöpfer des Nationalmuseums in München, dessen Inneneinrichtung er in der Hauptsache besorgte. Unter den Münchner Künstlern war er derjenige, den Hildebrand am meisten schätzte und dem er am nächsten stand.

SIEMENS HERTHA V., 1870–1939, jüngste Tochter Werner von Siemens', heiratete Carl Harries, Professor für Chemie an der Universität Kiel.

SIEMENS WERNER V., 1806–1892, Elektrophysiker, Begründer der Siemens-Werke.

SCHRICKER AUGUST, 1858–1912, war in seiner Jugend evangelischer Theologe, später Direktor des Städtischen Kunstgewerbemuseums in Straßburg, zuletzt Geheimer Rat im Reichsamt des Inneren in Berlin. Mit Hildebrand von Jugend an befreundet.

SCHUMANN CLARA, geb. Wieck, 1819–1896, Pianistin, Gattin Robert Schumanns, später eng befreundet mit Joh. Brahms.

THOMA HANS, 1859–1924, Maler, stammte aus bäuerlichen Verhältnissen und verbrachte seine Kindheit in seiner Heimat, dem Schwarzwalddorf Bernau. Studierte 1859–1873 in Karlsruhe, Düsseldorf, Paris und München, wo er mit dem Leibl-Kreis in enge Berührung kam. 1874 im Frühjahr erste Italienreise Thomas; durch seinen Freund, den Maler Albert Lang, lernte er in Florenz Marées, Hildebrand und Fiedler flüchtig kennen. 1875–1876 wieder in München, verlobt sich Thoma mit seiner Schülerin Cella Bartender aus Landshut, heiratet sie 1877 und läßt sich in Frankfurt a. M. nieder. 1880 Italienreise des Ehepaars Thoma, Besuch bei Hildebrand in Florenz und nähere Bekanntschaft mit ihm. 1884 porträtierte Thoma in München Hildebrand und Fiedler. Bis zur entscheidenden Ausstellung in München 1890 hatte der Künstler keine beachtlichen Erfolge und mußte in sehr beschränkten Verhältnissen leben. 1899 wurde Thoma von seinem Landesherrn, dem Großherzog von Baden, nach Karlsruhe als Direktor der Kunsthalle und der Kunstakademie berufen. 1901 verlor Thoma seine Gattin.

WAGNER COSIMA, 1837–1951, Tochter Franz Liszts. Zuerst mit Hans v. Bülow, dann mit Richard Wagner verheiratet.

WAGNER, EVA, 1867–1941, Tochter Richard und Cosima Wagners, heiratete den englischen Schriftsteller Houston Stewart Chamberlain (1855–1927).

WÖLFFLIN HEINRICH, 1864–1945, Kunsthistoriker, wurde in Winterthur als Sohn des bekannten Altphilologen Eduard Wölfflin, Professor an den Universitäten Erlangen und München, geboren. Heinrich Wölfflin studierte an der Universität Basel, wo er sein erstes Kolleg bei Jakob Burckhardt hörte, und in München. Den Winter 1886/87 verbrachte er in Rom; er nahm am Begräbnis Hans v. Marées teil. 1889 lernte Wölfflin in Florenz durch einen Freund, den Basler Architekten Emanuel La Roche, der damals Hildebrands architektonischer Mitarbeiter war, den Bildhauer kennen. Durch eine Indiskretion La Roches bekam Wölfflin Einblick in des Künstlers damals noch im Werden begriffenes »Problem der Form« und war begeistert davon. Hildebrand, erst verstimmt über La Roches Indiskretion, verstand sich bald gut mit Wölfflin.

1891 berichtete Wölfflin über die erste Marées-Ausstellung in München und 1893 über Hildebrands eben erschienenes »Problem der Form«. 1893 wurde Wölfflin Nachfolger seines Lehrers Jakob Burckhardt an der Universität Basel. 1901–1912 war er Ordinarius an der Universität Berlin, 1912–1923 an der Universität München. In seinen Münchner Jahren war die Beziehung zu Hildebrand sehr eng. Wölfflin war, wie er des öfteren selbst erklärt hat, von Hildebrand stark beeinflußt, er war ihm darüber hinaus geistesverwandt und wurde der bedeutendste Sprecher einer Strömung, die auf die Rehabilitierung der Form in der Bildenden Kunst abzielte. Seine Werke »Die Klassische Kunst« (1898) und »Kunstgeschichtliche Grundbegriffe« (1915) zeugen davon.

Wölfflin vor allem hat die Gedanken Marées, Fiedlers und besonders Hildebrands zur vollen Wirkung gebracht, da er eine ganze Generation von Kunstgelehrten erzogen hat. 1923 schied Wölfflin von München, war dann noch zehn Jahre Professor an der Universität Zürich.

Bildnachweis

Architekturmuseum der Technischen Universität München: Titelabbildung; S. 166
Dr. Johannes Wetzel: S. 107

Reproduktionen aus Büchern:

Sigrid Esche-Braunfels, *Adolf von Hildebrand*, Berlin, 1993: 27 (Von der Heydt-Museum, Wuppertal), 39 (Hildebrand-Nachlass), 45 (Kunsthistorisches Museum, Wien), 49 (Bayerische Staatsgemäldesammlungen, München), 53 (Hildebrand-Nachlass), 61 (Hildebrand-Nachlass), 73 (Hildebrand-Nachlass), 85 (Architekturmuseum der TU München), 115 (Hildebrand-Nachlass), 121 (Hildebrand-Nachlass), 131 (Bayerische Staatsgemäldesammlungen, München), 143 (Hildebrand-Nachlass), 158 (Hildebrand-Nachlass), 159 (Hildebrand-Nachlass)
Alexander Heilmeyer (Hrsg.), *Adolf von Hildebrand*, München 1934: 77, 80, 118, 162
Angela Hass, *Adolf von Hildebrand. Das plastische Portrait*, München 1984: 37 (Angela Hass), 110 (Bayerische Staatsgemäldesammlungen, München)

Personenregister

Ackerberg, Knut 126
Albrecht, Prinz (seit 1955 Herzog) von Bayern 124, 160
Appia, Adolf 112 f.

Balling, Michael 88, 179
Baltus, Georges M. 56, 99, 173, 177
Baltus, Silvia, s. Hildebrand, Silvia
Balzac, Honoré de 140
Bassermann-Jordan, Ernst 136
Beethoven, Ludwig van 10, 36, 94, 98, 183
Beetz 12, 17, 23
Begas, Reinhold 21, 52, 54, 172
Behn, Fritz 134 f.
Berchthold, Leopold Graf 144 f.
Bernini, Lorenzo 106, 172
Beust, Friedrich K. v. 7 f.
Bismarck, Otto Fürst 60–62, 111, 115, 177
Bleeker, Bernhard 103, 135, 176
Bode, Wilhelm v. 71, 79, 103, 109, 177
Böcklin, Arnold 42, 58, 185
Böhler, Julius 147
Borscht, Wilhelm v. 67, 81, 108, 177
Brahms, Johannes 173, 177, 180, 185, 187
Braun-Artaria, Rosalie 69
Braunfels, Berta, s. Hildebrand, Berta
Braunfels, Walter 109, 144, 146, 173, 177
Breughel, Pieter d. Ä. 106
Brewster, Clothilde 59
Brewster, Christopher 86, 173, 177
Brewster, Elisabeth, s. Hildebrand, Elisabeth
Brewster, Giulia (Julia) 39, 56, 59, 69
Brewster, Henry 41, 59, 173

Bruckmann, Peter 186
Bruckner, Anton 43 f., 99
Brücke, Ernst v. 65
Bülow, Hans v. 180, 188
Bürckel, Ludwig v. 81
Busch, Wilhelm 87

Canova 137
Carl Alexander, Großherzog von Sachsen-Weimar 31, 177
Carlyle, Thomas 41
Chamberlain, Houston St. 188
Chopin, Frédéric 180
Conrad, Johannes 181
Cranach, Lukas d. A. 28
Curtius, Ludwig 81

Darwin, Charles 177
Dörnhöffer, Friedrich 137 f., 140, 147, 155
Dohrn, Anton 22, 25, 28–30, 177 f.
Dohrn v. Baranowska, Marie 177 f.
Dohrn, Reinhard 117, 163 f.
Dohrn, Wolf 111, 178
Donatello 172
Dürer, Albrecht 171
Duse, Eleonora 121

Escher-Lind 10

Faber, Familie 13
Feuerbach, Anselm 178, 185
Fiedler, Conrad 20–72 passim, 90, 105, 150, 171–174, 178 f., 184, 186–188
Fiedler, Mary 55, 179, 185, Fortsetzung siehe Levi, Mary
Fierz 7
Fischer, Paul David 52

189

Fischer, Theodor 170
Flaubert, Gustave 41
Füssli, Wilhelm 109 f.
Furtwängler, Adolf 180
Furtwängler, Annele 81
Furtwängler, Wilhelm 81, 98 f., 170, 180

Georg II., Herzog von Sachsen-Meiningen 141, 180
Gerogii, Irene, s. Hildebrand, Irene
Georgii, Theodor 96, 108, 128, 138–141, 144, 154, 158, 161, 173
Giorgione 142
Goethe, Johann Wolfgang von 29, 36, 93 f., 129, 151, 171, 177, 185
Graf, Oskar 128
Grant, Charles 14, 16, 27, 32, 41, 177
Grünewald 139 f.
Gulbransson, Olaf 133
Gurlitt (Kunsthändler in Berlin) 174

Häckel, Ernst 62, 177
Hals, Franz 144
Harrach, Hans Albrecht Graf 138
Hassenpflug, Hans Daniel 182
Hauptmann, Gerhart 87
Hausladen, Armin 152
Heldburg, Helene Frfr. v. 63
Helle, Victor zur 186
Hendschel, Richard 151
Hengeler, Adolf 104 f.
Hertz, Wilhelm 69
Herwegh, Georg 7, 182
Herzogenberg, Elisabeth Frfr. v. 43–45, 52, 180
Herzogenberg, Heinrich Frhr. v. 43 f., 52, 69, 173, 180
Hesse, Hermann 134
Heyl, Cornelius Frhr. v. 71, 74 f., 78
Heyse, Paul 12, 16, 26, 28 f., 41
Heyse, Theodor 59
Hildebrand, Adolf v., passim
Hildebrand, Adolf, Enkel (ohne Namen) 186
Hildebrand, Adolf v., Kinder (ohne Namen, s. auch Hildebrand, Eva usw.) 53
Hildebrand, Bertha 181, 183
Hildebrand, Berta (Tochter Adolf v. Hildebrands) 56, 181
Hildebrand, Bruno 7, 31, 171, 177, 181, 183
Hildebrand, Bruno (Bruder Adolfs) 183
Hildebrand, Clementine 19, 183
Hildebrand, Dietrich v. 81, 89, 181, 183
Hildebrand, Elisabeth 101, 181
Hildebrand, Emmy 23, 183
Hildebrand, Eva 57, 66, 181, 183
Hildebrand, Irene v. 55, 63, 69, 81, 118, 142, 163, 176, 181, 183, s. auch Koppel, Irene
Hildebrand, Irene 96
Hildebrand, Otto 183
Hildebrand, Richard 15, 47, 180, 183
Hildebrand, Silvia 56, 181
Hildebrand, Sophie 183
Hillebrand, Jessy 46, 185, s. auch Laussot, Jessy
Hillebrand, Karl 32
Hindenburg, Paul v. 133, 174
Hölderlin, Friedrich 42
Hoffmann, E. Th. A. 74
Hofmann 75
Hofmannsthal, Hugo v. 144 f.
Hohenlohe-Schillingsfürst, Chlodwig Fürst zu 52
Hohenlohe-Schillingsfürst, Gustav Adolf Prinz zu, Kardinal 63
Holbein, Hans, d. J. 24
Hornstein, Robert Frhr. v., Familie 69

Jaques-Dalcroze, Emile 111 f., 178
Joachim, Josef 173, 180

Kant, Immanuel 172, 178
Karl Theodor, Herzog in Bayern 104
Keller, Gottfried 33 f.
Kerenskij, Alexander 146
Kerner, Justinus 142
Kleinenberg, Nikolaus 177
Klenze, Leo v. 108

Klinger, Max 58
Knecht, Richard 133, 136
Konnerth, Hermann 150
Koppel-Ellfeld, Franz 184
Koppel, Irene 32, 178, 184, s. auch Hildebrand, Irene v.
Kreling, August v. 16
Kriegsminister, Kgl. Bayerischer 148
Kügelgen, Wilhelm v. 134
Kühlmann, Richard v. 147
Kurz, Edgar 184
Kurz, Erwin 133, 176, 184
Kurz, Isolde 9, 41, 169, 184
Kurz, Hermann 184

Lang, Albert 52, 54, 187
Lanz, Otto 106, 108
La Roche, Emanuel 188
Laszlo, Philipp 154
Laussot, Jessy 32 (Fortsetzung s. Hillebrand, Jessy)
Lazarus, Moritz 11
Leibl, Wilhelm 38, 186
Lenbach, Franz v. 60, 62, 69, 86, 185
Leonardo da Vinci 103, 116
Lessing 142
Levi, Hermann 66, 74, 80 f., 179, 184 f.
Levi, Mary 79, s. auch Fiedler, Mary und Balling, Mary
Lindau, Paul 52
Lingg, Hermann 87
Liszt, Franz v. 46, 173, 185, 188
Lloyd George, David 146, 149
Louis, Philippe 18
Ludovica, Herzogin in Bayern 104
Ludwig I., König von Bayern 108, 135, 137, 149
Ludwig III., König von Bayern 141, 153, 181, 186
Luitpold, Prinzregent von Bayern 181
Luitpold, Prinz von Bayern 122

Marbach, Hans 178
Marées, Adolf v. 185
Marées, Hans v. 20–23, 25, 27–30, 32, 38, 44, 50, 55 f., 58 f., 97, 103–105, 132, 151, 155–157, 171 f., 178, 184–188
Maria Theresia, Königin von Bayern 141
Marie José, Herzogin in Bayern 104, 126
Marlowe, Christopher 16
Martius, Götz 126
Max, Prinz von Baden 152 f.
Mayr, Franz 126
Meier-Graefe, Julius 97 f., 178
Memling, Hans 26
Mendelssohn-Bartholdy, Felix v. 180
Mendelssohn, Robert v. 138 f.
Meunier, Constantin 148
Meyer, Julius 72, 179
Michelangelo 36, 99, 128, 172
Miller, Ferdinand v. d. Ä. 44, 154
Miller, Oskar v. 149
Mörike, Eduard 42
Moris, Mario 164
Mozart, Wolfgang Amadeus 54, 185
Mühlberg 165

Nägeli, Familie 23
Nathan, Ernesto 110

Pappenheim, Friedrich Graf 124, 137
Pettenkofer, Max v. 79
Pidoll, Carl Michael Frhr. v. 186
Pixis, Theodor 69
Pourtales, Friedrich Graf 32

Raff, Helene 163
Raffael 157
Reese, Heinrich 76
Reinhard, Conrad S. 165
Rembrandt 100
Ribbeck, Otto 12
Riedel, Emil Frhr. v. 69 f.
Rilke, Rainer M. 144
Ritschl, Friedrich W. 183
Ritschl, Ida 24
Ritschl, Sophie 24
Ritter, Frhr. v. 165
Rodin, Auguste 140, 148, 150, 175
Röckl, Consul 108

Römer, Georg 148 f.
Rubens, Peter Paul 26, 146, 171
Rümann, Wilhelm v. 104, 184
Rupprecht, Kronprinz von Bayern 80, 88, 96 f., 99–102, 104, 106, 108 f., 116, 119, 122–125, 128–132, 135 f., 141, 146, 148, 151, 153 f., 157 f., 160 f., 164–166, 174, 186
Sattler, Bernhard 154, 170, 174, 186
Sattler, Carlo 91, 95 f., 105, 114, 117, 126, 129, 139, 165, 173, 183, 186
Sattler, Dieter 170
Sattler, Elsbeth 37
Sattler, Eva, s. Hildebrand, Eva
Sattler, J. Ernst 8, 23, 38, 50 f., 73, 97, 178, 186 f.
Sattler-Reihe, Marianne 8
Salvini, Tommaso 114
Sayn-Wittgenstein, Carolyne Fürstin zu 46, 185
Seidl, Emanuel v. 148
Seidl, Gabriel v. 103, 148, 174, 187
Seitz, Rudolf v. 54, 56, 86, 101 f., 105 f., 108, 187
Shakespeare 11, 16, 35, 124, 140, 173
Siegle 69
Siemens-Harries, Hertha v. 66, 187
Siemens, Werner v. 187
Solbrig, Veit 81
Sophokles 94
Schack, Adolf Graf v. 108, 154, 185
Schäuffelen, Auguste 183
Schenk 11
Schiller, Friedrich v. 16, 35, 42, 151
Schlüter, Andreas 172
Scholz, Frau 47
Schopenhauer, Arthur 178
Schricker, August 187
Schumann, Clara 46 f., 51 f., 58, 60, 173, 187
Schumann, Robert 187
Schweizer Gesandter in Rom 147
Stadler, Toni (Maler) 114, 116 f.

Stoy 13 f.
Straßburger, Familie 24
Strauß, Richard 70, 72
Stuck, Franz v. 163, 176

Thoma, Hans 46–48, 50–52, 54, 56, 58, 64, 138, 186 f.
Thorwaldsen, Bertel 137
Thurn u. Taxis, Marie Fürstin v. 144
Tizian 97, 132
Treitschke, Heinrich v. 76
Tschudi, Hugo v. 76 f., 103 f.

Uhde, Fritz v. 56

Veermeer van Delft (van Meer) 142
Vogt, Adolf 12
Vogt, Emmy, s. Hildebrand, Emmy
Vogt, Robert 12
Volkmann, Arthur 138, 186
Vollmar, Georg H. v. 94

Wagner, Cosima 70 f., 74, 78 f., 88 f., 91–94, 173, 179, 188
Wagner-Chamberlain, Eva 188
Wagner, Richard 36, 56, 81, 99, 188
Watts, Mrs. 112
Weisgerber, Albert 132
Wettstein, Rudolf 76
Wilhelm I., Deutscher Kaiser 52
Wilhelm II., Deutscher Kaiser 154, 172, 175
Wilson, Wodrow 146, 158
Winterstein, Theodor v. 117
Wölfflin, Heinrich 58, 64, 75 f., 150, 176, 188
Wolters, Paul 138

Zügel (?) 149
Zürcher, Max 117
Zumbusch, Caspar v. 19, 171

www.ingramcontent.com/pod-product-compliance
Lightning Source LLC
Chambersburg PA
CBHW031624210526
45464CB00004B/1738